"十三五"普通高等教育汽车服务工程专业规划教材

汽车运行材料

（第 3 版）

孙凤英　主　编

李彦琦　副主编

人民交通出版社股份有限公司
China Communications Press Co.,Ltd.

内 容 提 要

本书主要阐述了汽车用汽油、乙醇汽油（E10）、普通柴油、B5生物柴油、发动机油、车辆齿轮油、自动变速器油、汽车润滑脂、制动液、发动机冷却液、铅酸蓄电池电解液、空调制冷剂、减振器油、车用添加剂、清洗液和汽车轮胎等运行材料的分类、性能、规格及技术要求、质量评定、正确选用、合理使用和实验指导。

本书可作为高等学校交通运输专业和汽车服务工程专业的教材，亦可供相关专业技术人员参考。

图书在版编目(CIP)数据

汽车运行材料 / 孙凤英主编. —3版. —北京：
人民交通出版社股份有限公司,2018.10
ISBN 978-7-114-14970-2

Ⅰ.①汽… Ⅱ.①孙… Ⅲ.①汽车—运行材料—高等
学校—教材 Ⅳ.①U473

中国版本图书馆CIP数据核字(2018)第186088号

书 名	汽车运行材料(第3版)
著 作 者	孙凤英
责任编辑	李 良
责任校对	尹 静
责任印制	张 凯
出版发行	人民交通出版社股份有限公司
地 址	(100011)北京市朝阳区安定门外外馆斜街3号
网 址	http://www.ccpress.com.cn
销售电话	(010)59757973
总 经 销	人民交通出版社股份有限公司发行部
经 销	各地新华书店
印 刷	北京市密东印刷有限公司
开 本	787×1092 1/16
印 张	12.5
字 数	302千
版 次	2007年9月 第1版 2012年9月 第2版 2018年10月 第3版
印 次	2018年10月 第3版 第1次印刷 累计第9次印刷
书 号	ISBN 978-7-114-14970-2
定 价	32.00元

(有印刷、装订质量问题的图书由本公司负责调换)

前言

Qianyan

汽车运行材料不仅关系到汽车的可靠性和安全性,还关系到节能和环保。汽车运行材料是汽车运行的保障材料和消耗材料,对汽车的运行成本和使用性能的影响较大。正确选用汽车运行材料,对汽车使用性能的正常发挥,车辆的耗损情况以及使用寿命都有直接的影响。然而,正确选用汽车运行材料又是一项专业性很强的事情,因此掌握汽车运行材料的专业知识,对汽车服务工程专业的学生来说,越来越重要。

本教材编写大纲经过汽车服务工程专业教指委审阅通过,全面系统地介绍了现代汽车运行材料知识,内容包括:汽车用汽油、乙醇汽油(E10)、普通柴油、生物柴油(B5)、发动机油、车辆齿轮油、自动变速器油、汽车润滑脂、制动液、其他工作液和轮胎等运行材料的分类、性能、规格、技术要求、质量评定、正确选用和实验指导等。内容力求科学性、先进性和完整性相结合,理论与实际相结合,把编者多年的科研、教学经验和体会融入其中,文字简洁、扼要,深入浅出;重点、难点突出,便于教学和理解。

为适应汽车运行材料的进步的要求,本次修订主要体现在以下几个方面:

(1)为增强学生学习的目的性和趣味性,在每章前增加了引导性内容。

(2)为便于学生学习和掌握教材内容,修改了复习思考题并全部配备了参考答案。

(3)根据现代汽车运行材料的发展及使用情况,增加了车用添加剂与清洗液,铅酸蓄电池电解液等方面的内容。

(4)为便于学生自主学习,增加了汽油机、柴油机燃烧过程及对燃料的要求,汽车轮胎的使用性能等内容。

(5)根据国家标准和行业规范的变化情况,将涉及标准的相关内容全部更新。

(6)修改了第2版中的文字错误,替换了部分图片。

本书由东北林业大学孙凤英主编,吉林大学李彦琦副主编,东北林业大学崔淑华教授主审。参加编写的人员有:宋彦(编写第一章、第九章和第十章)、李彦琦(编写第二章、第三章、第五章)、孙凤英(编写第四章、第六章、第十一章)、王宪彬(编写第七章)、武慧荣(编写第八章)。教材在编写过程中,参考了国家、行业相关标准以及有关技术文献资料,在此,对文献资料的作者以及提供文献资料的同仁和朋友表示诚挚的感谢。

恳切希望使用本教材的高校师生与广大读者批评指正,以便教材再版时进一步完善。

编 者

2018 年 6 月

目 录

Mulu

第一章 汽车运行材料基本知识

汽车在使用和运行过程中消耗的燃料、润滑油、特种液料和轮胎等非金属材料,统称为汽车运行材料。汽车燃料是为汽车提供动力的可燃性物质;汽车润滑油是用于汽车各相对运动零件摩擦表面间的润滑介质,具有减小摩擦阻力、保护摩擦表面的功能,并有密封、清洁和散热的作用;汽车特种液料主要有汽车制动液、汽车防冻液、空调制冷剂等。汽车轮胎是汽车的行驶部件,由橡胶和骨架材料制成,装于车轮轮辋的外缘,用以支承汽车质量、传递各种力和力矩。汽车运行材料主要来源于石油产品。

石油的生成过程大致是陆地上的动植物死亡后,随着泥沙被河流带到海盆地和湖盆地,与水中的生物一起混同泥沙沉积在盆地底部,形成有机淤泥。由于地壳的运动,盆地不断下降,有机淤泥就层层沉积下来,并与空气隔绝。在这种缺氧的环境下,有机淤泥中的有机物质随着沉积物的程岩过程,通过细菌、压力、温度、催化剂和放射元素等的协同作用,发生复杂的物理化学变化,逐渐变成石油。

第一节 石油的化学组成

一、石油的一般性状及组成

石油是一种由碳氢化合物组成的复杂混合物。实际上,各产油区所产石油的性质、外观,都有不同程度的差异。大部分石油是暗色,通常呈黑色、褐色或浅黄色,并有特殊的气味。石油在常温下多为流动或半流动的黏稠液体。相对密度为 0.80 ~ 0.98,个别产地的原油密度会超出这个范围,如伊朗某些石油的相对密度可高达 1.06,美国加利福尼亚州的石油相对密度低至 0.707。重质原油的相对密度一般大于 0.93,而且黏度较高,这类原油蕴藏也较丰富;轻质原油的相对密度一般小于 0.80,特点是相对密度小、轻油收率高,油渣含量少,这类原油目前储量较少。我国主要产油区原油的相对密度多为 0.85 ~ 0.95,凝点及蜡含量较高、庚烷沥青质含量较低,属于偏重的常规原油。

许多石油含有一些有臭味的硫化物,有浓烈的特殊气味。我国原油一般硫含量较低,通常在 0.5% 以下,只有胜利油田、新疆塔河和孤岛油田的原油硫含量较高。我国主要原油的一般性质见表 1-1。

我国主要原油的一般性质   表 1-1

原油指标	大庆	胜利	大港	孤岛	辽河	华北	中原	塔里木	塔河
密度(20℃)(g/cm³)	0.855 4	0.900 5	0.869 7	0.949 5	0.920 4	0.883 7	0.846 6	0.864 9	0.926 9
运动黏度(50℃)(mm/s)	20.19	83.36	10.38	333.7	109.0	57.1	10.32	8.169	629.8

原油指标	大庆	胜利	大港	孤岛	辽河	华北	中原	塔里木	塔河
凝点(℃)	30	28	22	2	17(倾点)	36.0	33	−2	−17
蜡含量(%)	26.2	14.6	11.6	4.9	9.5	22.8	19.7	—	3.4
庚烷沥青质含量(%)	0	<1	0	2.9	0	<0.1	0	—	8.5
残碳(%)	2.9	6.4	2.9	7.4	6.8	6.7	3.8	5.1	12.17
灰分(%)	0.002 7	0.02	—	0.096	0.01	0.009 7	—	0.03	0.041
硫含量(%)	0.10	0.80	0.13	2.09	0.24	0.31	0.52	0.701	1.94
氮含量(%)	0.16	0.41	0.24	0.43	0.40	0.38	0.17	0.284	0.28
镍含量(μg/g)	3.1	26.1	7.0	21.1	32.5	15.0	3.3	2.98	27.3
钒含量(μg/g)	0.04	1.6	0.10	2.0	0.6	0.7	2.4	15.60	194.6

虽然石油的组成极其复杂,但是组成石油的主要化学元素并不多。最主要的元素是碳(C)和氢(H),占96%~99%,其中碳元素占83%~87%,氢元素占11%~14%,其余少量的为氧(O)、硫(S)、氮(N)和微量元素等,总共占1%~4%。少数石油中的硫含量较高,如墨西哥石油和委内瑞拉石油。大多数石油氮含量都较低,为千分之几到万分之几,但是,也有个别石油如阿尔及利亚石油和美国加利福尼亚州的石油,含氮量都较高。此外,在石油中还发现有极微量的氯、碘、磷、砷、钠、钾、钙、铁、铜、镁、铝、钒等元素。石油中的各元素不是以单质存在,而是以碳氢化合物的衍生物形态存在的。

石油是一种多组分的复杂混合物,沸点范围从常温一直到500℃以上,采用蒸馏方法制取石油产品。根据石油各组分沸点的差别,将石油划分为若干个馏分。馏分是一定沸点范围的分馏馏出物。馏分并不就是石油产品,因为馏分并没有满足石油产品的要求,还行将馏分进一步加工才能成为石油产品。原油直接分馏得到的馏分为直馏馏分。直馏馏分不含不饱和烃,基本保留石油原来的性质。一般把原油中从常压蒸馏开始馏出的温度(初馏点)到200℃(或180℃)的轻质馏分称为汽油馏分(也称石脑油馏分),常压蒸馏200(或180)~350℃的中间馏分称为煤、柴油馏分(也称常压瓦斯油馏分),简称AGO。由于原油从350℃开始有明显的分解现象,所以对沸点高于350℃的馏分,需在减压条件下进行蒸馏,所蒸出馏分的沸点再换算成常压沸点。一般将相当于常压下350~500℃的高沸点馏分称为润滑油馏分(也称减压瓦斯油馏分),简称VGO。而减压蒸馏后残留的大于500℃的馏分称为减压油渣,简称VR。将常压蒸馏大于350℃的馏分称为常压油渣,简称AR。表1-2是国内外某些原油的馏分组成。

国内外某些原油的馏分组成   表1-2

原油产地	馏分组成(%)			
	初馏点~200℃	200~350℃	350~500℃	>500℃
大庆	11.5	19.7	26.0	42.8
胜利	7.6	17.5	27.5	47.4
孤岛	6.1	14.9	27.2	51.8
辽河	9.4	21.5	29.2	39.9
华北	6.1	19.9	34.9	39.1

原油产地	馏分组成（%）			
	初馏点~200℃	200~350℃	350~500℃	>500℃
中原	19.4	25.1	23.2	32.3
塔里木	20.71	28.07	22.37	28.85
塔河	11.97	19.46	23.42	45.15
沙特(轻质)	23.3	26.3	25.1	25.3
沙特(混合)	20.7	24.5	23.2	31.6
英国(北海)	29.0	27.6	25.4	18.0

二、烃类

碳氢化合物常称为烃。石油产品中的烃类分布规律不同,油品的使用性能也不同。按其结构的不同,烃主要分为烷烃、环烷烃、芳香烃、不饱和烃4类。

1. 烷烃

烷烃是链状饱和烃,分子结构呈链状,其分子式通式为 C_nH_{2n+2},n 为碳原子数。碳原子数在10以内,以甲、乙、丙、丁、戊、己、庚、辛、壬、癸命名,碳原子在10以上的,用中文数字十一、十二、十三……命名,例如:甲烷、正辛烷。

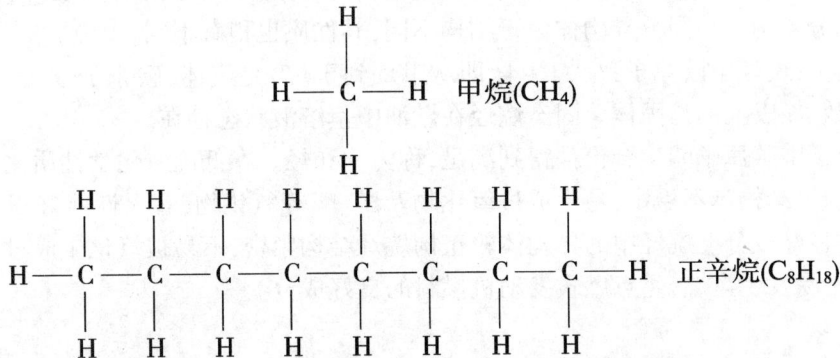

$$H-\underset{\underset{H}{|}}{\overset{\overset{H}{|}}{C}}-H \quad 甲烷(CH_4)$$

$$H-\underset{|}{\overset{|}{C}}-\underset{|}{\overset{|}{C}}-\underset{|}{\overset{|}{C}}-\underset{|}{\overset{|}{C}}-\underset{|}{\overset{|}{C}}-\underset{|}{\overset{|}{C}}-\underset{|}{\overset{|}{C}}-\underset{|}{\overset{|}{C}}-H \quad 正辛烷(C_8H_{18})$$

正辛烷也可用简化的结构式表示为:

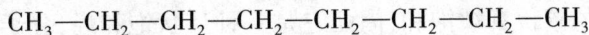

$$CH_3-CH_2-CH_2-CH_2-CH_2-CH_2-CH_2-CH_3$$

烷烃按其结构又可分为正构烷烃和异构烷烃两类。凡是烷烃分子中的主碳链上没有碳支链的称正构烷烃,而有支链结构的称为异构烷烃。异构烷烃按其总碳原子数命名为异"某"烷。例如异辛烷(分子式为 $C_{18}H_{18}$)。

但分子式相同的异辛烷有多种结构形式。为了区别,我们制定了如下命名规则:

(1)甲基:烷烃分子去掉一个氢原子所剩下的部分称为烷基,写成 R-。

如:CH_4 甲烷,CH_3-甲基;C_2H_6 乙烷,C_2H_5-乙基。

(2)选择最长的碳链为主链,用主链的碳原子数来命名,称其为"某"烷。

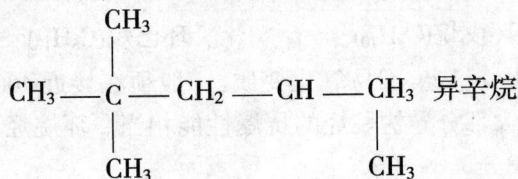

$$CH_3-\underset{\underset{CH_3}{|}}{\overset{\overset{CH_3}{|}}{C}}-CH_2-\underset{\underset{CH_3}{|}}{\overset{|}{CH}}-CH_3 \quad 异辛烷$$

（3）将主链中离烷基最近一端作为起点,把碳原子依次编号,以确定烷基的位置。

（4）用阿拉伯数字表示烷基的位置,中文数字表示烷基的数目,并写在"某"烷的前面。例如,3 种不同结构的异辛烷的命名为:

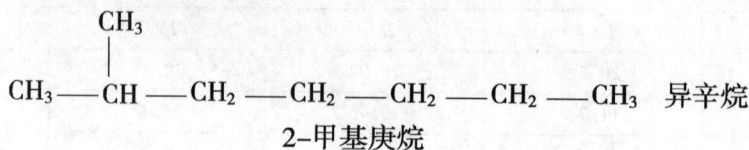

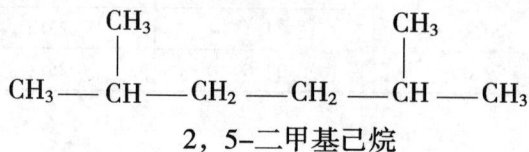

$$
\begin{array}{c}
CH_3 \\
| \\
CH_3—CH—CH_2—CH_2—CH_2—CH_2—CH_3 \quad 异辛烷 \\
\end{array}
$$

2-甲基庚烷

$$
\begin{array}{c}
CH_3 \qquad\qquad CH_3 \\
| \qquad\qquad\qquad | \\
CH_3—CH—CH_2—CH_2—CH—CH_3 \\
\end{array}
$$

2,5-二甲基己烷

$$
\begin{array}{c}
CH_3 \\
| \\
CH_3—C—CH_2—CH—CH_3 \\
| \qquad\qquad | \\
CH_3 \qquad\quad CH_3 \\
\end{array}
$$

2,2,4-三甲基戊烷

以上列举的 3 种异辛烷和正辛烷的结构互不相同,但分子式却相同（$C_{18}H_{18}$）,在有机化学中称为同分异构体。同分异构体由于结构不同,其性质也稍有不同。

在常温下,烷烃中碳原子数从 1~4（即从甲烷到丁烷）是气体,碳原子数从 5~16 是液体,碳原子数 16 以上的是固体。固态烷烃在燃油中呈溶液状态存在。

烷烃分子中碳原子的化合价都得到满足,称为饱和烃。在低温时化学性质比较稳定,烷烃的碳链越长,结构越不稳定,易生成过氧化物及醇、醛等氧化物,着火性能好,是压燃式发动机燃料的良好成分。烷烃中的异构体较正构烷烃结构紧密,不易被氧化生成过氧化物,着火性能差,不易发生爆燃,是点燃式发动机燃料的良好成分。

2. 环烷烃

在环烷烃的分子结构式中,碳原子呈环状排列,并以一价互相结合,其余碳价都与氢原子相结合。由于所有的碳价都被饱和,因而它是一种环状饱和烃,分子通式是 C_nH_{2n}。在燃油中,大都是单环的五碳环及六碳环的环烷烃。如:

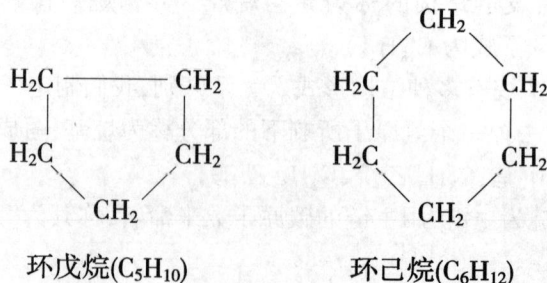

$$
\begin{array}{cc}
H_2C——CH_2 & \qquad\qquad CH_2 \\
| \qquad\quad | & \qquad\quad H_2C \qquad CH_2 \\
H_2C \qquad CH_2 & \qquad | \qquad\qquad | \\
\searrow \quad \swarrow & \qquad H_2C \qquad CH_2 \\
CH_2 & \qquad\quad \searrow \quad \swarrow \\
& \qquad\qquad CH_2
\end{array}
$$

环戊烷（C_5H_{10}） 　　　　 环己烷（C_6H_{12}）

环烷烃的化学性质比较稳定,不易氧化变质,一般须在接近 400℃ 以上时才能自燃,其抗爆性比正构烷烃高,与大部分异构烷烃的抗爆性能相当。环烷烃的凝点低,润滑性较好,是汽油和润滑油的理想成分。

3. 芳香烃

芳香烃最简单的分子结构是苯（C_6H_6），由 6 个碳原子和 6 个氢原子组成环状，其中碳原子之间以单键与双键交替连接。

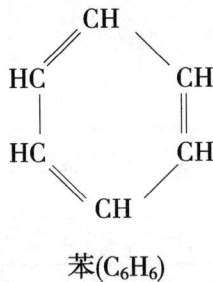

苯(C_6H_6)

芳香烃是以苯环为基础组成的化合物，有单苯环、双苯环的芳香烃，还有三苯环和四苯环的芳香烃，带侧链的芳香烃，由环烷烃和芳香烃混合组成的芳香烃等，如甲苯、烷基苯、萘、联苯及蒽等。

芳香烃分子式具有多种不同的通式，如 C_nH_{2n-6}、C_nH_{2n-12} 和 C_nH_{2n-18} 等。由于苯的分子结构中的单键和双键能相互作用，因此，芳香烃的安定性比烷烃和环烷烃差，较易和其他物质发生反应，例如苯和硫酸反应生成苯磺酸。但是，芳香烃的自燃温度高，例如：苯的自燃温度高达 600℃，具有良好的抗爆能力。汽油中掺入少量的苯，就可以提高其抗爆性。但是，苯的发热量低（含氢原子少），凝点高（5.4℃），毒性也较大，对有机物的溶解力较强。目前，车用汽油的发展趋势是限制芳香烃的掺入量，在实际使用中，应控制并采取相应的措施。

4. 烯烃

烯烃与相同碳原子数的烷烃相比，氢原子数量少，不能满足碳的四价需要，所以分子中碳与碳原子之间有双键连接，为不饱和烃。有一个双键的称为烯烃，有二个双键的则为二烯烃。如：

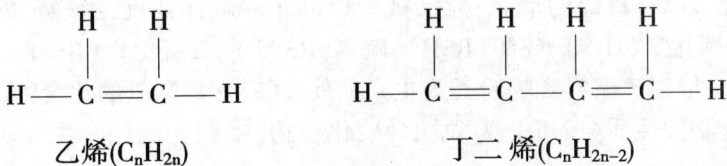

乙烯(C_nH_{2n})　　　　　　丁二烯(C_nH_{2n-2})

烯烃的分子通式是 C_nH_{2n}，二烯烃的分子通式是 C_nH_{2n-2}。烯烃、二烯烃由于氢原子不能满足碳原子的四价需要，则其安定性最差，在一定条件下很容易氧化生成高分子黏稠物，特别容易进行加成反应、氧化反应和聚合反应。所以含烯烃较多的汽油或柴油，在长期存储中容易氧化变质。烯烃在工业上被广泛用来生产合成润滑油、合成橡胶、航空燃料和润滑油添加剂等。

不饱和烃对于大多数石油产品都不是理想成分，因为它在氧化时，会形成胶质和有机酸。石油产品中所含的不饱和烃成分，主要是在裂化加工过程中，一些烷烃、环烷烃分解而生成的，可通过精制石油产品把它们去掉。

烷烃、环烷烃和芳香烃的碳原子个数少，分子量小和环数少的烃，都分布在低沸点馏分中；反之则分布在高沸点馏分中。各种烃类对石油产品性质的影响见表 1-3。

各种烃类对石油产品性质的影响   表 1-3

烃类		密度	自燃点	辛烷值	十六烷值	化学安定性	黏度	黏温性	低温性
烷烃	正构	小	低	低	高	好	小	最好	差(高分子)
	异构		高	高	低	差			好
环烷烃	少环	中	中	中	中	好	大	好	中
	多环					差		差	
芳香烃	少环	大	高	高	低	好	大	好	中
	多环					差		差	
烯烃		稍大于烷烃	高	高	低	差			好

汽油中的异构烷烃体积含量约占 21%，正构烷烃体积含量约占 29%，即烷烃含量约占 50%。正构烷烃的碳原子数为 $C_5 \sim C_{11}$，环烷烃和芳香径多为单环的。

柴油中的正构烷烃和异构烷烃的体积含量约各占 20%。正构烷烃碳原子数为 $C_{23} \sim C_{36}$，环烷烃、芳香烃环数增多，除单环外，还有双环和三环的。

润滑油中的正构烷烃体积含量约占 10%，环烷烃体积含量约占 40%。正构烷烃碳原子数为 $C_{23} \sim C_{36}$，环烷烃均是三环以上的，芳香烃的环数、侧链数和侧链的长度均增加，三环以上的芳香烃都布在润滑油中。

三、石油中的非烃化合物

石油中还含有一些非烃化合物，它们对石油产品的使用性能和石油的加工都有很大的影响，在石油的炼制过程中，多数精制过程都是为了解决非烃化合物。非烃化合物主要包括含硫化合物、含氧化合物，含氮化合物及胶状物质和沥青状物质。

1. 含硫化合物

含硫化合物在石油中的分布，一般是随着石油馏分沸点的升高而增加，其种类和复杂性也随着石油馏分沸点的升高而增加。大部分含硫化合物在重馏分油和油渣中。

石油中的硫多以有机硫的形态存在，极少数以元素硫存在，已经确定的含硫化合物包括：元素硫(S)、硫化氢(H_2S)、硫醇(RSH)、硫醚(RSR')、二硫化物(RSSR')、环硫醚、噻吩及其同系物等，一般以硫醚类和噻吩类为主。此外，还有含硫和氧的化合物，如砜、亚砜和磺酸等。含硫化合物按性质分，可分为酸性含硫化合物、中性含硫化合物和对热稳定含硫化合物。

酸性含硫化合物是活性硫化物，主要包括元素硫、硫化氢、硫醇等。硫化氢被空气氧化生成元素硫，硫与石油烃类作用又可生成硫化氢和其他硫化物，一般在 200 ~ 250℃ 就能进行这种反应。硫醇在石油中的含量不多，多存在于低沸点馏分中。硫醇中的 R 可为烷基，也可以是环烷基、芳香基(如苯硫酚)，硫醇不溶于水。低分子甲碱醇(CH_3SH)、乙硫醇(C_2H_5SH)具有极强烈的特殊臭味。元素硫、硫化氢和低分子硫醇的共同特点是对金属设备有较强的腐蚀作用。

中性含硫化合物是非活性硫化物，对金属设备无腐蚀作用，但受热分解后会转变成活性硫化物。中性硫化合物主要包括硫醚和二硫化物。硫醚是石油中含量较高的硫化物，轻馏分和中间馏分含量都较高，往往可以达到该馏分含硫量的 50% ~ 70%。二硫化物在石油中含量较少，而且多集中于高沸点馏分中，也显中性，不与金属作用，但受热后能分解成硫酸、硫醇或硫化氢。对热稳定含硫化合物也是非活性硫化物,对金属设备无腐蚀作用。主要包括噻吩及其同系物。噻吩及其同系物是一种芳香性的杂环化合物,物理化学性质与苯系芳香烃很接近,是石油中的一种主要含硫化合物。

硫化物的存在严重影响油品的储存安定性,使储存和使用中的油品易于氧化变质,生成胶质;含硫燃料燃烧后生成 SO_2 和 SO_3 排入大气也会污染环境;在炼油厂各种催化加工中,会使催化剂中毒丧失催化活性。因此,炼油厂常采用碱精制、催化氧化、加氢精制等方法去除油品中的硫化物。

2. 含氧化合物

石油中含氧化合物可分为酸性氧化物和中性氧化物。酸性氧化物有环烷酸、脂肪酸和酚类,总称为石油酸。中性氧化物有醛、酮等,它们在石油中含量一般极少,约在千分之几的范围内。

酸性氧化物中,环烷酸约占90%,它的化学性质与脂肪酸相似,是典型的一元羧酸,具有普通羧酸的一切性质。在中和时,环烷酸很容易生成各种盐类,其中碱金属的盐能很好地溶解于水。由于环烷酸能对金属引起腐蚀,在石油产品的炼制过程中,一般可用碱洗法除去。

3. 含氮化合物

石油中的含氮化合物可分为碱性和非碱性两类。碱性氮化物含量较多,如吡啶、喹林、异喹林和吡啶的同系物。非碱性氧化物主要有吡咯、吲哚咔唑及它们的同系物、金属的卟啉化合物。

含氮化合物的性质很不安定,容易氧化叠合生成胶质,影响石油产品的使用性能若有较高的含氮量,燃烧时会产生难闻的臭味。

4. 胶质和沥青质

胶质、沥青质是石油中结构复杂、分子量较大的物质,组成中除含有碳、氢外,还含有硫、氧、氮等元素。

胶质通常为褐色或暗褐色的黏稠且流动性很差的液体或无定形固体,受热时熔融。胶质是石油中相对分子质量及极性仅次于沥青质的大分子非烃化合物,胶质具有很强的着色能力,有品种的颜色主要是由于胶质的存在而造成的。胶质是不稳定的物质,在常温下易于被空气氧化而缩合成沥青质。胶质对热很不稳定,当温度升高到350℃以上时,胶质即发生明显的分解,产生液体或气体产物、沥青质、焦炭等。胶质很容易磺化而溶解在硫酸中。胶质是工程用沥青的重要组成部分。

沥青质是石油中平均分子量最大、结构最为复杂、含杂原子最多的物质,沥青质对不同的溶剂具有不同的溶解度。石油的颜色与所含胶质、沥青质的数量有关,含量越高,石油的颜色就越深。石油中的沥青质全部集中在渣油中,在制取高黏度润滑油时,将它从渣油中脱出后,经氧化制成道路、建筑和电器绝缘用沥青。

石油中的非烃化合物,主要是胶质和沥青质,其含量在石油中可达百分之十几甚至百分之四十几。

四、油渣

减压油渣是原油中沸点最高、平均相对分子量最大、杂原子含量最多和结构最为复杂的部分。我国大多数油田的原油减压油渣含量都较高，大于 500℃ 的减压油渣产率一般为 40% ~ 50%。

五、微量元素

石油中所含的微量元素，一般都处于百万分级至十亿分级范围。微量元素含量虽然很少，但是有些元素对石油加工过程中，特别是催化剂的活性有很大影响。石油中有几十种微量元素，现在已经从石油中检测出 59 种微量元素，其中金属元素 45 种。石油中微量元素按其化学属性可以划分为三类：变价金属、碱金属和碱土金属、卤素和其他元素。石油中微量元素含量最多的是钒（V），其次是镍（Ni），而我国大多数原油的镍含量明显高于钒。石油中微量元素主要富集在大于 500℃ 的减压油渣中，含量随着馏分沸程的升高而增加。原油几十种微量元素中，对石油加工影响最大的是钒、镍、铁、铜，它们是催化裂化中催化剂的毒物。

第二节　汽车运行材料涉及的石油产品炼制方法

从地下开采出来的石油是复杂的混合物，不能直接使用，需送到炼油厂加工，生产出符合一定质量要求的石油产品，才能满足各方面的需要。目前，石油加工行业内主要通过一次加工、二次加工和三次加工过程，将原油炼制成满足需要的石油产品。通常一次加工是将原油用蒸馏的方法分离成轻重不同馏分的过程，常称为原油蒸馏，它包括原油预处理、常压蒸馏和减压蒸馏；二次加工主要是指将重质馏分油和渣油经过各种裂化生产轻质油的过程，包括热裂化、减黏裂化、催化裂化、加氢裂化、石油焦化等；三次加工主要指将二次加工产生的各种气体进一步加工（即炼厂气加工），以生产高辛烷值汽油组分和各种化学品的过程，包括石油烃烷基化、烯烃叠合、石油烃异构化等。

由于各个炼油厂采用的原油性质和生产的石油产品不同，其生产设备及工艺也不相同。一般将炼油厂分为燃料油、燃料—润滑油和燃料—化工 3 种类型。燃料型炼油厂，通常是先采用一次加工，即将原油进行蒸馏，依次分离出汽油、煤油、普通柴油、重柴油和润滑油等各种沸点不同的馏分。燃料—润滑油型炼油厂，是通过一次加工将原油中轻质油品分馏，余下的重质油品，再经过各种润滑油生产工艺，加工出润滑油。燃料—化工型炼油厂，是将原油首先经过一次加工，蒸馏出轻质组分，再通过对余下的重质组分进行二次加工，使其转化为轻质组分。这些轻质组分一部分用作燃料油，一部分通过催化重整工艺、裂化工艺制取芳香烃和乙烯等化工原料。化工原料通过化工装置，制取醇、酮、酸等基本有机原料及合成材料等化工产品。

一、蒸馏法

石油是各种化合物的混合物，每一种化合物都有本身固有的沸点，利用这一点将石油逐渐加热，首先蒸发的是饱和蒸气压最高的最轻组分，然后在温度继续升高时，便会蒸发出越来越重的石油组分。在一定温度范围内收集的馏出物称为石油馏分。较低温度范围下的石油馏分称为轻馏分，较高温度范围下的石油馏分称为重馏分。这种利用石油中不同分子量和不同结构的烃具有不同沸点的性质，对石油进行一次加热，将一定沸点范围的烃分别收集，从而获得各种燃料和润滑油的加工方法，称为蒸馏法。蒸馏法分为常压蒸馏和减压蒸馏两种，如图 1-1 所示。

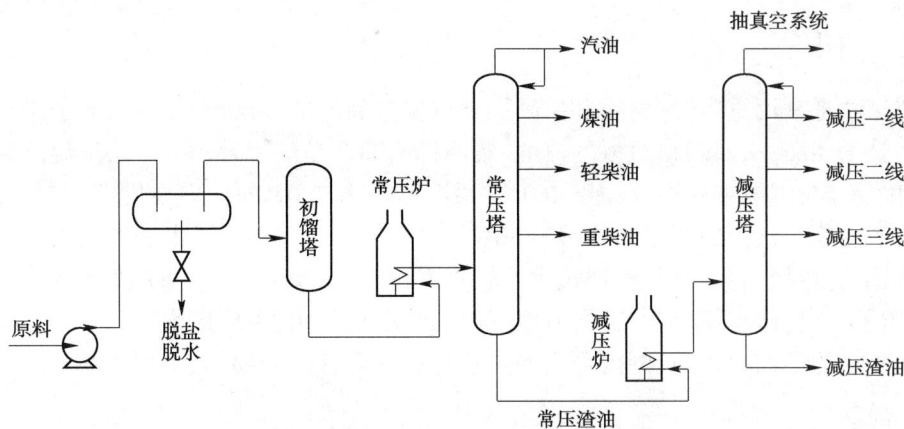

图 1-1　石油炼制流程图

常压蒸馏可直接从石油中得到汽油(蒸发温度范围为 35～200℃),煤油(蒸发温度范围为 200～300℃)和柴油(蒸发温度范围为 300～350℃)等。其蒸馏流程是:首先将石油在管式炉中加热使之变成油蒸气,然后送入分馏塔中。分馏塔在不同的位置上安装着隔板,这些隔板称为塔盘,油蒸气在塔盘中冷凝结成液体。在分馏塔的上层塔盘中可以获得汽油馏分,在中部塔盘中可以获得喷气燃料和煤油馏分,在下部盘中可以获得柴油。塔顶上获得的石油气体,是良好的化工原料。塔底部残留的不能蒸发的残油,称为塔底油。常压蒸馏的石油产品,主要由烷烃和环烷烃组成,由于蒸馏过程所发生的是物理变化,所以一般不含不饱和烃,产品性质安定,不易氧化变质,但抗爆性差。

减压蒸馏是以重油为原料,将重油通过蒸馏分为不同黏度的润滑油馏分,是炼制润滑油的重要工艺。由于重油的沸点高达 350～500℃,所以它不能采用常压蒸馏的方法。如果将重油采用常压蒸馏,势必要提高加热温度,这将导致重油分子发生裂解,变成轻油,影响制取润滑油的馏分组成。

众所周知,大气压力的降低,液体的沸点也会降低。100kPa(760mmHg)大气压力下,水的沸点为 100℃,而在大气压力降至 70.5kPa(529mmHg)的高原上,水的沸点即降至 90℃。同样,在降低压力的条件下加热重油,重油就会在较低的温度下沸腾,蒸发成气体。这样就可以达到从重油中分离出各种不同润滑油馏分的目的,而不致引起重新裂解。减压蒸馏的目的是从常压蒸馏剩下的塔底油中,在适当降低压力的条件下蒸馏,从而获得润滑油和裂化原料油的原料。

减压蒸馏法的塔底油在管式炉中被加热至 400℃以上,送入减压蒸馏塔中,塔内保持 1.33kPa 的压力,使重油蒸发成气体,并在各层塔盘中冷凝,则在减压塔上下不同高度的塔盘中,即可分别获得轻质润滑油馏分、中质润滑油馏分和重质润滑油馏分,这些油统称为馏分油。再经脱蜡和精制得到的各种油品,称为渣油型润滑油;塔底残留的油料,经丙烷脱沥青、脱蜡和精制后制得的各种油品称为渣油型润滑油。用两种馏分润滑油或由一种馏分润滑油与残馏润滑油按不同比例进行调和,以生产出各种不同规格的润滑油,这些润滑油统称为调和油。一般黏度大的发动机油大多属于调和油。

利用直馏法获得的汽油、柴油产率较低,一般在 25%～30%,远不能满足日益增长的燃料需求。因此,近代炼制工艺常采用各种二次加工,以获得更多更好的油品。二次加工法有热裂化、催化裂化、加氢裂化、催化重整、烷基化和焦化等方法。

二、热裂化法

热裂化法是利用重质烃类在高温、高压下可发生裂解的性质,将一些大分子烃类分裂成为一些小分子烃类,从而获得更多的汽油、柴油等石油产品的一种加工方法。温度和压力视重油的组成而定,一般裂化温度高于460℃,最高压力为7.0MPa。热裂化产品有裂化气、汽油、柴油、渣油等。汽油的产率为30%~50%,柴油产率约为30%。由于裂化的汽油和柴油中,含有较多的烯烃和芳香烃,汽油抗爆性较直馏汽油好,柴油的十六烷值和凝点较直馏柴油低,性质不安定,储存易氧化变质,所以一般不宜单独使用,主要用来掺和低辛烷值的车用汽油和高凝点的柴油。目前,国内采用的热裂化法主要有两种:减黏裂化和叠合。

1. 减黏裂化

减黏裂化是热裂化的一种。将重残油轻度热裂化,使所得到的燃料油黏度和凝点降低,以改善其质量或借以减少商品燃料油中轻油的调入量。减黏裂化的原料主要是减压渣油,产品主要是减黏渣油(燃料油)82%、不稳定汽油5%、柴油10%。减黏裂化流程比较简单,原料油经加热炉加热到450℃,经过急冷后进入闪蒸塔,分离出减黏燃料油,油气再进入分馏塔进一步分离出气体、汽油、柴油、蜡油和循环油。具有投资节省、方法简单、操作容易等优点。

2. 叠合

叠合工艺是在20世纪30年代随着热裂化工艺的工业化而发展起来的,第一套工业装置建于1935年。其后,随着石油烷基化和其他烯烃利用新工艺的出现,已逐渐失去竞争力。但近年来发展了利用镍铬催化剂(见金属催化剂)将丙烯转化成以异己烯为主的二聚工艺,选择性达85%以上;二聚汽油的研究法辛烷值为96.5,为这一工艺开辟了新的领域。

叠合是两个或两个以上的烯烃分子在一定的温度和压力下,结合生成较大的烯烃分子的过程。仅仅利用热(<500℃)及压力(<10.0MPa)的作用的叠合,称之为"热叠合"。而借助于催化剂作用的叠合过程称为"催化叠合"。

中国石油化工股份有限公司石油化工科学研究院经过多年研究,成功开发了异丁烯选择性叠合—加氢技术和丁烯非选择性叠合—加氢技术(叠合加氢技术),叠合加氢技术生产的混合异构烃类主要组分为异辛烷,具有高辛烷值和低蒸气压(RVP)的特点,生产过程绿色环保,是理想的汽油调合组分。

选择性叠合—加氢技术,以混合碳四(C4)为原料,在专用固体酸催化剂和控制的反应条件下,可将异丁烯选择性叠合生成三甲基戊烯,其中异丁烯的转化率和C8烯烃的选择性分别可达95%和90%。三甲基戊烯在镍基催化剂作用下可缓和加氢生成异辛烷。非选择性叠合—加氢技术,以含或不含异丁烯的混合碳四为原料,在专用固体酸催化剂和较苛刻的条件下,可将碳四中的所有丁烯转化为叠合产物,其中异丁烯转化率可达95%,正丁烯转化率可达70%,C8烯烃的选择性则可达90%。叠合产物加氢生成的异构烷烃混合物以异辛烷为主要组分。

三、催化裂化法

催化裂化法与热裂化的区别是,重质烃类的裂解是在催化剂的作用下进行的。催化剂主要是硅酸铝或合成泡沸石等。由于有催化剂的作用,使大分子烃在较低的温度(通常为450～590℃)和在常压或较低压力(压力为0.1～0.2MPa)的条件下就能裂化成小分子烃,并改变分子结构,发生异构化、芳构化和氢转移反应,使油品中不饱和烃大大减少,异构烷烃、芳香烃增多。因此,催化裂化汽油性质安定,辛烷值高(可达80左右),故用作航空汽油和高级车辆用汽油的基本组成成分。催化裂化过程还产生大量的丙烯、丁烯、异丁烷等裂化气体。它们是宝贵的化工原料。催化裂化还能提供大量液化石油气,供民用。催化裂化所产的柴油,含有大量的重质芳香烃,经抽提后,不仅可改善柴油的燃烧性能,同时可得到大量制萘的原料。用催化裂化可制得43%左右的汽油、33%左右的柴油、7%左右的焦炭、14%左右的化工合成原料和一些裂化气体。催化裂化,由于其产品质量好,同时能综合利用,所以是目前主要的炼制方法之一。

近年来也常采用分子筛催化,现在已开发多种适用于不同催化过程的分子筛催化剂。分子筛有天然沸石和合成沸石两种。天然沸石大部分由火山凝灰岩和凝灰质沉积岩在海相或湖相环境中发生反应而形成。因天然沸石受资源限制,从20世纪50年代开始,大量采用合成沸石。

分子筛是一种具有立方晶格的硅铝酸盐化合物。分子筛具有均匀的微孔结构,它的孔穴直径大小均匀,这些孔穴能把比其直径小的分子吸附到孔腔的内部,并对极性分子和不饱和分子具有优先吸附能力,因而能把极性程度不同,饱和程度不同,分子大小不同及沸点不同的分子分离开来,即具有"筛分"分子的作用,故称分子筛。由于分子筛具有吸附能力高,热稳定性强等其他吸附剂所没有的优点,使得分子筛获得广泛的应用。

四、加氢裂化法

加氢裂化法是20世纪60年代初期发展起来的新工艺。它与催化裂化的不同之处,是在高温(370～430℃)和高压(10～15MPa),并有催化剂和氢气(为原料质量的2.5%～4.0%)作用下,对原料进行加氢、裂化和异构化,从而获得各种高质量油品的一种炼制方法。加氢反应可使不饱和烃变成饱和烃,生产的汽油抗爆性好,安定性高,腐蚀性小;生产的柴油着火性能好,凝点也低,生产的润滑油黏温性能好。

加氢裂化的原料广泛,柴油、减压馏分甚至渣油以及含硫、含氮、含蜡很高的原料都可以用,而且产品的产率接近100%。但这种方法是在高压下操作,条件苛刻,需要合金钢材较多,投资大,故还没有像催化裂化法那样普遍应用。

五、催化重整法

催化重整是指对直馏汽油的馏分,在催化剂(铂、锗等贵金属)作用下,使其烃分子结构进行重新排列形成新的分子结构。催化重整的原料通常为石脑油或低质量汽油,其中含有烷烃、环烷烃和芳烃。含较多环烷烃的原料是良好的重整原料。催化重整用于生产高辛烷值汽油时,进料为宽馏分,沸点范围一般为80～180℃;用于生产芳香烃时,进料为窄馏分,沸点范围一般为60～165℃。

近代催化重整的催化剂金属主要是铂,酸性组分为卤素(氟或氯),载体为氧化铝。除铂之外,还加入铼、铱或锡等金属作为助催化剂,以改进催化剂的性能。催化重整的汽油组分辛烷值高达85以上,抗氧化安定性较好。

六、烷基化法

在催化剂作用下,烷烃与烯烃的化学加成反应称为烷基化。烷基化的主要原料是催化裂化气体中的异丁烷和丁烯,其他如丙烯和戊烯也可做为原料,催化剂是浓硫酸或氢氟酸,我国目前采用的是浓硫酸。

烷基化加工流程是:将原料和硫酸同时送入反应器中,硫酸与原料之比约为1∶1.8。反应器中的压力为0.3MPa,温度为4~10℃,原料处于液体状态下进行加成反应,反应时应进行充分搅拌,以保证硫酸和烃类形成乳状液,使之充分接触,反应完全。反应过程中,硫酸浓度降至85%时,应另换新酸。反应后的产物用沉降法分离出硫酸,再经碱洗和水洗,然后送入蒸馏塔提出轻烷基化油和重烷基化油。

烷基化主要产物是工业异辛烷(轻烷基化油),具有高的抗爆性,可作为汽油的组分使用,国外高级汽油中,烷基化汽油加入量达28%。重烷基化油可作为普通柴油组分使用。

七、焦化法

焦化法是在加热和长反应时间的条件下,使渣油发生深度裂化反应,转化为气体、汽油、柴油、重质馏分油和石油焦的过程。与热裂化的主要区别是原料转化深度不同,石油焦化原料几乎全部转化,且生成大量焦炭。

焦化的原料来源于原油蒸馏所产的渣油或溶剂脱沥青所产的石油沥青,也可以用热裂化渣油或烃类裂解的焦油。原料含硫量对石油焦质量影响很大。所产汽油、柴油很不稳定,并且含杂质多,必须进一步精制;焦化重质馏分油常作为催化裂化或热裂化的原料。焦化法可分为三类,即延迟焦化、流化焦化和灵活焦化。

八、石油产品的精制

原油经蒸馏和各种二次加工得到的燃料、润滑油产品大都是半成品,除含有少量杂质(如硫、氧、氮的化合物)外,还含有极不安定的不饱和烃(如二烯烃)。为了保证油品质量,须经精制除去这些不良成分。常用的精制方法如下。

1. 电化学精制(酸碱精制)

在高压电场作用下,对油品进行酸洗和碱洗,以除掉产品油中非理想成分。浓硫酸对非烃化合物有溶解作用,并可进行磺化反应,也可与烯烃、二烯烃进行酯化和叠合反应,其产物大部分都溶于酸中,生成酸渣,经沉淀与油分离。但是,油经浓硫酸处理后会呈酸性,故要用碱中和,从而得到腐蚀性小、安定性好的油品。因此,电化学精制又称酸碱精制法。

2. 加氢精制

加氢精制与加氢裂化反应相似,是将油品在一定温度(300~425℃)、压力(6~15MPa)以及有催化剂和加氢的条件下,除去油中的硫、氮、氧、多环芳香烃和金属杂质等有害组分,并使不饱和烃变为饱和烃,以改善油品质量的一种方法。

直馏、热裂化所得的汽油、煤油、润滑油、重油等,均可用加氢精制,得到的产品质量好,产率高(接近100%),但投资较大,技术条件较严格。加氢精制是近年来发展较快的一种精制方法。

3. 溶剂精制

溶剂精制是利用一些溶剂在一定的条件下,能很好地溶解油品中的胶质、沥青质和带有短侧链的多环烃等不良物质,而对烷烃和带长侧链的环烷烃很少溶解的性能,使油品得到精制。

常用的溶剂有糠醛、酚和硝基苯等。溶剂精制与电化学精制比,其产品产率高,溶剂能回收重复使用,且没有酸、碱渣等污染物,所以得到较广泛使用。

4. 白土精制

白土精制用作电化学精制及溶剂精制的补充,以进一步提高油品的质量。白土是表面积极大的多孔性陶土,能吸附油内的沥青、树脂、硫、氮的化合物、无机酸和溶剂等。将磨细的白土与油品混合,在管式炉内加热到200~300℃,送到接触塔内,让白土与油品接触处理5~15min,待油冷却到150℃左右,滤除白土,即可获得精炼油。

白土精制的缺点是,废白土中含有约5%的油品,不易提出,所以,目前国外大多数炼油厂已经用加氢补充精制代替。加氢补充精制和加氢精制原理相似,只是处理条件有所不同。

5. 异构化

异构化是改变化合物的结构而不改变其组成和分子量的过程。一般指有机化合物分子中原子或基团的位置的改变,常在催化剂的存在下进行。

常用的催化剂有三氯化铝—氯化氢、氟化硼—氟化氢等。这类催化剂活性高,所需反应温度低,用于液相异构化,如正丁烷异构化为异丁烷,二甲苯的异构化等。也有采用以固体酸为载体的贵金属催化剂,如铂—氧化铝、铂—分子筛、钯—氧化铝等。这类催化剂属于双功能催化剂,其中金属组分起加氢和脱氢作用,固体酸起异构化作用。采用这类催化剂时,反应需在氢存在下进行,故也称临氢异构化催化剂,用于气相异构化。烷烃、烯烃、芳烃、环烷烃的异构化也可采用。尤其是乙苯异构化为二甲苯和环烷烃的异构化只有这类催化剂有效。其优点是结焦少,使用寿命长。以固体酸为载体的非贵金属催化剂,如镍—分子筛等,一般也需有氢存在,用于气相异构化,但不能使乙苯异构化成二甲苯。

6. 脱蜡

从煤油到各种润滑油馏分中,一般都含有不同数量的石蜡或地蜡。含蜡的油品凝点高,低温流动性差,所以应将油品中的蜡分离出来,即脱蜡。

冷榨脱蜡:通过冷冻降低油温,使蜡结晶,再经压榨将油中的蜡分离出来。它只适用于轻质油料。

溶剂脱蜡:往油中加入溶剂,降低油品黏度。这种溶剂在一定的低温时只溶解油而不溶解蜡。这样,经低温冷冻后,使油与蜡分离。常用的溶剂有丙酮、苯及甲苯的混合物。

分子筛脱蜡:分子筛是合成的泡沸石,是结晶型的碱金属硅酸铝盐。它是一种选择性的吸附剂,具有特殊的孔道结构,仅能吸附某些正构烷烃分子,从而达到脱蜡的目的。

此外,还有微生物脱蜡、尿素脱蜡等方法。

复习思考题

1. 烃类主要分为哪几种?

2.非烃化合物主要包括哪几种？

3.烷烃按其结构如何分类？异辛烷有多种结构形式,怎样命名？

4.各种烃类对石油产品性质的影响有哪些？

5.石油产品提炼的基本方法有哪些？各有何特点？

6.石油产品常用的精制方法有哪些？各有何特点？

第二章 汽 油

汽油是汽油发动机的主要燃料。汽油是从石油提炼而得到的密度小、易于挥发的液体燃料,自燃点为415～530℃。按照提炼方法,汽油可分为直馏汽油和裂化汽油。将石油加热,在35～200℃的温度范围内蒸发出来的轻馏分蒸气冷凝后即成为直馏汽油。利用催化裂化法可以从石油中获得更多的优质汽油。在汽油机工作时,汽油应能在很短的时间内形成良好的可燃混合气,保证汽油机能在各种工作条件下,可靠起动、平稳运转、正常燃烧,充分发挥汽油机的使用性能。

因此,了解汽油的性能、评价指标等内容对正确合理地选用汽油十分必要。

第一节 汽油机燃烧过程及对燃料的要求

一、汽油机燃烧过程

1. 汽油机的正常燃烧

汽油机是点燃式内燃机,由火花塞跳火点燃可燃混合气,形成火焰中心。火焰按一定速度连续地传播到整个燃烧室的空间。在此期间,火焰传播速度及火焰前锋的形状均没有急剧变化,这种状况称为正常燃烧。

汽油机正常燃烧过程的展开示功图如图2-1所示。以发动机曲轴转角(θ)为横坐标,汽缸内气体压力(p)为纵坐标,图中虚线表示只压缩不点火的压缩线。

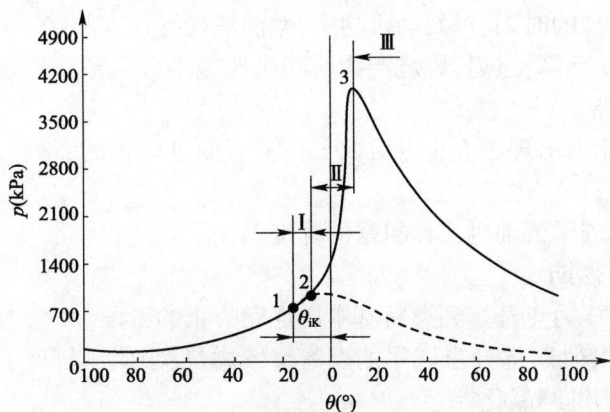

图2-1 汽油机燃烧过程示功图
1-开始点火;2-形成火焰中心;3-最高压力点

汽油机正常燃烧过程是连续进行的,通常按其压力变化的特征,可人为地将汽油机的燃烧过程分为Ⅰ、Ⅱ、Ⅲ三个阶段。

1）Ⅰ阶段——着火延迟期

着火延迟期是从火花塞跳火开始到形成火焰中心为止的阶段。火花塞跳火后，并不能立刻形成火焰中心，因为混合气氧化反应需要一定时间。当火花能量使局部混合气温度迅速升高，以及火花放电时，两极电压在15 000V以上时，混合气局部温度可达2 000℃加快了混合气的氧化反应速度。这种反应达到一定的程度，出现发光区，形成火焰中心。此阶段压力没有明显升高。

着火延迟期的长短，与燃料本身的分子结构和物理化学性质、过量空气系数、开始点火时汽缸内温度和压力、残余废气量、汽缸内混合气的运动、火花能量大小等因素有关。汽油机燃烧过程中，着火延迟期对发动机的影响不如柴油机大。

2）Ⅱ阶段——明显燃烧期

从火焰中心形成到汽缸内出现最高压力为止的阶段，称为明显燃烧期。当火焰中心形成后，火焰前锋以20～30m/s的速度，从火焰中心开始逐层向四周的未燃混合气传播，直到连续不断扫过整个燃烧室。混合气的绝大部分（约80%以上）在此期间间内燃烧完毕，压力、温度迅速升高，出现最高压力点3。图2-2所示为正常燃烧时，火焰前锋的瞬时位置。

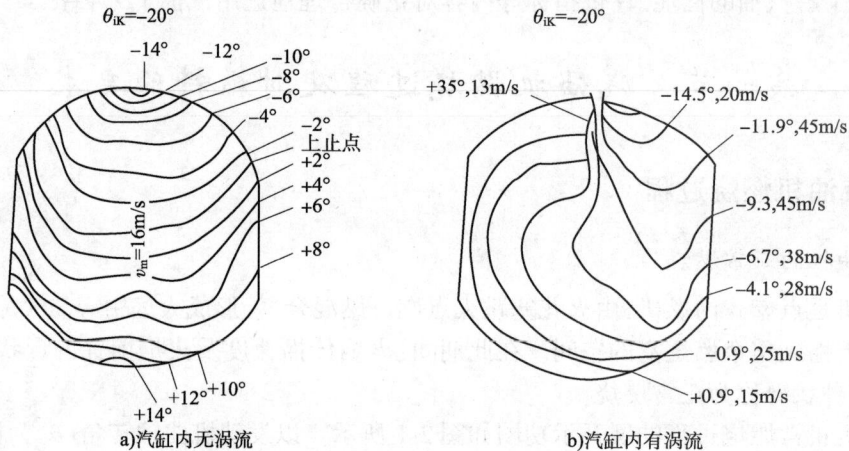

图2-2　汽油机燃烧的火焰传播过程

最高压力点3出现的时刻，对发动机功率、燃油消耗有很大影响。过早，混合气点火早，使压缩功增加，热效率下降；过迟，燃烧产物的膨胀比减小，燃烧在较大容积下进行，散热损失增加，热效率也下降。

实践证明，最高压力出现在上止点后12°～15°。曲轴转角时，示功图面积最大，循环功最多。

常用压力升高率表示汽油机工作粗暴的程度。

3）Ⅲ阶段——补燃期

补燃期是从最高压力点开始到燃料基本燃烧完为止的阶段。这一阶段主要是明显燃烧期内火焰前锋扫过的区域，部分未燃尽的燃料继续燃烧；吸附于缸壁上的混合气层继续燃烧；部分高温分解产物继续氧化等。

由于活塞下行，压力降低，使补燃期内燃烧放出的热量不能有效地转变为功。同时，排气温度增加，热效率下降，影响发动机动力性和经济性。因此，应尽量减少补燃。正常燃烧时，汽油机补燃较柴油机轻得多。

2. 汽油机的非正常燃烧

汽油机在工作过程中，除了正常燃烧外，还存在着非正常燃烧现象。在非正常燃烧中，对发动机影响较大的是爆震燃烧和热面点火。

1) 爆震燃烧

汽油机燃烧过程中，火焰前锋以正常的传播速度向前推进，使得火焰前方未燃的混合气（末端混合气）受到已燃混的压缩和热辐射作用，加速其先期反应，并放出部分热量，使其本身的温度不断升高，在正常火焰到达的时候能够燃烧。爆震燃烧（简称爆燃）则是在正常火焰前锋到达之前，由于火焰前锋的强烈压缩和热辐射作用，温度急剧地升高而自然着火，形成多个火焰中心，使火焰传播速度高达 $1\,000 \sim 2\,000\text{m/s}$，燃气压力在燃烧室壁、活塞顶和汽缸壁产生强烈的噪声并伴随金属敲击声，引起发动机振动。

爆震燃烧的火焰前锋面推进速度，远远高于正常燃烧的火焰传播速度。轻微爆震燃烧时，火焰传播速度为 $100 \sim 300\text{m/s}$；强烈爆震燃烧会使火焰传播速度为 $800 \sim 2\,000\text{m/s}$。它使未燃混合气体瞬时燃烧完毕，局部温度、压力猛烈增加，形成强烈的压力冲击波。冲击波以超音速传播，撞击燃烧室壁，发出频率为 $3\,000 \sim 5\,000\text{Hz}$ 的尖锐的金属敲击声。试验表明，发动机总充量中，只要有大于 5% 的部分进行自燃时，就足以引起剧烈爆震燃烧。

爆震燃烧比正常燃烧时的压力升高得很多，有时可高达 65MPa。压力波动很大，破坏了正常燃烧的做功能力，使发动机功率下降，零件受冲击载荷增加，使用寿命降低。

发生爆震燃烧时，汽油机将出现敲缸声。轻微的爆震燃烧，功率略有增加，但强烈的爆震燃烧在使汽油机功率下降的同时，出现发动机工作不稳定和强烈的振动。由于爆震燃烧的冲击波破坏了燃烧室壁面的油膜和气膜，使传热增加，发动机容易过热。严重时可以使活塞烧蚀、连杆弯扭，发动机报废。

减少爆震燃烧的主要措施是使用抗爆性高的燃料。当辛烷值增加时，燃料的着火延迟期也增加，抗爆性提高。添加抗爆剂可提高汽油的抗爆性。

2) 热面点火

在汽油机中，凡是不靠电火花点火而由燃烧室炽热表面（如过热的火花塞绝缘体和电极、排气门、炽热的积炭等）点燃混合气而引起的不正常燃烧现象，称为热面点火。根据被炽热表面点火的火焰传播速度快慢，热面点火可分为非爆震燃烧性热面点火和爆震燃烧性热面点火。

（1）非爆震燃烧性热面点火。非爆震燃烧性热面点火，其火焰始终以正常速度进行传播。如果热面点火发生在正常点火时刻之后，称为后火；发生在正常点火时刻之前，称为早火。

后火。这种现象可在发动机断火后，发现发动机仍像有电火花点火一样，继续运转，直到炽热点温度下降到不能点燃混合气为止，发动机才停转。

早火（早燃）。发生早火时，炽热表面温度较高。由于混合气在进气和压缩行程中，长期受到炽热表面加热，点燃的区域比较大，一经着火，势必使火焰传播速度较高，压力升高过大。常使最高压力点出现在上止点之前，压缩功过大，发动机运转不平稳并发生沉闷的敲击声。同时，早燃的发生使散热损失增加，传给冷却液的热量增多，容易使发动机过热，有效功率下降。甚至在压缩过程末期的高温、高压下，会引起机件损坏。

非爆震燃烧性热面点火，大体是发动机长时间高负荷运行，致使火花塞绝缘体、电极或排气门温度过高而引起。

（2）爆震燃烧性热面点火（激爆）。爆燃性热面点火是一种激爆式热面点火现象，它是由燃烧室沉积物引起的热面点火，是一种危害最大的热面点火现象。

发动机低速低负荷（水平路上，汽车行驶速度低于20km/h）运转时，燃烧室表面极易形成导热性很差的沉积物。它使高压缩比的汽缸表面温度更高。此外，沉积物颗粒被高温火焰包围，使其急剧氧化而白炽化，将混合气点燃。在发动机加速时，气流吹起已着火的炭粒，使混合气产生多火点燃的着火现象，致使混合气剧烈燃烧，压力升高率和最高燃烧压力急剧增加。

爆震燃烧和热面点火均属不正常燃烧现象，但两者是完全不同的。爆震燃烧是火花塞跳火后，末端混合气的自燃现象；热面点火是火花塞跳火之前，分为早火和后火。之后，由炽热表面或沉积物点燃混合气所致。爆震燃烧时火焰以冲击波的速度传播，有尖锐的敲击声；热面点火时敲缸声比较沉闷。

严重的爆震燃烧增加向缸壁的传热，促使燃烧室内炽热点的形成，导致热面点火；早燃会使压力升高率和最高压力增加，热辐射增大，又促使爆震燃烧的发生。

防止热面点火的措施是选用低沸点的汽油和含胶质较少的润滑油。降低压缩比，避免长时间低负荷运行和频繁加速减速行驶，在燃料中加入抑制热面点火的添加剂等。

二、汽油机对燃料的使用要求

汽油是点燃式发动机燃料的石油轻质馏分，燃料的性能好坏对发动机燃烧过程有直接的影响。例如：汽油的蒸发性强，就容易汽化，与空气混合，使燃烧速度快，且易于完全燃烧。但蒸发性过强，也会使汽油在炎热的夏季、高原山区使用时，出现供油系气阻，甚至发生断油现象。汽油的辛烷值高，就不容易发生爆震燃烧等。

汽油其品质的好坏对发动机性能的影响很大。汽油发动机对燃料使用性能的要求主要有：

（1）在所有工况条件下，汽油应有足够的蒸发性以保证形成可燃混合气。

（2）燃烧平稳，不产生爆震燃烧现象。

第二节　汽油的使用性能

汽油的使用性能虽多，但与柴油相比，特殊的方面主要表现在它的蒸发性和抗爆性。

一、蒸发性

汽油由液态转化为气态的性质，称为汽油的蒸发性。

汽油机工作过程中，要求其燃料供给系必须在0.02～0.04s时间内形成均匀的可燃混合气。汽油机在进气行程中，由于活塞的下移运动，在汽缸中产生较大的真空度和真空吸力，能够把大气吸进汽缸。燃油喷射式发动机，根据进气量的多少，配比适量的燃油并喷射到进气门附近，雾化的汽油在真空和机体加热的作用下蒸发汽化，并在气门开启时随着空气而进入汽缸并进一步混合，在汽缸里形成良好的混合气。若汽油的蒸发性不好，将有部分汽油以液态进入汽缸，使可燃混合气品质变坏，燃烧状况变差，会导致汽油机功率下降，耗油增加，有害气体排放量增大，磨损加剧。

汽油应具有适当的蒸发性,以保证汽油机在低温条件下容易起动,预热时间短,加速灵敏,运行稳定。但是,汽油的蒸发性过好会使燃油系统在夏季产生气阻,或由于油路中气泡增多,影响喷油器流量的稳定,直接影响发动机的闭环控制,进而影响发动机排放污染物的控制;或使汽油蒸发控制系统的吸附炭罐过载;或使汽油在保管和使用中的蒸发损失增大等。因此,综合考虑以上各因素,要求汽油具有适当的蒸发性。

二、抗爆性

汽油抗爆性是表示汽油在汽油机燃烧室中燃烧时防止爆震燃烧的能力。

汽油机正常的燃烧过程是火花塞跳火,产生高能量的电火花,使其电极间的可燃混合气温度急剧升高并被点燃,形成火焰中心。火焰前锋以 $20 \sim 30\text{m/s}$ 的速度迅速向燃烧室远离火花塞的各点传播,使混合气绝大部分燃烧完毕,释放出热能。正常燃烧过程,汽缸内的压力升高率为每度曲轴转角不大于 200kPa,温度上升也很均匀,汽油机工作柔和平稳,动力性能得到充分发挥。

现代汽油机的压缩比都有不同程度的提高,增加压缩比可以提高汽油机的热效率。但是压缩比越高,压缩终了汽缸内混合气的压力和温度就越高,越易产生爆燃,对汽油的抗爆性要求就越高。

汽油的抗爆性取决于碳氢化合物的结构。正构烷烃的抗爆性随着碳原子数目的增加而下降,而异构烷烃随支链的增加而提高。芳香烃和主碳链长度不超过 $4 \sim 5$ 个碳原子的异构烷烃的抗爆性最高,具有 6 个以上碳原子数的正构烷烃以及分子中有 8 个以上碳原子而只有一个支链的异构烷烃的抗爆性最低。所以,汽油的抗爆性决定于各种烃类的含量,若含抗爆性高的烃类多,则其抗爆性必然高。

三、化学安定性和物理安定性

1. 汽油的化学安定性

汽油的化学安定性是指汽油在储存、运输、加注和其他作业时,抵抗氧化生胶的能力。安定性不好的汽油在使用过程中,受到空气中的氧、环境温度和光的作用,会发生氧化缩合而生成胶质,使汽油颜色变黄并产生黏稠的沉淀物。这些胶状物黏附在滤清器、汽油管道、喷油器的喷口处,不仅会破坏汽油的正常供给,甚至中断供油,还会使喷油器喷口处的有效截面积变小,造成混合气变稀,调整困难,耗油率增大。如果胶状物积聚在进气门头部下方,会影响气门正常开闭的运动和进气通道的截面积,并且气门处的高温还会使胶质进一步氧化而分解,生成积炭沉积在活塞顶、活塞环槽、燃烧室壁和火花塞上,使汽缸散热不良,发动机过热,引起爆燃,从而加剧磨损。此外随着胶质的增多,会使汽油的辛烷值下降,酸度增加。

因此,为了保证汽油机可靠工作,要求车用汽油具有良好的化学安定性。

2. 汽油的物理安定性

汽油的物理安定性是指汽油在使用过程中(如加注、运输、储存),保持不被蒸发损失的性能。车用汽油要求具有良好的物理安定性。汽油的物理安定性主要取决于汽油中所含低沸点烃类的多少。为了改善汽油机的起动性,希望汽油中含低沸点烃类多些,但这些烃类容易蒸发逸散,导致损耗增加,使汽油的物理安定性变差。

四、腐蚀性

汽油对储油容器和机件应无腐蚀。

汽油机的燃料供给系是由许多金属零件组成的,如果汽油中有元素硫、活性或非活性硫化物、水溶性酸或碱等存在时,就会对金属产生直接或间接腐蚀作用。所以对汽油的腐蚀性应有严格的要求,汽油应无腐蚀性。

五、清洁性

清洁性是指汽油中是否含有机械杂质和水分的性质。

炼油厂炼制的成品汽油是不含有机械杂质和水分的,但在运输、灌注、储存和使用过程中,机械杂质(锈、灰尘、各种氧化物等)和水分会混入汽油中。机械杂质会加速喷油器等的磨损,或堵塞喷油器和汽油滤清器。机械杂质进入燃烧室,又会使燃烧室积炭增多,引起汽缸、活塞和活塞环的加速磨损。其油中的水分在低温下易结冰,会堵塞油路,同时还能加速汽油的氧化,加快腐蚀作用。所以车用汽油中应严格控制机械杂质和水分的混入。

汽油使用性能的评定指标

一、汽油蒸发性的评定指标

1. 馏程

汽油的馏程是指在石油产品馏程测定仪上对100mL油品蒸馏时,从初馏点到终馏点的温度范围。汽油的蒸发温度对汽油机的工作有很大影响。汽油馏程以初馏点、10%蒸发温度、50%蒸发温度、90%蒸发温度、终馏点和残留量来表示。

(1)初馏点。在冷凝管末端滴下第一滴汽油时所观察到的校正温度计的读数,称为初馏点。

(2)10%蒸发温度。对100mL汽油在规定条件下蒸馏时,得到10%汽油馏分时所观察到的校正温度计的读数,称为10%蒸发温度。

10%蒸发温度表示汽油中含轻质馏分的多少,对汽油机冬季起动的难易和夏季是否发生"气阻"有很大的影响(图2-3)。10%蒸发温度越低,汽油的蒸发性越好,能够迅速形成可燃混合气,汽油机在低温条件下就容易起动。国家有关标准规定各牌号汽油的10%蒸发温度不高于70℃。但10%的蒸发温度也不能过低,否则,在夏季将使汽油机燃料供给系内产生"气阻"的倾向增大,使汽油机功率下降,甚至供油中断。国家标准中未规定汽油10%蒸发温度的下限,而是通过饱和蒸气压来控制。一般认为,10%蒸发温度为60~65℃。

(3)50%蒸发温度。对100mL汽油在规定条件下蒸馏时,得到50%汽油馏分时所观察到的校正温度计的读数,称为50%蒸发温度。

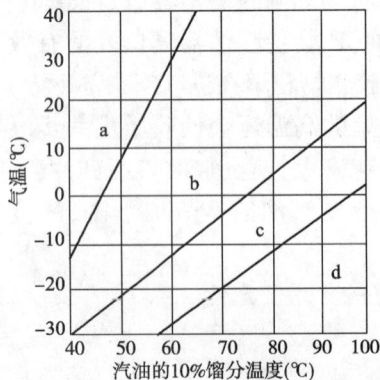

图2-3 汽油的10%蒸发温度对汽油机低温起动性和高温气阻性的影响
a-产生气阻;b-起动容易;c-起动困难;d-不能起动

汽车运行材料(第3版)

20

50%蒸发温度表示汽油的平均蒸发性。其温度低,对汽油机的加速性、工作稳定性及起动后迅速升温(暖车)有利。50%蒸发温度过高时,汽油机运转由低速骤然变为高速时,节气门突然开大,由于汽油蒸发量少,使混合气变稀,汽油机不能发出需要的功率,运转不平稳,汽油机加速时间长,并在加速时车辆出现抖动现象。所以,国家有关标准中规定各牌号汽油50%蒸发温度不高于120℃。

(4)90%蒸发温度。90%蒸发温度和终馏点表示汽油中含重质成分的多少。其温度越高,汽油的质量越差。因含重质成分过多,汽油在点火爆发前处于未蒸发状态数量多,在沿汽缸壁下流的同时,冲洗掉汽缸壁上的润滑油膜,稀释润滑油导致汽缸、活塞等零件以及其他配合副机械磨损加剧。同时也造成混合气燃烧不完全,尾气排放污染增加,耗油量增加,汽油机工作不稳定。国家有关标准中规定各牌号汽油90%蒸发温度不高于190℃。

(5)终馏点。试验中得到的最高校正温度计的读数,称为终馏点。汽油终馏点不高于205℃。

(6)残留量。对100mL汽油在规定条件下蒸馏时,所得残留物质的体积百分数,称为残留量。

残留量表示汽油中最不易蒸发的重质成分和储存过程中生成的氧化胶状物的含量。残留量多,会使燃烧室积炭增加,喷孔及量孔处结胶,影响汽油机正常工作。因此,残留物应严格限制。残留量的多少用体积百分数来表示,国家标准规定车用汽油残留量(V/V)应不大于2%。

测定馏程的标准是《石油产品常压蒸馏特性测定法》(GB/T 6536—2010)。

实验指导:

实验所用仪器:实验所用仪器为石油产品馏程测定器,如图2-4所示。

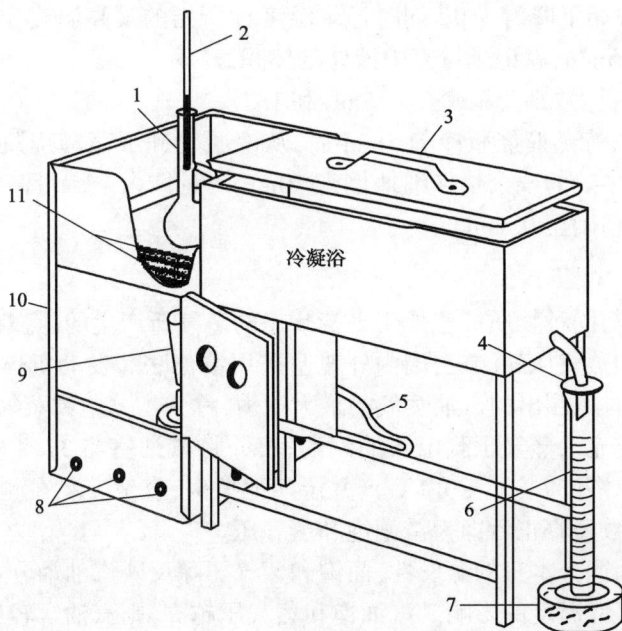

图2-4 燃气加热型蒸馏仪

1-烧瓶;2-温度计;3-冷凝器盖;4-遮盖纸;5-气体管线;6-量筒;7-底座;8-通风孔;9-燃气加热器;10-防护罩;11-耐热版

实验方法和步骤:

(1)装好仪器之后,先记录大气压力,然后开始对蒸馏烧瓶均匀加热。蒸馏汽油时,从加热开始到冷凝管下端滴下第一滴馏出液所经过的时间为 5 ~ 10min;蒸馏普通柴油时,为 10 ~ 15min。

(2)第一滴馏出液从冷凝管滴入量筒时所记录的温度作为初馏点。

(3)蒸馏达到初馏点之后,移动量筒,使其内壁接触冷凝管末端,让馏出液沿着量筒内壁流下。此后蒸馏速度要均匀,每分钟馏出 4 ~ 5mL(相当于每 10s 馏出 20 ~ 25 滴)。

以每 10s 相应的滴数检查蒸馏速度时,可以将量筒内壁与冷凝管末端离开片刻。

蒸馏重柴油时,最初馏出 10mL 的蒸馏速度是每分钟 2 ~ 5mL,继续下去的蒸馏速度是每分钟 4 ~ 5mL。

(4)在蒸馏过程中要记录与试样的技术标准中所要求的事项。例如:

①如果试样的技术标准要求馏出百分数(如 10%、50%、90% 等)的温度,那么当量筒中馏出液的体积达到技术标准时;就立即记录馏出温度。实验结束时,温度计的误差,应根据温度计检定证上的修正数进行修正。

②如果试样的技术标准要求在某温度(例如 100℃、200℃、250℃、270℃)的馏出百分数,那么当蒸馏温度达到相当于技术标准所指定的温度时,就立即记录量筒中的馏出液体积。在这种情况下,温度计的误差,应预先根据温度计检定证上的修正数进行修正。

(5)在蒸馏汽油的过程中,当量筒中的馏出液达到 90mL 时,允许对加热强度作最后一次调整,要求在 3 ~ 5min 内达到干点。如要求终点而不要求干点时,应在 2 ~ 4min 内达到终点。

(6)蒸馏达到试样技术标准要求的终点(如馏出 95%、96%、97.5%、98% 等)时,除记录馏出温度外,应同时停止加热,让馏出液流出 5min,就记录量筒中的液体体积。

(7)如果试样的技术标准规定有干点的温度,那么对蒸馏烧瓶的加热要达到温度计的水银柱停止上升而开始下降时为止,同时记录温度计所指的最高温度作为干点。在停止加热后,让馏出液流出 5min,就记录量筒中液体的体积。

(8)蒸馏时,所有读数都要精确至 0.5mL 和 1℃。

(9)实验结束时,待蒸馏烧瓶冷却 5min 后,从冷凝管卸下蒸馏烧瓶。卸下温度计及瓶塞之后,将蒸馏烧瓶中热的残余物仔细地倒入 10mL 的量筒内。待量筒冷却到 20℃ ±3℃,记录残馏物的体积,精确至 0.1mL。

2. 饱和蒸气压

在一定温度下,与同种物质液态处于平衡状态的蒸气所产生的压强称为饱和蒸气压。

发动机燃料饱和蒸气压的测定,国内外普遍采用雷德法。发动机燃料与其蒸气的体积比为 1:4,在 37.8℃ 时所测出的汽油蒸气的最大压力,称为雷德饱和蒸气压。

将经冷却的试样充入蒸气压测定器的汽油室,并将汽油室与 37.8℃ 的空气室相连接。将该测定器浸入恒温浴(37.8℃ ±0.1℃),并定期地振荡,直至安装在测定器上的压力表的压力恒定,压力表读数经修正后即为雷德饱和蒸气压。

馏程是反映汽油馏分本身的蒸发性,而饱和蒸气压除反映汽油馏分本身的蒸发性外,还考虑到大气压强和环境温度的影响。汽油饱和蒸气压越高,则汽油含轻质馏分越多,低温下汽油机越容易起动,蒸发性越好。

大气压强越低或环境温度越高,汽油饱和蒸气压也随之提高。但饱和蒸气压不能过高,过高则易产生"气阻",影响汽油机的正常工作,甚至中断供油,同时汽油储存在油罐、油箱中的蒸发损失也要增大。我国规定汽油的饱和蒸气压都是区分不同月份给出的,即从 9 月

1日至2月末和从3月1日至8月末分别限制饱和蒸气压。

饱和蒸气压的测定按《石油产品蒸气压测定法（雷德法）》（GB/T 8017—2012）的规定进行。

二、汽油抗爆性的评定指标

1. 辛烷值

辛烷值是表示点燃式发动机燃料抗爆性的一个约定数值。在规定条件下的标准发动机试验中，通过与标准燃料进行比较来测定，采用和被测定燃料具有相同抗爆性的标准燃料中异辛烷的体积百分数表示。汽油的抗爆性用辛烷值来表示，汽油辛烷值高，则抗爆性好。

爆震试验装置由一台可变压缩比的单缸汽油机、合适的负载设备和辅助设施及仪表组成。它们都装在一个固定的底座上。单缸机上装有灵敏度很高的爆震传感器和爆燃测量仪，能够准确地测量出爆震强度。

辛烷值测定方法分研究法（RON）和马达法（MON）两种。辛烷值随试验规范的不同而不同，所以说明某种汽油辛烷值的同时，应标明规范的种类。目前，我国采用的是研究法辛烷值。

马达法辛烷值，是指使用标准单缸 CFR 发动机，在较高的混合气温度（149℃ ±1℃）和较高的发动机转速（900r/min ±9r/min）的苛刻条件下，通过比较待定试样与正标准燃料的爆震强度得到抗爆性能的数字指标。即将待定燃料与已知辛烷值的正标准燃料体积比混合物的爆震倾向相比较而被确定的。具体的做法是借助于改变压缩比并用一个电子爆震表来测量爆震强度，待定燃料所获得爆震强度与正标准燃料所获得同样爆震强度的燃料的辛烷值，就是待定燃料的辛烷值。测定方法主要有内插法和压缩比法两种。

内插法：在压缩比不变的情况下，使试样的爆震表读数在两个参比燃料爆震表读数之间，试样的辛烷值用内插法进行计算。

压缩比法：试样的辛烷值是根据它在标准爆震强度下所需的汽缸高度，从《汽油辛烷值的测定研究法》（GB 5487—2015）中查得。采用这种方法时，参比燃料仅用于标定标准爆震强度。

研究法辛烷值是指使用标准 CFR 发动机，在特定的进气温度和较低的发动机转速（600r/min ±6r/min）条件下，通过比较待定试样与正标准燃料的爆震强度得到抗爆性能的数字指标。已知辛烷值的正标准燃料是由异辛烷（辛烷值为100）和正庚烷（辛烷值为0）混合而成的，与试样爆震强度相当的正标准燃料中所含异辛烷的体积分数（精确到一位小数）就是该试样的研究法辛烷值。

研究法辛烷值与全尺寸火花点火式发动机低速运转的抗爆性能相关联。马达法辛烷值则是与全尺寸火花点火式发动机高速运转下的抗爆性能相关联。

上述两种试验方法的辛烷值都是在专门的单缸发动机上，在标准试验条件下，把试样与标准燃料的爆震倾向相比较而测定出来的，它们都不能全面地反映车辆运行中燃料的抗爆性能，因此，提出了计算车辆运行中抗爆性能的抗爆指标——抗爆指数。抗爆指数的经验关系通式如下：

$$抗爆指数 = K_1 RON + K_2 MON + K_3$$

K_1、K_2、K_3 为系数，对不同类型的车辆是不同的，这与发动机的运转特性和运转条件有关，它们都是通过典型的道路试验来确定的。

一般简化式,采用总车辆数的平均抗爆性能。通常,$K_1=0.5$,$K_2=0.5$,$K_3=0$,即抗爆指数是汽油研究法辛烷值与马达法辛烷值之和的1/2。即:

$$抗爆指数 = \frac{MON + RON}{2}$$

抗爆指数反映一般运行条件下汽油的平均抗爆性。

测定辛烷值的标准是《汽油辛烷值测定法(马达法)》(GB/T 503—2016)和《汽油辛烷值测定法(研究法)》(GB/T 5487—2015)。

2. 提高车用汽油抗爆性的方法

(1)采用二次加工的炼制工艺,以得到含更多的高辛烷值烃类组分的车用汽油。如:采用催化裂化、催化重整、烷基化、加氢裂化等方法炼制的汽油中,含有较高比例的异构烷烃和芳香烃,可使辛烷值大幅度地提高。我国大型炼油厂多采用催化裂化工艺生产车用汽油组分。

(2)加入抗爆添加剂。抗爆剂的种类很多,通常在汽油中添加甲基叔丁基醚(MTBE)和叔戊基甲基醚(TAME)等含氧化合物,用来提高汽油的辛烷值。但是车用汽油中不应加入有任何导致车辆无法正常运行的添加物和污染物。

三、汽油化学安定性的评定指标

1. 实际胶质

实际胶质是在规定条件下测得的发动机燃料的蒸发残留物,以 mg/100mL 表示。

对于测定车用汽油中胶质含量的真正意义还未完全确定。但是,胶质含量过高会导致进气系统产生沉积和进气门黏结。在大多数情况下,可以认为胶质含量低能够确保进气系统的安全。

实际胶质指标是判断汽油在使用过程中生成胶质的倾向,测定标准是《燃料胶质含量的测定　喷射蒸发法》(GB/T 8019—2008)。

实验指导:

1)方法概要

将 25mL 试样在规定的仪器、温度和空气流的条件下蒸发,再把所得地残渣称量,并以100mL 试样中所含实际胶质毫克数(mg/100mL)表示。

2)实验所用仪器

实际胶质测定器及其流程图如图 2-5、图 2-6 所示。

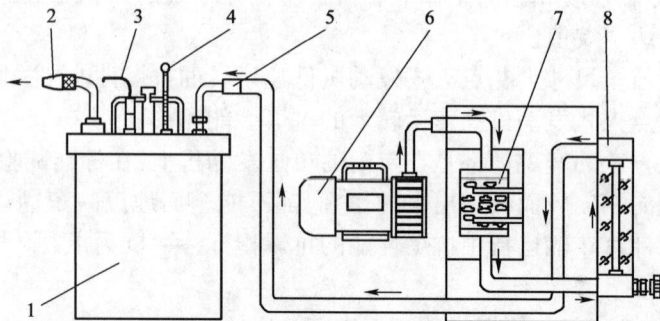

图 2-5　实际胶质测定器流程图

1-油浴;2-透气口;3-温度传感器;4-温度计;5-旋管进口;6-气泵;7-空气滤清器;8-流量计

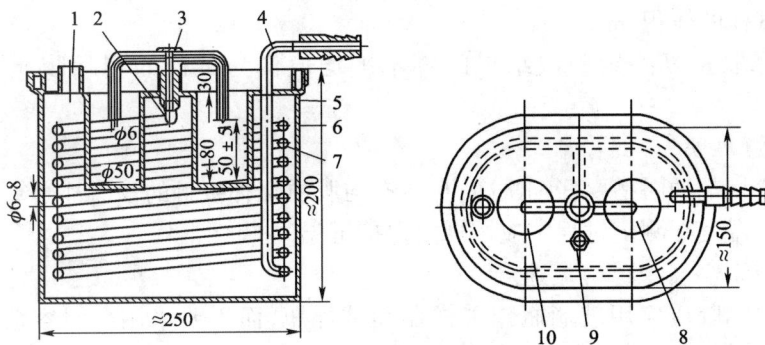

图 2-6 油浴结构示意图

1、9-浴盖上孔；2、4、7-旋管；3-三通管；5-浴盖；6-钢制容器；8、10-凹槽

3）实验所用试剂

（1）苯（或丙酮），化学纯。

（2）乙醇—苯混合液，用95%乙醇（化学纯）与苯（化学纯）按1:4配成。

（3）硫酸钠，化学纯。

4）实验准备

（1）过滤试样。用滤纸过滤试样。如试样含有明显水迹时，应在试样中加入新煅烧的硫酸钠，摇动10～15min后进行过滤。

（2）加热油浴。安装温度计，将油浴预先加热至150℃±3℃；测定煤油时加热到180℃±3℃；测定柴油时加热到250℃±5℃。

（3）恒重空胶质烧杯。将胶质烧杯仔细用苯或丙酮洗涤干净，烘干15min，冷却30～40min，在分析天平上进行称量。在相同条件下，将胶质烧杯重复干燥、冷却、称量直至恒重，即前后连续两次称量的差不超过0.0004g。

（4）连接仪器。在油浴上、旋管导入空气的一端通过空气流速计、空气过滤器与空气压缩机连接起来，并检查开关是否灵活，管线接头是否漏气。

5）实验步骤

（1）取样。用量筒或移液管取25mL试样两份，分别注入已恒重的两个胶质烧杯中，将胶质烧杯放在已加热至规定温度的油浴凹槽内，然后在油浴中央的旋管一端接上三通管，使导管下端距试样液面30mm±5mm。

（2）通入空气。向胶质烧杯中通入空气，空气流速最初为(20±2)L/min。在最初8min内（汽油）或20min内（煤油、柴油），空气流速应逐渐增加到(55±5)L/min，同时注意勿使试样溅出。保持上述空气流速使试样蒸发完毕。继续通入空气15～20min（汽油和煤油）或30min（柴油）。

（3）称量。将胶质烧杯移入到干燥器中冷却30～40min，称准到0.0002g。重复此项操作至每个胶质烧杯恒重为止。

6）实验计算和报告

（1）计算。100mL试样中所含实际胶质 X(mg)按下式计算：

$$X = \frac{m_2 - m_1}{25} \times 100 = 4(m_2 - m_1)$$

式中：m_1——胶质烧杯的质量，mg；

m_2——胶质和胶质烧杯的质量，mg；

25——试样的体积,mL。

（2）报告。取重复测定两次结果的算术平均值作为试样的实际胶质含量,用整数表示。

7）实验注意事项

（1）胶质烧杯的油浴槽要仔细洗净,且所有与胶质烧杯接触的仪器都必须清洁。

（2）蒸发浴温度在测定过程中应按规定保持恒温。

（3）正确控制空气（蒸汽）流速。

（4）测定实际胶质应用玻璃瓶作采样器和试样瓶,而不要采用金属容器,特别是铜质容器。

（5）迅速、准确进行称量。

（6）测定时所用空气流中应洁净,无油污状残余物。

2. 诱导期

诱导期是在规定条件下,油品处于稳定状态所经历的时间周期,以 min 表示。即汽油在压力 689～703kPa 的氧气中和温度为 100℃的试验条件下,未被氧化所经过的时间。诱导期是判断汽油氧化生胶变质倾向的指标。诱导期的测定是在加速氧化条件下测定汽油的氧化安定性。诱导期虽然可以表示车用汽油在储存时生成胶质的倾向。但是,在不同的储存条件下和对不同的汽油,其诱导期和在储存时生成胶质的相互关系有时会有显著差别。

测定汽油诱导期的标准是《汽油氧化安定性测定法（诱导期法）》（GB/T 8018—2015）,用于不同规格的汽油。

实验指导:

1）仪器和试剂:

（1）仪器。汽油氧化安定性测定仪如图 2-7 所示,其中氧弹组装如图 2-8 所示、玻璃样品瓶和盖如图 2-9 所示。

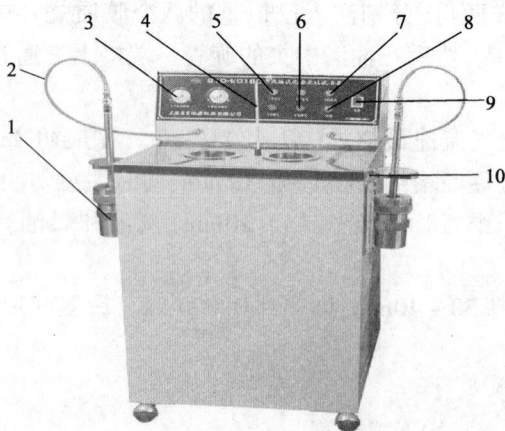

图 2-7　汽油氧化安定性（诱导期）测定仪
1-氧弹;2-氧弹进排气管;3-氧弹压力表;4-温度计;5-氧弹充气开关;6-氧弹排气开关;7-加热开关;8-运行开关;9-电源开关;10-液位计

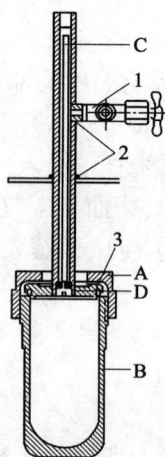

图 2-8　氧弹组装图
1-角阀;2-焊点;3-密封圈;A-锁环;B-氧弹体;C-填杆;D-盖

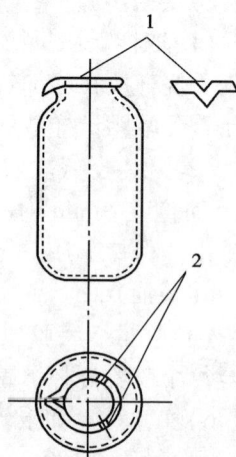

图 2-9　玻璃样品瓶和盖
1-流出口;2-凹槽

（2）试剂。甲苯、丙酮均为化学纯粹试剂（简称:化学纯）。胶质溶剂:用上述等体积甲苯和丙酮混合;氧气（纯度 > 99.6%）。

2）准备工作

（1）用胶质溶剂洗净样品瓶中的胶质,再用水充分冲洗,并把样品瓶和盖浸泡在热的去垢剂清洗液中。用不锈钢镊子从清洗液中取出样品瓶和盖,而且以后只能用镊子持取。先用自来水,再用蒸馏水充分洗涤,最后在 100~150℃的烘箱中至少干燥 1h。

（2）倒净氧弹里的汽油,先用一块干净的、被胶质溶剂润湿的布,再用一块清洁的干布把氧弹和盖的内部擦净,用胶质溶剂洗去填杆和弹柄之间环状空间里的胶质或汽油。有时需从弹柄中取出填杆,并仔细地清洗弹柄和填杆;还要清洗所有连接到氧弹的管线。在每次试验开始前,氧弹和所有连接管线都应进行充分干燥。

3）试验步骤

（1）使氧弹和待试验的汽油温度达到 15~25℃,把玻璃样品瓶放入弹内,并加入 50mL±1mL 试样。盖上样品瓶,关紧氧弹,并通入氧气直至表压达到 689~703kPa 时止。让氧弹里的气体慢慢放出以冲走弹内原有的空气。再通入氧气直至表压达 689~703kPa,并观察泄漏情况。10min 内压力降不超过 6.89kPa,为无泄漏,可进行试验。

（2）将氧弹放入剧烈沸腾的水浴中,应小心避免摇动,并记录浸入水浴的时间作为试验的开始时间。维持水浴的温度为 98~102℃。连续记录氧弹内的压力,每隔 15min 或更短的时间记一次压力读数。直至到达转折点（即先出现 15min 内压力降达到 13.8kPa,而在下一个 15min 内压力降不小于 13.8kPa）的一点,记录从氧弹放入水浴直至到达转折点的分钟数作为试验温度下的实测诱导期。

（3）先冷却氧弹,然后慢慢地放掉氧弹内的压力,清洗氧弹和样品瓶。

4）实验计算和报告

（1）如果实验温度高于 100℃,则试样 100℃时的诱导期 t(min) 按下式计算:

$$t = t_1(1 + 0.10)(t_a - 100)$$

式中:t——试样 100℃时的诱导期,min;

t_1——实验温度下的实测诱导期,min;

t_a——当实验温度高于 100℃时,用 t_a 代表实验温度,℃;

0.10——常数。

（2）如果实验温度低于 100℃,则试样 100℃时的诱导期 t(min) 按下式计算:

$$t = \frac{t_1}{(1 + 0.10)(100 - t_b)}$$

式中:t_b——当实验温度低于 100℃时,用 t_b 代表实验温度,℃。

5）影响因素

（1）实验所用的测定器符合标准的要求。

（2）氧弹药按照标准要求用氧气冲洗置换一次,第二次灌入的氧气要达到实验规定的压力。

（3）氧弹安装好以后,要保证密封,微小的渗漏对测定结果有较大的影响。

（4）水浴温度必须维持在 98~102℃。如果环境气压过低,则允许往水中加入高沸点的液体,如乙二醇、甘油等。

四、汽油腐蚀性的评定指标

1. 水溶性酸或碱

水溶性酸或碱主要是油品中存在的无机酸、低分子有机酸和能溶于水的矿物碱等。

水溶性酸和碱的测定按《石油产品水溶性酸及碱测定法》(GB/T 259—1988)进行,将50mL被测汽油和50mL中性蒸馏水注入分液漏斗中,并摇动5min,然后澄清。待澄清后从分液漏斗下层(水层),分别放入两支10mL试管。然后一支试管中加入3滴甲基橙指示剂,若显红色或玫瑰色,说明汽油中含有水溶性酸。另一支试管中加入3滴酚酞指示剂,若显红色或玫瑰红色,说明汽油中含有水溶性碱。

2. 酸度

汽油中有机酸的含量是用酸度的指标来限制的,所谓酸度,是指中和100mL轻质石油产品中的有机酸所需氢氧化钾的毫克数,以mg/100mL表示。

酸度测定的标准是《轻质石油产品酸度测定法》(GB/T 258—2016)。

3. 硫含量

汽油中的硫含量是指存在于油品中的硫及其衍生物(硫化氢、硫醇、二硫化物)的含量,以质量百分比表示。

测定时按《石油产品硫含量测定法(燃灯法)》(GB/T 380—1977)的规定进行。其基本原理是将被测汽油在燃灯中燃烧,用石油产品含硫量测定器(内装碳酸钠水溶液)吸收燃烧生成的二氧化硫,并用容量分析法计算出硫含量。

4. 铜片腐蚀试验

铜片腐蚀试验是指在规定条件下测试油品对于铜的腐蚀趋向的试验,它是检查汽油中是否含有游离硫化物和活性硫化物的。

将一片已经磨光好的铜片浸没在一定体积的试样中,根据试样的产品类别加热到规定的温度(燃油50℃,车辆齿轮油121℃),并保持一定时间(多为3h)。加热周期结束时,取出铜片,经洗涤后,将其与铜片腐蚀标准色板进行比较,评价铜片变色情况,确定腐蚀级别。腐蚀标准色板分为4级:1级为轻度变色;2级为中度变色;3级为深度变色;4级为腐蚀。

铜片腐蚀试验测定标准是《石油产品铜片腐蚀试验法》(GB/T 5096—2017)。

5. 博士试验

在升化硫存在下,用亚硫酸钠与轻质石油产品作用,以检查油中的硫化氢或硫醇的试验,称为博士试验。

测定原理是将10mL试样与5mL亚铅酸钠溶液放入带磨口塞的25mL量筒内用力摇动。如果试样中含硫化氢,则生成黑色的硫化铅。

博士试验标准是《石油产品和烃类溶剂中硫醇和其他硫化物的检验 博士试验法》(SH/T 0174—2015)。

五、汽油清洁性的评定指标

汽油规格规定汽油中不含机械杂质和水分。简易的判断方法是将汽油注入清洁干燥的100mL玻璃量筒中目测,如果油色透明并且没有悬浮物和沉淀物以及水分,则认为合格。

如需精确测定,可按《石油产品水含量的测定 蒸馏法》(GB/T 260—2016)和《石油和石油产品及添加剂机械杂质测定法》(GB/T 511—2010)操作。

第四节 汽油的标准及技术要求

一、我国车用汽油标准

根据《车用汽油》(GB 17930—2013)规定,车用汽油(Ⅲ)、车用汽油(Ⅳ)按研究法辛烷值分为 90 号、93 号和 97 号 3 个牌号,车用汽油(Ⅴ)按研究法辛烷值分为 89 号、92 号、95 号和 98 号 4 个牌号,其技术要求和试验方法见表 2-1～表 2-4。

车用汽油(Ⅲ)的技术要求和试验方法　　　　　　　　表 2-1

项　　目		质 量 指 标			试 验 方 法
		90 号	93 号	97 号	
抗爆性: 研究法辛烷值(RON)	≥	90	93	97	GB/T 5487
抗暴指数(RON + MON)/2	≥	85	88	报告	GB/T 503、GB/T 5487
铅含量[①],g/L	≥	0.005			GB/T 8020
馏程: 10% 回收温度(℃)	≤	70			GB/T 6536
50% 回收温度(℃)	≤	120			
90% 回收温度(℃)	≤	190			
终馏点(℃)	≤	205			
残留量(%)(V/V)	≤	2			
蒸气压(kPa) 从 11 月 1 日至 4 月 30 日	≤	88			GB/T 8017
从 5 月 1 日至 10 月 31 日	≤	72			
实际胶质(mg/100mL)	≤	5			GB/T 8019
诱导期(min)	≥	480			GB/T 8018
硫含量[②],(质量分数)(%)	≤	0.015			SH/T 0689
硫醇(需满足下列要求之一) 博士试验		通过			SH/T 0174
硫醇硫含量(%)(m/m)	≤	0.001			GB/T 1792
铜片腐蚀(50℃,3h)(级)	≤	1			GB/T 5096
水溶性酸或碱		无			GB/T 259
机械杂质及水分		无			目测[③]
苯含量[④](%)(V/V)	≤	1.0			SH/T 0174
芳烃含量[⑤](%)(V/V)	≤	40			GB/T 11132
烯烃含量[⑤](%)(V/V)	≤	35			GB/T 11132
氧含量(质量分数)(%)	≤	2.7			SH/T 0663

项　目		质量指标			试验方法
		90 号	93 号	97 号	
甲醇含量①(质量分数)(%)	≤	0.3			SH/T 0663
锰含量⑥(g/L)	≤	0.016			SH/T 0711
铁含量①(g/L)	≤	0.01			SH/T 0712

注:①车用汽油中,不得人为加入甲醇以及含铅或含铁的添加剂。

　　②允许采用 GB/T 380、GB/T 11140、SH/T 0253、SH/T 0742。有异议时,以 SH/T 0689 方法测定结果为准。

　　③将试样注入 100mL 玻璃量筒中观察,应当透明,没有悬浮和沉降的机械杂质和水分。有异议时,以 GB/T 511 和 GB/T 260 方法测定结果为准。

　　④允许采用 SH/T 0693,有异议时,以 SH/T 0713 方法测定结果为准。

　　⑤对于 97 号车用汽油,在烯烃、芳烃总含量控制不变的前提下,可允许芳烃的最大值为 42%(体积分数)。

　　⑥锰含量是指以甲基环戊二烯三羰基锰形式存在的总锰的含量,不得加入其他类型的含锰添加剂。

本标准自 2014 年 1 月 1 日实施。

车用汽油(Ⅳ)的技术要求和试验方法　　　　　　　　　　表 2-2

项　目		质量指标			试验方法
		90 号	93 号	97 号	
抗爆性:					
研究法辛烷值(RON)	≥	90	93	97	GB/T 5487
抗暴指数(RON + MON)/2	≥	85	88	报告	GB/T 503、GB/T 5487
铅含量①(g/L)	≥	0.005			GB/T 8020
馏程:					
10% 回收温度(℃)	≤	70			
50% 回收温度(℃)	≤	120			
90% 回收温度(℃)	≤	190			GB/T 6536
终馏点(℃)	≤	205			
残留量(%)(V/V)	≤	2			
蒸气压②(kPa)					
从 11 月 1 日至 4 月 30 日	≤	42 ~ 85			GB/T 8017
从 5 月 1 日至 10 月 31 日	≤	40 ~ 68			
实际胶质(mg/100mL)	≤	5			GB/T 8019
诱导期(min)	≥	480			GB/T 8018
硫含量③(质量分数)(%)	≤	50			SH/T 0689
硫醇(需满足下列要求之一)					
博士试验		通过			SH/T 0174
硫醇硫含量(%)(m/m)	≤	0.001			GB/T 1792
铜片腐蚀(50℃,3h)(级)	≤	1.0			GB/T 5096
水溶性酸或碱		无			GB/T 259
机械杂质及水分		无			目测④
苯含量⑤(%)(V/V)	≤	1.0			SH/T 0174

项 目		质 量 指 标			试 验 方 法
		90 号	93 号	97 号	
芳烃含量⑥(%)(V/V)	≤	40			GB/T 11132
烯烃含量⑥(%)(V/V)	≤	28			GB/T 11132
氧含量(质量分数)(%)	≤	2.7			SH/T 0663
甲醇含量①(质量分数)(%)	≤	0.3			SH/T 0663
锰含量⑦(g/L)	≤	0.008			SH/T 0711
铁含量①(g/L)	≤	0.01			SH/T 0712

注:①车用汽油中,不得人为加入甲醇以及含铅或含铁的添加剂。

②允许采用 GB/T 380、GB/T 11140、SH/T 0253、SH/T 0742。有异议时,以 SH/T 0689 方法测定结果为准。

③允许采用 GB/T 11140 和 SH/T 0253,有异议时,以 SH/T0689 方法测定结果为准。

④将试样注入 100mL 玻璃量筒中观察,应当透明,没有悬浮和沉降的机械杂质和水分。有异议时,以 GB/T 511 和 GB/T 260 方法测定结果为准。

⑤允许采用 SH/T 0693,有异议时,以 SH/T 0713 方法测定结果为准。

⑥对于 97 号车用汽油,在烯烃、芳烃总含量控制不变的前提下,可允许芳烃的最大值为 42%(体积分数)。允许采用 SH/T 0741,有异议时,以 GB/T 11132 测定结果为准。

⑦锰含量是指以甲基环戊二烯三羰基锰形式存在的总锰的含量,不得加入其他类型的含锰添加剂。

车用汽油(Ⅴ)的技术要求和试验方法 表 2-3

项 目		质 量 指 标			试 验 方 法
		89 号	92 号	95 号	
抗爆性:					
研究法辛烷值(RON)	≥	89	92	95	GB/T 5487
抗暴指数(RON + MON)/2	≥	84	87	90	GB/T 503、GB/T 5487
铅含量①(g/L)	≥	0.005			GB/T 8020
馏程:					
10% 回收温度(℃)	≤	70			
50% 回收温度(℃)	≤	120			
90% 回收温度(℃)	≤	190			GB/T 6536
终馏点(℃)	≤	205			
残留量(%)(V/V)	≤	2			
蒸气压②(kPa)					
从 11 月 1 日至 4 月 30 日	≤	45 ~ 85			GB/T 8017
从 5 月 1 日至 10 月 31 日	≤	40 ~ 65③			
胶质含量(mg/100mL)					
未洗胶质含量(加入清洁剂前)	≤	30			GB/T 8019
溶剂洗胶质含量	≤	5			
诱导期(min)	≥	480			GB/T 8018
硫含量④(质量分数)(%)	≤	10			SH/T 0689

项　　目		质量指标			试验方法
		89号	92号	95号	
硫醇(需满足下列要求之一)					
博士试验			通过		SH/T 0174
硫醇硫含量(%)(m/m)	≤		0.001		GB/T 1792
铜片腐蚀(50℃,3h)(级)	≤		1.0		GB/T 5096
水溶性酸或碱			无		GB/T 259
机械杂质及水分			无		目测⑤
苯含量⑥(%)(V/V)	≤		1.0		SH/T 0174
芳烃含量⑦(%)(V/V)	≤		40		GB/T 11132
烯烃含量⑦(%)(V/V)	≤		24		GB/T 11132
氧含量(质量分数)(%)	≤		2.7		SH/T 0663
甲醇含量①(质量分数)(%)	≤		0.3		SH/T 0663
锰含量①(g/L)	≤		0.002		SH/T 0711
铁含量①(g/L)	≤		0.01		SH/T 0712
密度⑧(20℃)(kg/m³)			720～775		GB/T 1884、GB/T 1885

注:①车用汽油中,不得人为加入甲醇以及含铅或含铁的添加剂。

②也可采用 SH/T 0794,在有异议时,以 GB/T 8017 测定结果为准。

③广东、广西和海南全年执行此项要求。

④也可采用 GB/T 11140、SH/T 0253、ASTM D7039,在有异议时,以 SH/T0689 测定结果为准。

⑤将试样注入100mL玻璃量筒中观察,应当透明,没有悬浮和沉降的机械杂质和水分。在有异议时,以 GB/T 511 和 GB/T 260 测定结果为准。

⑥也可采用 SH/T 0693,在有异议时,以 SH/T 0713 测定结果为准。

⑦对于95号车用汽油,在烯烃、芳烃总含量控制不变的前提下,可允许芳烃的最大值为42%(体积分数)。也可采用 SH/T 0741,有异议时,以 GB/T 11132 测定结果为准。

⑧密度允许用 SH/T 0604 方法测定,在有异议时,以 GB/T 1884、GB/T 1885 测定结果为准。

98 号汽油(Ⅴ)的技术要求和试验方法　　　　表 2-4

项　　目		质量指标	试验方法
抗爆性:			
研究法辛烷值(RON)	≥	98	GB/T 5487
抗暴指数(RON + MON)/2	≥	93	GB/T 503、GB/T 5487
铅含量①(g/L)	≥	0.005	GB/T 8020
馏程:			
10%回收温度(℃)	≤	70	
50%回收温度(℃)	≤	120	
90%回收温度(℃)	≤	190	GB/T 6536
终馏点(℃)	≤	205	
残留量(%)(V/V)	≤	2	

项　　目	质量指标	试验方法
蒸气压②(kPa) 从 11 月 1 日至 4 月 30 日　≤ 从 5 月 1 日至 10 月 31 日　≤	45 ~ 85 40 ~ 65③	GB/T 8017
胶质含量(mg/100mL)　≤ 未洗胶质含量(加入清洁剂前) 溶剂洗胶质含量	30 5	GB/T 8019
诱导期(min)　≥	480	GB/T 8018
硫含量④(质量分数)(%)　≤	10	SH/T 0689
硫醇(需满足下列要求之一) 博士试验 硫醇硫含量(%)(m/m)　≤	通过 0.001	SH/T 0174 GB/T 1792
铜片腐蚀(50℃,3h)(级)　≤	1.0	GB/T 5096
水溶性酸或碱	无	GB/T 259
机械杂质及水分	无	目测⑤
苯含量⑥(%)(V/V)　≤	1.0	SH/T 0174
芳烃含量⑦(%)(V/V)　≤	40	GB/T 11132
烯烃含量⑦(%)(V/V)　≤	24	GB/T 11132
氧含量(质量分数)(%)　≤	2.7	SH/T 0663
甲醇含量①(质量分数)(%)　≤	0.3	SH/T 0663
锰含量①(g/L)　≤	0.002	SH/T 0711
铁含量①(g/L)　≤	0.01	SH/T 0712
密度⑧(20℃)(kg/m³)	720 ~ 775	GB/T 1884、GB/T 1885

注:①车用汽油中,不得人为加入甲醇以及含铅或含铁的添加剂。

　　②也可采用 SH/T 0794,在有异议时,以 GB/T 8017 测定结果为准。

　　③广东、广西和海南全年执行此项要求。

　　④也可采用 GB/T 11140、SH/T 0253、ASTM D7039,在有异议时,以 SH/T 0689 测定结果为准。

　　⑤将试样注入 100mL 玻璃量筒中观察,应当透明,没有悬浮和沉降的机械杂质和水分。在有异议时,以 GB/T 511 和 GB/T 260 测定结果为准。

　　⑥也可采用 SH/T 0693,在有异议时,以 SH/T 0713 测定结果为准。

　　⑦对于 95 号车用汽油,在烯烃、芳烃总含量控制不变的前提下,可允许芳烃的最大值为 42%(体积分数)。也可采用 SH/T 0741,有异议时,以 GB/T 11132 测定结果为准。

　　⑧也可采用 SH/T 0604 方法测定,在有异议时,以 GB/T 1884、GB/T 1885 测定结果为准。

说明:本标准自 2013 年 12 月 18 日起实施,实行逐步引入的过渡期要求。自 2014 年 1 月 1 日起表 2-1 规定的技术要求废止;表 2-2 规定的技术要求自 2013 年 12 月 31 日起实施,至 2018 年 1 月 1 日起废止;表 2-3 规定的技术要求自 2017 年 12 月 31 日起实施。

二、我国车用乙醇汽油(E10)标准

国家质量监督检验检疫总局和中国国家标准化委员会于 2017 年 9 月 7 日发布了车用乙醇汽油国家标准《车用乙醇汽油(E10)》(GB 18351—2017),本标准适用于在不添加含氧

化合物的液体烃类中,加入一定量的变性燃料乙醇以改善使用性能的添加剂组成的车用乙醇汽油(E10)。

车用乙醇汽油(E10)是指在不添加含氧化合物的车用乙醇汽油调和组分油中,加入10%(体积分数)的变性乙醇调和而成的用作车用点燃式发动机的燃料。变性燃料乙醇是指加入变性剂后不适合饮用的燃料乙醇。

车用乙醇汽油(E10)按研究法辛烷值(RON)划分为89号、92号、95和98号4个牌号。

车用乙醇汽油(E10)的技术要求和试验方法见表2-5~表2-9。

车用乙醇汽油(E10)(Ⅴ)技术要求和试验方法　　　　　　表2-5

项　目		质量指标			试验方法
		89 号	92 号	95 号	
抗爆性: 研究法辛烷值(RON)	≥	89	92	95	GB/T 5487
抗暴指数(RON + MON)/2	≥	84	87	90	GB/T 503、GB/T 5487
铅含量①(g/L)	≥	0.005			GB/T 8020
馏程: 10% 回收温度(℃)	≤	70			GB/T 6536
50% 回收温度(℃)	≤	120			
90% 回收温度(℃)	≤	190			
终馏点(℃)	≤	205			
残留量(%)(V/V)	≤	2			
蒸气压②(kPa) 从 11 月 1 日至 4 月 30 日	≤	45 ~ 85			GB/T 8017
从 5 月 1 日至 10 月 31 日	≤	40 ~ 65③			
胶质含量(mg/100mL) 未洗胶质含量(加入清洁剂前)	≤	30			GB/T 8019
溶剂洗胶质含量	≤	5			
诱导期(min)	≥	480			GB/T 8018
硫含量④(%)(m/m)	≤	10			GB/T 0689
硫醇(博士试验)		通过			SH/T 0174
铜片腐蚀(50℃,3h)(级)	≤	1			GB/T 5096
水溶性酸或碱		无			GB/T 259
机械杂质⑤		无			GB/T 511
水分(%)(m/m)	≤	0.2			SH/T 0246
乙醇含量⑥(%)(V/V)		10.0±2.0			SH/T 0663
其他含氧化合物⑥(%)(V/V)	≤	0.5			SH/T 0663
苯含量⑦(%)(V/V)	≤	1.0			SH/T 0693
芳烃含量⑧(%)(V/V)	≤	40			GB/T 11132
烯烃含量⑧(%)(V/V)	≤	24			GB/T 11132
锰含量①(g/L)	≤	0.002			SH/T 0711

项　目		质量指标			试验方法
		89 号	92 号	95 号	
铁含量[1]（g/L）	≤	0.010			SH/T 0712
密度[9]（20℃）（kg/m³）		720 ~ 775			GB/T 1884、GB/T 1885

注：[1]车用汽油中，不得人为加入含铅、含铁、含锰的添加剂。

[2]也可采用 SH/T 0794 进行测定，在有异议时，以 GB/T 8017 测定结果为准。换季时，加油站允许有 15 天的置换期。

[3]广东、广西和海南全年执行此项要求。

[4]也可采用 GB/T 11140、SH/T 0253、ASTM D7039，在有异议时，以 SH/T 0689 测定结果为准。

[5]将试样注入 100mL 玻璃量筒中观察，应当透明，没有悬浮和沉降的机械杂质和水分。在有异议时，以 GB/T 511 和 GB/T 260 测定结果为准。

[6]也可采用 SH/T 0720，在有异议时，以 NB/SH/T 0663 测定结果为准。

[7]也可采用 SH/T 0713、GB/T 28768、GB/T 30519 进行测定，在有异议时，以 SH/T 0693 测定结果为准。

[8]对于 95 号车用汽油，在烯烃、芳烃总含量控制不变的前提下，可允许芳烃的最大值为 42%（体积分数）。也可采用 GB/T 28768、GB/T 30519、NB/SH/T 0741 进行测定，在有异议时，以 GB/T 11132 测定结果为准。

[9]也可采用 SH/T 0604 方法测定，在有异议时，以 GB/T 1884、GB/T 1885 测定结果为准。

车用乙醇汽油（E10）（ⅥA）技术要求和试验方法 　　　　表 2-6

项　目		质量指标			试验方法
		89 号	92 号	95 号	
抗爆性： 研究法辛烷值（RON） 抗暴指数（RON + MON）/2	≥ ≥	89 84	92 87	95 90	GB/T 5487 GB/T 503、GB/T 5487
铅含量[1]（g/L）	≥	0.005			GB/T 8020
馏程： 10% 回收温度（℃） 50% 回收温度（℃） 90% 回收温度（℃） 终馏点（℃） 残留量（%）（V/V）	≤ ≤ ≤ ≤ ≤	70 120 190 205 2			GB/T 6536
蒸气压[2]（kPa） 从 11 月 1 日至 4 月 30 日 从 5 月 1 日至 10 月 31 日	≤ ≤	45 ~ 85 40 ~ 65[3]			GB/T 8017
胶质含量（mg/100mL） 未洗胶质含量（加入清洁剂前） 溶剂洗胶质含量	≤ ≤	30 5			GB/T 8019
诱导期（min）	≥	480			GB/T 8018
硫含量[4]（%）（m/m）	≤	10			GB/T 0689
硫醇（博士试验）		通过			SH/T 0174
铜片腐蚀（50℃，3h）（级）	≤	1			GB/T 5096
水溶性酸或碱		无			GB/T 259
机械杂质[5]		无			GB/T 511

项　目		质量指标			试验方法
		89 号	92 号	95 号	
水分(%)(m/m)	≤	0.2			SH/T 0246
乙醇含量⑥(%)(V/V)		10.0±2.0			SH/T 0663
其他含氧化合物⑥(%)(V/V)	≤	0.5			SH/T 0663
苯含量⑦(%)(V/V)	≤	0.8			SH/T 0693
芳烃含量⑧(%)(V/V)	≤	35			GB/T 11132
烯烃含量⑧(%)(V/V)	≤	18			GB/T 11132
锰含量①(g/L)	≤	0.002			SH/T 0711
铁含量①(g/L)	≤	0.010			SH/T 0712
密度⑨(20℃)(kg/m³)		720～775			GB/T 1884、GB/T 1885

注:①车用汽油中,不得人为加入含铅、含铁、含锰的添加剂。

②也可采用 SH/T 0794 进行测定,在有异议时,以 GB/T 8017 测定结果为准。换季时,加油站允许有 15 天的置换期。

③广东、广西和海南全年执行此项要求。

④也可采用 GB/T 11140、SH/T 0253、ASTM D7039,在有异议时,以 SH/T 0689 测定结果为准。

⑤将试样注入 100mL 玻璃量筒中观察,应当透明,没有悬浮和沉降的机械杂质和水分。在有异议时,以 GB/T 511 和 GB/T 260 测定结果为准。

⑥也可采用 SH/T 0720,在有异议时,以 NB/SH/T 0663 测定结果为准。

⑦也可采用 SH/T 0713,GB/T 28768、GB/T 30519 进行测定,在有异议时,以 SH/T 0693 测定结果为准。

⑧对于 95 号车用汽油,在烯烃、芳烃总含量控制不变的前提下,可允许芳烃的最大值为 42%(体积分数)。也可采用 GB/T 28768、GB/T 30519、NB/SH/T 0741 进行测定,在有异议时,以 GB/T 11132 测定结果为准。

⑨也可采用 SH/T 0604 方法测定,在有异议时,以 GB/T 1884、GB/T 1885 测定结果为准。

车用乙醇汽油(E10)(ⅥB)技术要求和试验方法　　　　　　表 2-7

项　目		质量指标			试验方法
		89 号	92 号	95 号	
抗爆性:					
研究法辛烷值(RON)	≥	89	92	95	GB/T 5487
抗暴指数(RON+MON)/2	≥	84	87	90	GB/T 503、GB/T 5487
铅含量①(g/L)	≥	0.005			GB/T 8020
馏程:					
10% 回收温度(℃)	≤	70			
50% 回收温度(℃)	≤	120			
90% 回收温度(℃)	≤	190			GB/T 6536
终馏点(℃)	≤	205			
残留量(%)(V/V)	≤	2			
蒸气压②(kPa)					
从 11 月 1 至 4 月 30 日	≤	45～85			GB/T 8017
从 5 月 1 日至 10 月 31 日	≤	40～65③			
胶质含量(mg/100mL)					
未洗胶质含量(加入清洁剂前)	≤	30			GB/T 8019
溶剂洗胶质含量	≤	5			

续上表

项　　目		质量指标			试验方法
		89号	92号	95号	
诱导期(min)	≥	480			GB/T 8018
硫含量④(%)(m/m)	≤	10			GB/T 0689
硫醇(博士试验)		通过			SH/T 0174
铜片腐蚀(50℃,3h)(级)	≤	1			GB/T 5096
水溶性酸或碱		无			GB/T 259
机械杂质⑤		无			GB/T 511
水分(%)(m/m)	≤	0.2			SH/T 0246
乙醇含量⑥(%)(V/V)		10.0±2.0			SH/T 0663
其他含氧化合物⑥(%)(V/V)	≤	0.5			SH/T 0663
苯含量⑦(%)(V/V)	≤	0.8			SH/T 0693
芳烃含量⑧(%)(V/V)	≤	35			GB/T 11132
烯烃含量⑧(%)(V/V)	≤	15			GB/T 11132
锰含量①(g/L)	≤	0.002			SH/T 0711
铁含量①(g/L)	≤	0.010			SH/T 0712
密度⑨(20℃)(kg/m³)		720～775			GB/T 1884、GB/T 1885

注:①车用汽油中,不得人为加入含铅、含铁、含锰的添加剂。

②也可采用 SH/T 0794 进行测定,在有异议时,以 GB/T 8017 测定结果为准。换季时,加油站允许有 15 天的置换期。

③广东、广西和海南全年执行此项要求。

④也可采用 GB/T 11140、SH/T 0253、ASTM D7039,在有异议时,以 SH/T 0689 测定结果为准。

⑤将试样注入 100mL 玻璃量筒中观察,应当透明,没有悬浮和沉降的机械杂质和水分。在有异议时,以 GB/T 511 和 GB/T 260 测定结果为准。

⑥也可采用 SH/T 0720,在有异议时,以 NB/SH/T 0663 测定结果为准。

⑦也可采用 SH/T 0713、GB/T 28768、GB/T 30519 进行测定,在有异议时,以 SH/T 0693 测定结果为准。

⑧对于 95 号车用汽油,在烯烃、芳烃总含量控制不变的前提下,可允许芳烃的最大值为 42%(体积分数)。也可采用 GB/T 28768、GB/T 30519、NB/SH/T 0741 进行测定,在有异议时,以 GB/T 11132 测定结果为准。

⑨也可采用 SH/T 0604 方法测定,在有异议时,以 GB/T 1884、GB/T 1885 测定结果为准。

98 号车用乙醇汽油(E10)(Ⅴ)技术要求和试验方法　　　　　表 2-8

项　　目		质量指标	试验方法
		98	
抗爆性: 　研究法辛烷值(RON) 　抗暴指数(RON + MON)/2	≥ ≥	98 93	GB/T 5487 GB/T 503、GB/T 5487
铅含量①(g/L)	≥	0.005	GB/T 8020
馏程: 　10% 回收温度(℃) 　50% 回收温度(℃) 　90% 回收温度(℃) 　终馏点(℃) 　残留量(%)(V/V)	≤ ≤ ≤ ≤ ≤	70 120 190 205 2	GB/T 6536

项　目		质量指标	试验方法
		98	
蒸气压②(kPa) 从 11 月 1 日至 4 月 30 日　≤ 从 5 月 1 日至 10 月 31 日　≤		45～85 40～65③	GB/T 8017
胶质含量(mg/100mL) 未洗胶质含量(加入清洁剂前)　≤ 溶剂洗胶质含量　≤		30 5	GB/T 8019
诱导期(min)　≥		480	GB/T 8018
硫含量④(%)(m/m)　≤		10	GB/T 0689
硫醇(博士试验)		通过	SH/T 0174
铜片腐蚀(50℃,3h)(级)　≤		1	GB/T 5096
水溶性酸或碱		无	GB/T 259
机械杂质⑤		无	GB/T 511
水分(%)(m/m)　≤		0.2	SH/T 0246
乙醇含量⑥(%)(V/V)		10.0±2.0	SH/T 0663
其他含氧化合物⑥(%)(V/V)　≤		0.5	SH/T 0663
苯含量⑦(%)(V/V)　≤		1.0	SH/T 0693
芳烃含量⑧(%)(V/V)　≤		40	GB/T 11132
烯烃含量⑧(%)(V/V)　≤		24	GB/T 11132
锰含量①(g/L)　≤		0.002	SH/T 0711
铁含量①(g/L)　≤		0.010	SH/T 0712
密度⑨(20℃)(kg/m³)		720～775	GB/T 1884、GB/T 1885

注:①车用汽油中,不得人为加入含铅、含铁、含锰的添加剂。

②也可采用 SH/T 0794 进行测定,在有异议时,以 GB/T 8017 测定结果为准。换季时,加油站允许有 15 天的置换期。

③广西全年执行此项要求。广东、海南两省使用车用乙醇汽油(E10)的地区全年执行此项要求。

④也可采用 GB/T 11140、SH/T 0253、ASTM D7039,在有异议时,以 SH/T 0689 测定结果为准。

⑤将试样注入 100mL 玻璃量筒中观察,应当透明,没有悬浮和沉降的机械杂质和水分。在有异议时,以 GB/T 511 和 GB/T 260 测定结果为准。

⑥也可采用 SH/T 0720,在有异议时,以 NB/SH/T 0663 测定结果为准。

⑦也可采用 SH/T 0713、GB/T 28768、GB/T 30519 进行测定,在有异议时,以 SH/T 0693 测定结果为准。

⑧对于 95 号车用汽油,在烯烃、芳烃总含量控制不变的前提下,可允许芳烃的最大值为 42%(体积分数)。也可采用 GB/T 28768、GB/T 30519、NB/SH/T 0741 进行测定,在有异议时,以 GB/T 11132 测定结果为准。

⑨也可采用 SH/T0604 方法测定,在有异议时,以 GB/T 1884、GB/T 1885 测定结果为准。

98 号车用乙醇汽油(E10)(ⅥA)/(ⅥB)技术要求和试验方法　　表 2-9

项　目		质量指标	试验方法
		98	
抗爆性: 研究法辛烷值(RON)　≥ 抗暴指数(RON + MON)/2　≥		98 93	GB/T 5487 GB/T 503、GB/T 5487

项　　目	质量指标	试验方法
	98	
铅含量① (g/L)　　　　　　≥	0.005	GB/T 8020
馏程：		GB/T 6536
10% 回收温度(℃)　　　　≤	70	
50% 回收温度(℃)　　　　≤	120	
90% 回收温度(℃)　　　　≤	190	
终馏点(℃)　　　　　　　≤	205	
残留量(%)(V/V)　　　　　≤	2	
蒸气压②(kPa)		GB/T 8017
从 11 月 1 日至 4 月 30 日　≤	45 ~ 85	
从 5 月 1 日至 10 月 31 日　≤	40 ~ 65③	
胶质含量(mg/100mL)　　　≤		GB/T 8019
未洗胶质含量(加入清洁剂前)	30	
溶剂洗胶质含量	5	
诱导期(min)　　　　　　　≥	480	GB/T 8018
硫含量④(%)(m/m)　　　　≤	10	GB/T 0689
硫醇(博士试验)	通过	SH/T 0174
铜片腐蚀(50℃,3h)(级)　　≤	1	GB/T 5096
水溶性酸或碱	无	GB/T 259
机械杂质⑤	无	GB/T 511
水分(%)(m/m)　　　　　≤	0.2	SH/T 0246
乙醇含量⑥(%)(V/V)	10.0 ± 2.0	SH/T 0663
其他含氧化合物⑥(%)(V/V)　≤	0.5	SH/T 0663
苯含量⑦(%)(V/V)　　　　≤	0.8	SH/T 0693
芳烃含量⑧(%)(V/V)　　　≤	35	GB/T 11132
烯烃含量⑧(%)(V/V)　　　≤	15	GB/T 11132
锰含量①(g/L)　　　　　　≤	0.002	SH/T 0711
铁含量①(g/L)　　　　　　≤	0.010	SH/T 0712
密度⑨(20℃)(kg/m³)	720 ~ 775	GB/T 1884、GB/T 1885

注：①车用汽油中，不得人为加入含铅、含铁、含锰的添加剂。
　②也可采用 SH/T 0794 进行测定,在有异议时,以 GB/T 8017 测定结果为准。换季时,加油站允许有 15 天的置换期。
　③广西全年执行此项要求。广东、海南两省使用车用乙醇汽油(E10)的地区全年执行此项要求。
　④也可采用 GB/T 11140、SH/T 0253、ASTM D7039,在有异议时,以 SH/T 0689 测定结果为准。
　⑤将试样注入 100mL 玻璃量筒中观察,应当透明,没有悬浮和沉降的机械杂质和水分。在有异议时,以 GB/T 511
　　和 GB/T 260 测定结果为准。
　⑥也可采用 SH/T 0720,在有异议时,以 NB/SH/T 0663 测定结果为准。
　⑦也可采用 SH/T 0713、GB/T 28768、GB/T 30519 进行测定,在有异议时,以 SH/T 0693 测定结果为准。
　⑧对于 95 号车用汽油,在烯烃、芳烃总含量控制不变的前提下,可允许芳烃的最大值为 42%(体积分数)。也可
　　采用 GB/T 28768、GB/T 30519、NB/SH/T 0741 进行测定,在有异议时,以 GB/T 11132 测定结果为准。
　⑨也可采用 SH/T 0604 方法测定,在有异议时,以 GB/T 1884、GB/T 1885 测定结果为准。
说明：本标准自发布之日起实施,实行逐步引入的过渡期要求。表 2-6 和表 2-9 规定的技术要求过渡期为 2018 年 12
　　月 31 日,自 2019 年 1 月 1 日起表 2-5 和表 2-8 废止;表 2-7 规定的技术要求过渡期至 2022 年 12 月 31 日,自
　　2023 年 1 月 1 日起表 2-6 规定的技术要求废止。

第二章　汽油

第五节　汽油的合理选择与使用

　　车用汽油品质和使用性能的好坏,对汽油机燃烧和工作状态的好坏乃至使用寿命的长短都有极其重要的影响。

　　车用汽油的选择通常是以发动机为主要考虑对象,以避免发生不正常燃烧为主要目的。汽油机不正常燃烧主要有爆震和热面点火,以爆震危害性最大。因此,汽油的选择以避免发生爆震燃烧为主要目标。

　　汽油的选择依据是根据发动机压缩比的不同,选择合适辛烷值的汽油牌号。汽油的牌号越大辛烷值越高。

　　车用汽油的选择应注意以下几点:

　　(1)发动机的压缩比越高,燃烧时汽缸内混合气的温度和压力就越高,自燃的倾向会增加,越容易产生爆震燃烧。

　　(2)汽缸直径越大,火焰传播距离越长,爆震燃烧的倾向就越大。转速越高,爆震燃烧的倾向越小。一般地,发动机低转速、大负荷时容易产生爆震燃烧。

　　(3)选择汽油牌号时应按汽车的使用说明书规定要求进行。一般原则是,压缩比在7.0~8.0之间,应选用研究方法辛烷值89号汽油或乙醇汽油(E10);压缩比在8以上,则应选用研究方法辛烷值92~98号汽油或乙醇汽油(E10)。

　　(4)汽油的各种牌号,对应着不同的辛烷值、抗爆指数和其他技术要求,牌号越高其辛烷值越高。发动机压缩比越大,选择的汽油牌号应该越高,但汽油的牌号不是选择越高越好,辛烷值过高,其燃烧能力会变差。

　　(5)在汽油的供应上,若一时不能满足需要时,可以用牌号相近的汽油或乙醇汽油暂时代用,但必须对汽油机进行适当的调整。用辛烷值较低的汽油代替辛烷值较高的汽油或乙醇汽油时,应适当推迟点火提前角;相反,用辛烷值较高的汽油代替辛烷值较低的汽油或乙醇汽油时,则应适当提前点火。

　　(6)装有三元催化转换器和氧传感器的汽车尽量选择铅含量低的汽油。

　　(7)注意无铅汽油低硫含量、低芳香烃含量和烯烃含量的发展趋势。

　　(8)注意汽油质量是影响汽车技术状况和汽车排放污染的重要因素。

　　(9)区分季节选择汽油的蒸发性,冬季应选择蒸气压较大的汽油,夏季应选择蒸气压较小的汽油。

复习思考题

　　1.什么是汽油机的正常燃烧?汽油机的正常燃烧分为哪几个阶段?

　　2.什么是汽油机的非正常燃烧?非正常燃烧主要有哪几种?

　　3.何谓爆震燃烧?爆震燃烧对汽油机有何危害?

　　4.何谓热面点火?爆震燃烧和热面点火有何区别与联系?

　　5.汽油发动机对燃料的使用性能有何要求?

　　6.汽油的使用性能有哪些?各种性能的评定指标是什么?

7. 解释名词术语：辛烷值；研究法辛烷值；马达法辛烷值；抗爆指数。

8. 什么叫作馏程？10%蒸发温度、50%蒸发温度、90%蒸发温度对发动机性能有何影响？

9. 我国现行的车用无铅汽油标准是如何划分牌号的？

10. 什么是车用乙醇汽油（E10）？

11. 如何选择车用汽油？

第三章　普通柴油

柴油与汽油相比,密度较大,易自燃,蒸发性差,不容易形成均匀的可燃混合气。

由于柴油机可燃混合气在燃烧室内形成,采取压燃式着火方式,可燃混合气的形成及燃烧过程与汽油机不同,所以,对柴油使用性能的要求也不一样。显然,柴油的使用性能对于保证柴油机正常工作具有重要意义。

在柴油使用性能中较为重要的性能是柴油的燃烧性和低温流动性。

第一节　柴油机燃烧过程及对燃料的要求

一、柴油机燃烧过程

车用柴油机的燃烧过程如图 3-1 所示,可分为四个阶段:滞燃期、速燃期、缓燃期和后燃期。图 3-1 中,P、T、θ 分别表示气体压力、温度和曲轴转角。

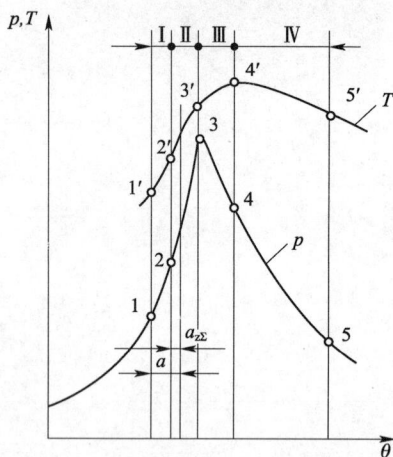

图 3-1　柴油机燃烧过程

1-喷油开始;2-着火开始;3-最高压力;4-最高温度;5-燃料基本着完

（1）Ⅰ阶段——滞燃期（也称着火延迟期）。滞燃期是从开始喷油瞬时到开始着火瞬时的一段时间,用毫秒或曲轴转角表示。

在滞燃期中,柴油尚未着火,仅进行着火前的物理化学准备,其循环放热很小,可忽略不计,缸内气体压力和温度变化仍取决于压缩行程。

（2）Ⅱ阶段——速燃期。速燃期是从汽缸内着火开始,到出现最高燃烧压力时为止的一段时间,以曲轴转角表示。混合气着火后,形成多点火焰中心,各自向四周传播,使混合气迅速燃烧,放出大量的热。速燃期内,燃烧在上止点附近完成,汽缸容积变化小,接近于定容燃烧。燃烧速度快,缸内压力急剧升高。

一般要求压力升高率不能过高,否则,燃烧噪声增大,NO_x 排放量增加,运动件受冲击负荷增加,运转不平稳。但压力升高率太小,则热效率降低。所以,柴油机的燃烧系统要兼顾热效率、噪声和排放几个方面。

（3）Ⅲ阶段——缓燃期。缓燃期是从汽缸内出现最高压力起,到出现最高温度时为止的一段时间,以曲轴转角表示。在此期间,虽然喷油过程已结束,但一部分尚未形成混合气的燃油及着火后喷入的部分燃油与空气混合并燃烧,使气温升高到最大值。但由于是在汽缸容积加速增大的情况下进行的,因此汽缸内气体压力迅速下降。

在缓燃期中,燃烧产物不断增多,氧气及柴油浓度不断下降,所以缓燃期的后期,燃烧速度显著减慢。

缓燃期结束时,放热率达70%~80%,大量的废气有害物质基本生成。

(4)Ⅳ阶段——后燃期。后燃期是从汽缸内出现最高燃烧温度起,到燃烧基本结束为止的一段时间,以曲轴转角表示。

由于柴油机的燃烧时间短,混合气又不均匀,因此燃烧速度受到限制,燃烧时间拖长。后燃期中,汽缸内容积增大很多,缸内压力和温度迅速下降,燃烧速度很慢,所放出的热量很难有效利用。反而使零件热负荷增大,排气温度升高,易使发动机过热。因此,后燃期应尽量缩短。

柴油机燃烧过程存在的问题是混合气形成困难及燃烧不完全、燃烧噪声和排气冒黑烟等。由于柴油机混合气形成时间短,混合气为非均质,因此,燃烧时缸内情况异常复杂。缸内空气和燃油混合极不均匀,使一部分燃油在高温缺氧条件下不能完全燃烧,致使排气冒烟,经济性下降。为了保证燃油燃烧完全,柴油机均采用提高空气过量系数和组织汽缸内气体运动的办法,充分拥有效容积内的空气,形成良好的混合气。

由于柴油机的压缩比高,滞燃期内形成的混合气又几乎同时燃烧,接近定容过程。急剧升高的压力,直接使燃烧室壁面及活塞、曲轴等机件受冲击,产生强烈振动,并通过汽缸壁传到外部,从而形成燃烧噪声。

燃烧噪声与平均压力升高率有密切关系。平均压力升高率值为400~600kPa/°CA(CA表示曲轴转角)时,燃烧噪声将增大,并且伴有粗暴工作带来的强烈振动声。

平均压力升高率的大小,主要与滞燃期内形成的可燃混合气数量有关。滞燃期长,形成的可燃混合气数量多,速燃期内平均压力升高率就高,柴油机工作粗暴,燃烧噪声大,机械负荷增大。因此,缩短滞燃期,减少滞燃期的喷油量,抑制滞燃期中混合气的形成,是减轻噪声的主要途径。

柴油机排气中的炭烟不仅降低了经济性,而且污染大气。炭烟的形成是燃油在高温缺氧条件下燃烧所致。速燃期内喷入汽缸的柴油,受到高温燃气的包围,一部分裂解、聚合成炭粒。一般情况下,炭粒能在随后的燃烧中遇到氧而完全燃烧。如果缸内缺氧,则炭粒不能被烧完而随废气排出,形成排气冒黑烟。在柴油机大负荷时,如汽车加速、爬坡时易发生。炭烟的出现,不仅使柴油机经济性下降,同时炭粒附于燃烧室内壁成为积炭,引起活塞环卡住、气门咬死等故障。黑烟污染大气,妨碍视线,因此不允许柴油机长期在此状态下工作。减少黑烟的主要措施是:增大过量空气系数,改善混合气形成,如喷雾质量,适当增加空气涡流运动。

柴油品质和使用性能的好坏,对燃烧过程有重要影响。

二、柴油机对燃料的使用要求

车用柴油均采用轻柴油。柴油的品质和使用性能的好坏,对燃烧有重要影响。由于汽车使用的工况较为复杂,对车用柴油的技术要求较高,但是,最主要的是蒸发性、着火性和流动性。对于车用柴油的要求主要有:

(1)具有良好的雾化性能、蒸发性能和燃烧性能。

(2)具有良好的燃料供给性能。

(3)对零件没有腐蚀和磨损作用。

(4)具有良好的储存安定性和热安定性。

(5)不含任何导致发动机不能正常工作的添加物和污染物。

第二节　普通柴油的使用性能

一、低温流动性

柴油的低温流动性是指柴油在低温条件下具有一定的流动状态的性能。柴油中的烃分子一般含 16～23 个碳原子,其中一部分为石蜡,通常在柴油中呈溶解状态存在。当温度降低时,石蜡开始结晶析出形成石蜡结晶网络,这种网络延展到全部柴油中,使液体流动阻力增加,甚至失去流动性。柴油的低温流动性不仅关系到柴油机供给系在低温下能否正常供油,而且与柴油在低温下的储存、运输、倒装等作业能否正常进行都有着密切的关系。特别在我国东北、西北、华北地区,由于冬季气候严寒,柴油的流动性差,当柴油的供应和选用不当时,柴油机油泵往往不能可靠地将柴油供给汽缸,严重时将造成车辆无法行驶。因此柴油应有较好的低温流动性。

二、雾化和蒸发性

柴油机为了保证动力性和经济性,可燃混合气燃烧过程必须在活塞位于压缩行程上止点附近迅速完成。要求喷油持续时间极为短促,只有 15°～30° 的曲轴转角,可燃混合气形成时间只有汽油机的 1/30～1/20,在已定的燃烧室和喷油设备条件下,柴油的雾化和蒸发性决定了混合气形成的质量和速度。因此,要求柴油有较强的雾化和蒸发性。但是,柴油雾化和蒸发性过强,会使储存和运输中蒸发损失过大,而且安全性差。

三、着火性

柴油的着火性是指其自燃能力。着火性良好的柴油,其自燃点低,在着火滞后期内,燃烧室的局部易于形成高密度的过氧化物,成为着火中心,故着火滞后期短,整个燃烧过程发热均匀,汽缸压力升高平缓,最高压力也较低。

四、腐蚀性

柴油中若含有硫和硫化物、水分及酸性物质即对零件产生腐蚀作用,而且促进柴油机沉积物的生成。所以要求柴油应具有无腐蚀性。

五、安定性

安定性是指柴油的储存安定性和热安定性。

柴油的储存安定性是指柴油在储存、运输过程中保持其外观颜色、组成和性能不变的能力。安定性差的柴油的最明显表现是颜色变深和生成胶质。使用颜色变深的柴油,易导致滤清器堵塞,喷油器喷孔被黏结甚至堵死,活塞组零件表面上形成积炭和漆状沉积物,影响柴油机的正常工作。

柴油的热安定性是指在高温及溶解氧的作用下,柴油发生变质的倾向。夏季油箱中的温度很高,柴油进入供油系统受柴油机温度的影响,其温度会进一步提高。另外,在汽车行驶时,油箱中的柴油不断地振荡,加剧了柴油与空气的混合,使柴油溶解的氧气达饱和程度。在这种条件下,柴油中的不安定组分就会在金属的催化作用下,急剧氧化而生成氧化缩合物;在喷油器的针阀上生成漆状沉积物,将会造成针阀黏滞,或形成积炭,使喷雾恶化,甚至中断供油。这些生成物在喷油嘴上、燃烧室壁、气门和活塞环处生成积炭,将使柴油机磨损加剧。影响柴油安定性的主要因素是柴油中所含的不安定组分,主要是二烯烃、烯烃等不饱和烃。柴油的馏分过重,环烷芳烃和胶质含量增加,安定性也差。

六、清洁性

柴油机燃料供给系中的精密偶件需要柴油润滑,若柴油中混入坚硬的杂质,就会堵塞油路并使柴油机机件产生磨料磨损。同样,水分的存在也能增加硫化物对金属零件的腐蚀作用。

第三节 普通柴油使用性能的评定指标

一、低温流动性的评定指标

1. 凝点

柴油的凝点是指在一定的试验条件下,冷却到液面不流动时的最高温度。测定方法是将试样装在规定的试管中,并冷却到预期的温度,将试管倾斜45°经过1min,观察液面是否移动。凝点的测定标准是《石油产品凝点测定法》(GB/T 510—1983)。我国柴油的牌号就是按凝点来划分的。

2. 浊点

柴油中开始析出石蜡晶体使柴油失去透明时的最高温度称为柴油的浊点。柴油达到浊点后虽未失去流动性,但是,在燃料供给系中容易造成油路堵塞,使供油量减少以致逐步中断供油。显然,浊点不是柴油使用的最低温度。

浊点的测定标准是《石油产品浊点测定法》(GB/T 6986—2014)。

3. 冷滤点

尽管浊点、凝点两个指标的测定比较方便,但结果与柴油的低温使用性能要求差异较大,没有直接的对应关系,尤其对添加降凝剂的柴油,更难确定最低使用温度。所以,我国根据普通柴油国际标准引入了冷滤点这一指标。

试样在规定条件下冷却,当试样不能流过过滤器或20mL试样流过过滤器的时间大于60s或试样不能完全流回试杯时的最高温度,称为冷滤点,以"℃"(按1℃的整数)表示。

方法概要:试样在规定条件下冷却,通过可控的真空装置,使试样通过标准滤网的过滤器被吸入吸量管。试样每低于前次温度1℃,重复此步骤,直至试样中蜡状结晶析出量足够使流动停止或流速降低,记录试样充满吸量管的时间超过60s或不能完全返回到试杯时的温度作为试样的冷滤点。

由于柴油的冷滤点通常接近于使用中的断油温度,除非对于在燃料供应系统安装了滤纸过滤器的馏分燃料或是燃料的冷滤点低于浊点至少12℃的情况。冷滤点可用来评估燃料系统中燃料正常流动的最低温度。所以冷滤点可作为根据气温选用柴油牌号的依据。

柴油冷滤点的测定标准是《柴油和民用取暖油冷滤点测定法》(SH/T 0248—2006)。

二、雾化和蒸发性的评定指标

1. 运动黏度

当液体受外力作用时,液体分子间发生相对运动所呈现的内部摩擦力,称为黏性,对黏性的度量称为黏度。运动黏度表示液体在重力作用下流动时内摩擦力的量度,其值为相同温度下液体的动力黏度与其密度之比,在国际单位制中以 m^2/s 为单位。对汽车油品来说通常采用 mm^2/s($1mm^2/s = 10^{-6}m^2/s$)。柴油规格中要求测定20℃的运动黏度。

运动黏度不仅影响着柴油的流动性,更主要的是影响着柴油的雾化质量。现代高速柴油机,柴油通过喷油器的高压喷射,使喷入燃烧室的柴油被粉碎成数以百万计的细小雾滴,雾滴的平均直径越小,说明柴油被雾化得越好。实践证明,柴油被雾化的雾滴直径与柴油的黏度成正比,黏度过高会降低雾化的细度,使雾化质量变差。但黏度又不宜过低,否则,喷入燃烧室内柴油的喷注射程短,喷注的锥角大,喷入的柴油没有足够的贯穿深度,将会影响混合气的形成品质和燃烧,使燃烧在喷油器喷口处进行,而不能利用燃烧室内的全部空气,导致燃烧不完全,柴油机功率下降。同理,黏度过小又会影响精密偶合件的可靠润滑,引起机件磨损加剧。所以在柴油的规格中,对每种牌号柴油的运动黏度都规定了一个范围值。

运动黏度的测定标准是《石油产品运动黏度测定法和动力黏度计算法》(GB/T 265—1988)。

2. 馏程

柴油馏程是评价柴油蒸发性的指标,柴油的馏程按《石油产品常压蒸馏特性测定法》(GB/T 6536—2010)测定,主要分为50%馏出温度、90%馏出温度和95%馏出温度。

50%馏出温度越低,说明柴油轻质馏分多,蒸发速度越快,柴油机就越易起动。柴油50%馏出温度同起动时间的关系见表3-1。

柴油50%馏出温度同起动时间的关系　　　　　　　　　　表3-1

柴油50%馏出温度(℃)	200	225	250	275	285
柴油机的起动时间(s)	8	10	27	60	90

90%馏出温度和95%馏出温度越低,说明柴油中重质馏分越少,混合气燃烧越完全,不仅有利于提高柴油机的动力性,减少机械磨损,而且可以避免柴油机过热,降低燃油消耗。

3. 闪点

闪点是石油产品在规定条件下加热,其蒸气与周围空气形成的混合气接触火焰发生瞬间闪火时的最低温度。

闪点用规定的闭口杯闪点测定器所测得的闪点,称为闭口闪点。闭口闪点用于低闪点的油品,如柴油。闪点不仅是表示柴油蒸发性的指标,也是表示柴油使用安全性的指标。闪点低说明柴油中轻质馏分多,蒸发性好,但不能过低,以防止轻馏分过多,蒸发过快,造成汽缸压力突然上升,引起柴油机工作粗暴,并且在使用中也不安全。

柴油闪点的测定标准是《闪点的测定宾斯基—马丁闭口杯法》(GB/T 261—2008)。

4. 密度

柴油的密度与柴油的实用性能有较大的关系。柴油的密度过大,将使其雾化的质量变差,从而使汽缸中的混合气形成不均匀,难以形成良好的混合气,导致燃烧条件差,排气冒黑烟。同时,柴油的密度增大意味着芳香烃含量较多,将导致柴油机在工作中产生粗暴现象。

柴油密度的测定标准是《原油和液体石油产品密度实验室测定法(密度计法)》(GB/T 1884—2000)和《石油计量表》(GB/T 1885—1998)。

三、着火性的评定指标

通过对柴油机燃烧过程的分析可知,当着火延迟期延长时,喷入汽缸的柴油聚积量将增多,着火前形成的混合气数量增加。这样,一开始着火就有过量的柴油参加燃烧,从而使在速燃期内汽缸内气体的压力升高率超过了正常值,将会引起柴油机工作粗暴。

影响着火延迟期的因素很多,但就柴油本身来说,主要取决于它的十六烷值。

1. 十六烷值

柴油的十六烷值是表示柴油在柴油机中燃烧时着火性能的指标。测定十六烷值时,燃料在一个标准试验发动机内,在控制燃料流速、喷油时间和压缩比的条件下,测定着火滞后期。

方法概要:在试验发动机的标准操作条件下,将着火性质与已知十六烷值的标准燃料混合物的着火性质进行比较来测定。采用和被测定燃料具有相同着火滞后期的标准燃料中正十六烷的体积百分数表示。

测定十六烷值用的标准燃料是由两种燃烧性相差悬殊的烃掺配而成的。一种是燃烧性好的正十六烷($C_{16}H_{34}$),规定其十六烷值为100;另一种是燃烧性差的α-甲基萘($C_{11}H_{10}$),规定其十六烷值为0;将两种燃料按不同比例混合,得到十六烷值从0~100之间的标准燃料。

实际测定中使用的正标准燃料通常是正十六烷(n-centane)和七甲基壬烷(HMN)及其按体积比配制的混合物。规定正十六烷的十六烷值为100;七甲基壬烷的十六烷值为15。

正标准燃料十六烷值 = 100 × 正十六烷的体积分数 + 15 × 七甲基壬烷的体积分数

十六烷值高的柴油,其自燃点低,当柴油喷入燃烧室时,在高温、高压下容易形成密集度很高的过氧化物,进一步形成火焰中心,故着火滞后期短。因此,在着火滞后期内喷入柴油的量就不会过多,使速燃期内燃气的压力升高率不会过大,柴油机的工作状态比较平稳,不会产生工作粗暴现象。反之,十六烷值低的柴油在工作过程中,由于着火滞后期长,极易产生工作粗暴。

十六烷值除了影响柴油机工作粗暴以外,对柴油机的起动性也有一定影响。

除了十六烷值,有时还用十六烷值指数评定柴油的燃烧性。十六烷值指数是通过测定车用柴油的50%馏分温度和密度,利用经验公式计算得出的十六烷值。计算公式如下:

$$十六烷值 = 162.42 \frac{\log t_{50}}{\rho_{20}} - 418.51$$

式中:t_{50}——试验车用柴油50%馏分温度,℃;

ρ_{20}——试验车用柴油20℃的密度,g/cm^3。

2. 十六烷值的测定标准

十六烷值的测定标准是《柴油十六烷值测定法》(GB/T 386—2010)和《中间馏分燃料十六烷指数计算法(四变量公式法)》(SH/T 0694—2000)。

四、腐蚀性的评定指标

评定柴油腐蚀性指标的项目、概念和测定标准都与汽油相同。在此只强调硫和硫醇硫含量。

1. 硫含量

柴油中的硫含量较汽油中的硫含量高,我国柴油的品级主要是根据硫含量划分的。硫含量不仅会增加柴油机机件的磨损(图 3-2),还会使柴油的沉积物增加,加速发动机油的劣化变质。当使用硫含量高的柴油时,发动机油的性能级别要相应提高一级。现行硫含量的测定标准是《轻质烃及发动机燃料和其他油品的总硫含量测定法（紫外荧光法）》(SH/T 0689—2000)。

2. 硫醇硫含量

硫醇硫含量用其在柴油中所占的质量百分比表示。硫醇硫含量高会增加柴油机机件的磨损,特别是供给系零件的磨损(图 3-3),并对人造橡胶构件有不良影响。

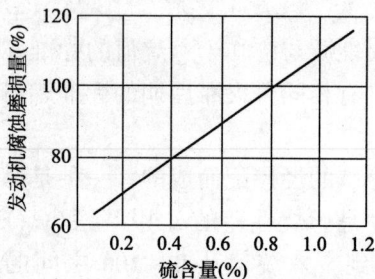

图 3-2 柴油硫含量对柴油机磨损量的影响

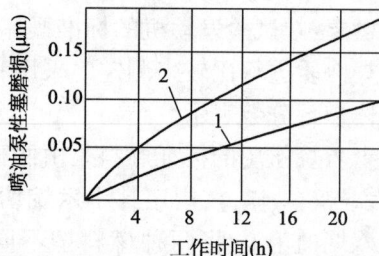

图 3-3 柴油的硫醇硫含量对喷油泵柱塞副腐蚀磨损的影响
1-硫醇硫含量低的柴油;2-硫醇硫含量为 0.025% 的柴油

五、普通柴油安定性的评定指标

1. 色度

柴油颜色的深浅(用色号表示)可直观反映其馏分的轻重和安定性的好坏。测定方法按《石油产品颜色测定法》(GB/T 6540—1986)的规定进行,将试样注入试样容器中,用一个标准光源照射,将试样的颜色与标准的比色板(颜色玻璃圆片)进行比较,相等的色号即为试样的色号。标准色板从 0.5 ~ 8.0 共 16 个色号(每 0.5 为一级),颜色从浅到深。柴油要求色号不深于 3.5 号。

2. 氧化安定性

氧化安定性是指 100mL 柴油在规定条件下所形成总不溶物的毫克数,以 mg/100mL 表示。测定时按《馏分燃料油氧化安定性测定法（加速法）》(SH/T 0175—2004)的规定进行。

3. 实际胶质

实际胶质的概念和测定标准与汽油相同。

4. 10% 蒸余物残炭

柴油在馏程试验中馏出 90% 以后的蒸余物作为试样,所测得的油品在裂解中所形成的残余物,用质量百分数表示,称为 10% 蒸余物残炭。测定时按《石油产品残炭测定法（康氏法)》(GB/T 268—1987)的规定进行,把称重的试样置于残炭测定仪的坩埚内,进行加热分解蒸馏。在规定的加热时间结束后,将盛有炭质残余物的坩埚置于干燥器内冷却并称重,计算其质量百分数,即为10%蒸余物残炭。

10%蒸余物残炭与柴油的馏分和精制程度有关。馏分轻,精制程度深,则残炭值越小,在柴油机燃烧室中生成积炭的倾向越小。国家有关标准中规定10%蒸余物残炭一般≤0.3%。

六、普通柴油清洁性的评定指标

1. 灰分

不能燃烧的机械杂质和溶于燃料中的有机酸、无机酸和盐类经过煅烧后所剩余的物质,称为灰分。这些物质沉积在燃烧室中能起磨料作用,会加快汽缸壁与活塞环的磨损。所以国家有关标准对商品柴油规定灰分不大于0.02%。

2. 水分和机械杂质

柴油中含有水分过多时,不仅在冬季会冻冰引起供油系统堵塞,还会加强有机酸对金属的腐蚀,所以应当严格控制。

柴油中含有机械杂质,除引起供油系统堵塞外,还将加剧喷油泵、喷油器的精密偶件磨损,甚至造成喷油器的针阀卡死。因此,柴油中绝不允许存在机械杂质。

水分和机械杂质的测定标准与汽油相同。

第四节 普通柴油的标准及技术要求

我国目前车用柴油分为普通柴油和生物柴油调和燃料。

一、普通柴油

普通柴油是由石油制取的,或加有添加剂的烃类液体燃料。

普通柴油标准及技术要求根据《普通柴油》(GB 252—2015)规定(表3-2),质量水平只有一个档次,不分等级,按疑点分为5、0、−10、−20、−35和−50等6个牌号。

普通柴油技术要求和试验方法 表3-2

项 目		5号	0号	−10号	−20号	−35号	−50号	试 验 方 法
色度(号)	≤			3.5				GB/T 6540
氧化安定性,以总不溶物计(mg/100mL)	≤			2.5				SH/T 0175
硫含量[①](%)(m/m)	≤			50(2017年7月1日开始) 10(2018年1月1日开始)				SH/T 0689
酸度(mgKOH/100mL)	≤			7				GB/T 258
10%蒸余物残炭[②](%)(m/m)	≤			0.3				GB/T 268
灰分(%)(m/m)	≤			0.01				GB/T 508
铜片腐蚀(50℃,3h)(级)	≤			1				GB/T 5096
水分[③](%)(V/V)	≤			痕迹				GB/T 260

项　　目		5 号	0 号	−10 号	−20 号	−35 号	−50 号	试 验 方 法
机械杂质③				无				GB/T 511
运动黏度(mm²/s)		3.0~8.0			2.5~8.0	1.8~7.0		GB/T 265
凝点(℃)	≤	5	0	−10	−20	−35	−50	GB/T 510
冷滤点(℃)	≤	8	4	−5	−14	−29	−44	SH/T 0248
闪点(闭口)(℃)	≥		55			45		GB/T 261
着火性④应满足下列条件之一 十六烷值 十六烷指数	≥ ≥		45 43					GB/T 386 GB/T 0694
馏程 50% 回收温度(℃) 90% 回收温度(℃) 95% 回收温度(℃)	≤ ≤ ≤		300 355 365					GB/T 6536
润滑性 校正磨痕直径(60℃)(μm)	≤		460					SH/T 0765
密度⑤(20℃)(kg/m³)			报告					GB/T 1884 和 GB/T 1885
脂肪酸甲酯(体积分数)(%)	≤		1.0					GB/T 23801

注:①可用 GB/T 380、GB/T 11140、GB/T 17040、ASTM D7039 方法测定。结果有争议时,以 SH/T 0689 方法为准。
　　②若普通柴油中含有硝酸酯型十六烷值改进剂,10% 蒸余物残炭的测定,应用不加硝酸酯的基础燃料进行。柴油中是否含有硝酸酯型十六烷值改进剂的检验方法见附录 B。可用 GB/T 17144 方法测定。结果有争议时,以 GB/T 268 方法为准。
　　③可用目测法,即将试样注入 100mL 玻璃量筒中,在室温(20℃±5℃)下观察,应当透明,没有悬浮和沉降的水分及机械杂质。结果有争议时按 GB/T 260 或 GB/T 511 方法测定。
　　④由中间基或环烷基原油生产的各牌号普通柴油的十六烷值允许不小于 40(有特殊要求者由供需双方确定),十六烷指数的计算也可用 GB/T 11139。结果有争议时,以 GB/T 386 方法为准。
　　⑤可用 SH/T 0604 方法,结果有争议时,以 GB/T 1884 和 GB/T 1885 方法为准。

二、生物柴油调和燃料

生物柴油由动植物油脂与醇(例如甲醇或乙醇)经脂交换反应制得的脂肪酸单烷基脂,最典型的为脂肪酸甲脂(FAME),以 BD100 表示。生物柴油(BD100)应满足 GB/T 20828 的技术要求。

生物柴油调和燃料按用途分为 B5 轻柴油和 B5 车用柴油两个类别。B5 轻柴油是 2%~5%(体积分数)生物柴油(BD100)与 95%~98%(体积分数)石油柴油的调合燃料,适用于 GB 252 所适用的压燃式发动机;B5 车用柴油是 2%~5%(体积分数)生物柴油(BD100)与 95%~98%(体积分数)石油柴油的调合燃料,适用于 GB 19147 所适用的压燃式发动机。

B5 轻柴油按凝点分为 4 个牌号,B5 车用柴油按凝点分为 3 个牌号(无 10 号)。

10 号:适用于风险率为 10% 的最低气温在 12℃ 以上的地区使用。

5 号:适用于风险率为 10% 的最低气温在 8℃ 以上的地区使用。

0 号:适用于风险率为 10% 的最低气温在 4℃ 以上的地区使用。

－10 号:适用于风险率为 10% 的最低气温在 －5℃ 以上的地区使用。

可参考各地区风险率为 10% 的最低气温,使用不同牌号的生物柴油调合油。

B5 轻柴油的技术要求和试验方法见表 3-3。B5 车用柴油的技术要求和试验方法见表 3-4。

B5 轻柴油技术要求和试验方法表 表 3-3

项　目		10 号	5 号	0 号	－10 号	试 验 方 法
氧化安定性,总不溶物(mg/100mL)	≤	2.5				SH/T 0175
硫含量①(质量分数)(%)	≤	0.15				GB/T 380
酸值②(以 KOH 计)(mg/g)	≤	0.09				GB/T 7304
10% 蒸余物残炭③(质量分数)(%)	≤	0.3				GB/T 17144
灰分(质量分数)(%)	≤	0.01				GB/T 508
铜片腐蚀(50℃,3h)(级)	≤	1				GB/T 5096
水分(质量分数)(%)	≤	0.035				GB/T 0246
机械杂质④		无				GB/T 511
运动黏度(20℃)(mm²/s)		3.0 ~ 8.0				GB/T 265
闪点(闭口)(℃)	≥	55				GB/T 261
冷滤点(℃)	≤	12	8	4	－5	SH/T 0248
凝点(℃)	≤	10	5	0	－10	GB/T 510
十六烷值⑤	≥	45				GB/T 386
密度⑥(20℃)(kg/m³)		报告				GB/T 1884 GB/T 1885
馏程 50% 回收温度(℃) 90% 回收温度(℃) 95% 回收温度(℃)	≤ ≤ ≤	300 355 365				GB/T 6536
脂肪酸甲脂⑦含量(体积分数)(%)		2 ~ 5				GB/T 23801⑦

注:①可用 GB/T 11131、GB/T 17040、SH/T 0253 和 SH/T 0689 方法测定。结果有争议时,以 GB/T 380 方法为准。

②可用 GB/T 264 方法测定。结果有争议时,以 GB/T 7304 方法为准。

③若柴油中含有硝酸醋型十六烷值改进剂,10% 蒸余物残炭的测定,必须用不加硝酸酯的基础燃料进行。柴油中是否含有硝酸酯型十六烷值改进剂的检验方法见本标准附录 A。可用 GB/T 268 方法测定。结果有争议时,以 GB/T 17144 方法为准。

④可用目测法,即将试样注入 100mL 玻璃量筒中,在室温(20℃ ±5℃)下观察,应当透明,没有悬浮和沉降的水分及机械杂质。结果有争议时按 GB/T 260 或 GB/T 511 测定。

⑤由中间基或环烷基原油生产的石油调和油 B5 轻柴油的十六烷值允许不小于 40(有特殊要求者由供需双方确定)。

⑥可用 SH/T 0604、GB/T 2540 方法测定。结果有争议时,以 GB/T 1884 和 GB/T 1885 方法为准。

⑦可用 ASTM D7371 方法测定。结果有争议时,以 GB/T 23801 方法为准。

项　目		5号	0号	-10号	试验方法
氧化安定性,总不溶物(mg/100mL)	≤		2.5		SH/T 0175
硫含量①(质量分数)(%)	≤		0.035		GB/T 0689
酸值②(以 KOH 计)(mg/g)	≤		0.09		GB/T 7304
10% 蒸余物残炭③(质量分数)(%)	≤		0.3		GB/T 17144
灰分(质量分数)(%)	≤		0.01		GB/T 508
铜片腐蚀(50℃,3h)(级)	≤		1		GB/T 5096
水分(质量分数)(%)	≤		0.035		GB/T 0246
机械杂质④			无		GB/T 511
运动黏度(20℃)(mm²/s)			3.0 ~ 8.0		GB/T 265
闪点(闭口)(℃)	≥		55		GB/T 261
冷滤点(℃)	≤	8	4	-5	SH/T 0248
凝点(℃)	≤	5	0	-10	GB/T 510
十六烷值	≥		49		GB/T 386
密度⑤(20℃)(kg/m³)			810 ~ 850		GB/T 1884 GB/T 1885
馏程: 50% 回收温度(℃) 90% 回收温度(℃) 95% 回收温度(℃)	≤ ≤ ≤		300 355 365		GB/T 6536
润滑性(HFRR),磨痕直径(60℃)(μm)			460		SH/T 0765
脂肪酸甲脂含量⑥(体积分数)(%)			2 ~ 5		GB/T 23801
多环芳烃⑦(质量分数)(%)			11		SH/T 0606

注:①可用 GB/T 380、GB/T 11140、GB/T 17040 和 SH/T 0253 方法测定。结果有争议时,以 SH/T 0689 方法为准。

　　②可用 GB/T 264 方法测定。结果有争议时,以 GB/T 7304 方法为准。

　　③若柴油中含有硝酸醋型十六烷值改进剂,10% 蒸余物残炭的测定,必须用不加硝酸酯的基础燃料进行。柴油中是否含有硝酸酯型十六烷值改进剂的检验方法见本标准附录 A。可用 GB/T 268 方法测定。结果有争议时,以 GB/T 17144 方法为准。

　　④可用目测法,即将试样注入 100mL 玻璃量筒中,在室温(20℃±5℃)下观察,应当透明,没有悬浮和沉降的水分及机械杂质。结果有争议时可按 GB/T 511 方法测定。

　　⑤可用 SH/T 0604、GB/T 2540 方法测定,结果有争议时,以 GB/T 1884 和 GB/T 1885 方法为准。

　　⑥可用 ASTM D7371 方法测定,结果有争议时,以 GB/T 23801 方法为准。

　　⑦可用 SH/T 0806 方法测定,结果有争议时,以 SH/T 0606 方法为准。

第五节　普通柴油的合理选择与使用

　　同汽油机一样,车用柴油的品质和使用性能的好坏,对柴油机(压燃式发动机)的工作状态和使用寿命同样有重要的影响。

　　柴油是影响燃烧过程的一个主要因素,在使用方面,应注意选择柴油的着火性、蒸发性、黏度和凝点。

1. 柴油的着火性

着火性是指柴油的自燃能力,用十六烷值表示。着火性好的柴油,使滞燃期缩短,柴油机工作柔和。但是,十六烷值过高,使燃油刚刚喷出喷孔就围绕喷油器燃烧,造成高温裂解,排气冒黑烟,经济性下降。车用柴油机十六烷值大致为 40～50。

2. 柴油的蒸发性

柴油的蒸发性直接影响可燃混合气形成的速度,它对燃烧过程也有一定的影响。蒸发性用馏程表示。馏程低,其蒸发性好,这对改善燃烧有利。但是,馏程过低,燃料蒸发过快,则在滞燃期内形成的混合气量过多,柴油机工作粗暴。车用柴油机的柴油馏程为 300～365℃。

3. 黏度

柴油的黏度决定其流动性。黏度低,流动性好,柴油从喷油器喷出时雾化性好。但黏度过低会失去必要的润滑能力,会加剧喷油泵和喷油器中精密偶件的磨损,增大精密运动副的漏油量。黏度过大,流动阻力大,滤清困难,喷雾不良。

4. 凝点

柴油的凝点是指其失去流动性的温度。柴油在接近凝点时,由于流动性差,使供油困难,喷雾不良,柴油机无法正常工作。因此,凝点的高低是选择柴油的主要依据。

柴油的牌号主要是依据凝点划分的。因此,选择柴油的主要因素是根据使用地区的环境温度,选择合适牌号的柴油。

柴油牌号的选择,应保证其使用的最低气温高于柴油冷滤点为原则。为了安全起见,GB 252—2015 规定了各地区风险率为 10% 的最低气温。它是由我国 152 个气象台、站逐年记录的最高(最低)气温分析得出。某月风险率为 10% 的最低气温值,表示该月中最低气温低于该值的概率为 0.1,或者说该月中最低气温高于该值的概率为 0.9。

车用各牌号柴油一般可按照下列情况选用。

5 号普通柴油:适合于风险率为 10% 的最低气温为 8℃ 以上的地区使用。

0 号普通柴油:适合于风险率为 10% 的最低气温为 4℃ 以上的地区使用。

-10 号普通柴油:适合于风险率为 10% 的最低气温为 -5℃ 以上的地区使用。

-20 号普通柴油:适合于风险率为 10% 的最低气温为 -14℃ 以上的地区使用。

-35 号普通柴油:适合于风险率为 10% 的最低气温为 -29℃ 以上的地区使用。

-50 号普通柴油:适合于风险率为的最低气温为 -44℃ 以上的地区使用。

我国各省和部分地区全年风险率为 10% 的最低气温可参考表 3-5。

部分地区风险率为 10% 的最低气温(℃)　　　　　　　　　　表 3-5

地　　区	一月	二月	三月	四月	五月	六月	七月	八月	九月	十月	十一月	十二月
河北省	-14	-13	-5	1	8	14	19	17	9	1	-6	-12
山西省	-17	-16	-8	-1	5	11	15	13	6	-2	-9	-16
内蒙古自治区	-43	-42	-35	-21	-7	-1	4	1	-8	-19	-32	-41
黑龙江省	-44	-42	-35	-20	-6	1	7	4	-6	-20	-35	-43
吉林省	-29	-27	-17	-6	1	8	14	12	2	-6	-17	-26
辽宁省	-23	-21	-12	-1	6	12	18	15	6	-2	-12	-20

地　区	一月	二月	三月	四月	五月	六月	七月	八月	九月	十月	十一月	十二月
山东省	−12	−12	−5	2	8	14	19	18	11	4	−4	−10
江苏省	−10	−9	−3	3	11	15	20	20	12	5	−2	−8
安徽省	−7	−7	−1	5	12	18	20	20	14	7	0	−6
浙江省	−4	−3	1	6	13	17	22	21	15	8	2	−3
山西省	−2	−2	3	9	15	20	23	23	18	12	1	0
福建省	−4	−2	3	8	14	18	21	20	15	8	1	3
广东省	1	2	7	12	18	21	23	23	20	13	7	2
海南省	9	10	15	19	22	24	24	23	23	19	15	12
广西壮族自治区	3	3	8	12	18	21	23	23	19	15	9	4
湖南省	−2	−2	3	9	14	18	22	21	16	10	4	−1
湖北省	−6	−4	0	6	12	17	21	20	14	8	1	−1
河北省	−10	−9	−2	4	10	15	20	18	11	4	−3	−8
四川省	−21	−17	−11	−7	−2	1	2	1	0	−7	−14	−19
贵州省	−6	−6	−1	3	7	9	12	11	8	4	−1	−4
云南省	−9	−8	−6	−3	1	5	7	7	5	−1	−5	−8
西藏自治区	−29	−25	−21	−15	−9	−3	−1	0	−6	−14	−22	−29
新疆维吾尔自治区	−40	−38	−28	−12	−5	−2	0	−2	−6	−14	−25	−34
青海省	−33	−30	−25	−18	−10	−6	−3	−4	0	−16	−28	−33
甘肃省	−23	−23	−16	−9	−1	3	5	5	0	−8	−16	−22
陕西省	−17	−15	−6	−1	5	10	15	12	6	−1	−9	−15
宁夏回族自治区	−21	−20	−10	−4	2	6	9	8	3	−4	−12	−19

复习思考题

1. 车用柴油机的燃烧过程分为哪几个阶段？

2. 柴油机对车用柴油有哪些技术要求？

3. 柴油分成哪几种类别？什么是石油柴油？什么是生物柴油调和油？

4. 对普通柴油主要要求哪些使用性能？

5. 解释：凝点；冷滤点；十六烷值；安定性。

6. 普通柴油低温流动性的评定指标有哪些？

7. 普通柴油清洁性的评定指标有哪些？

8. 我国现行的普通柴油标准及其牌号划分的依据是什么？分为哪些牌号？

9. 我国现行的生物柴油调和油分为哪些牌号？

10. 如何选择普通柴油？

汽车运行材料（第3版）

54

第四章　汽车的代用燃料

汽油和柴油是汽车的基本能源,由于石油能源日趋紧张,开发汽车其他替代能源、完成汽车能源的顺利过渡,是汽车工业发展的一个重要课题。

第一节　汽车燃料应具备的条件

汽车具有体积小、质量轻、机动性好和数量大等特点,作为汽车能源,应当具备如下条件:

(1)储量丰富或原料丰富。这是最根本的一条,因为世界上汽车的数量已高达6亿多辆,每天都要烧掉大量的能源。

(2)能量密度高,亦即单位质量或单位体积的低热值高。能量密度高是汽车有足够续驶里程的基本保障。

(3)污染小。为了保持人类良好的生存环境,净化质量已经越来越成为最基本的条件之一。

(4)价格低廉。这是能否推广的重要条件。

(5)良好的运输性。运输性指燃料储运的方便性与安全性。流动性主要影响供油是否方便。

(6)加注方便。加注时间短和加注地点方便是能否被使用者接受的一个重要条件。

第二节　现代汽车的代用燃料

汽车代用燃料通常是指代替汽油和柴油作为发动机燃料的物质,目前国内开发使用的发动机代用燃料有:电能、天然气、液化石油气、甲醇、乙醇、生物质燃料、氢气以及二甲基醚等。

一、电能

电动汽车的电动机相当于传统汽车的发动机,蓄电池相当于原来的油箱,由于电能是二次能源,可以来源于风能、水能、热能、太阳能等多种方式。

目前,电动汽车可分为三类:纯电动汽车(Pure Electric Vehicle,Pure EV)、燃料电池汽车(Fuel Cell Vehicle,FCV)和混合动力电动汽车(Hybrid Electric Vehicle,HEV)。

1.纯电动汽车(Pure EV)

纯电动汽车是指以车载电源为动力,用电机驱动车轮行驶,符合道路交通、安全法规各项要求的车辆。车载电源(电池)向电机提供电能驱动汽车,在制动或减速时,电机作为发电机来回收能量。电动汽车的动力传输过程是:动力电池—电流—电力调节器—电机—动力传动系统—驱动汽车行驶。电动汽车的组成包括:电力及其驱动系统、驱动力传动系统、完成既定任务的工作装置和整车控制及能量管理系统等。电力驱动及控制是电动汽车区别于内燃机汽车的最大不同点,电动汽车的其他装置基本与内燃机汽车相同。

纯电动汽车的动力电池及其管理系统、电机及其驱动系统、整车控制及能量管理系统是电动汽车的核心技术。

1)电池及其管理系统

电池是电动汽车的动力源泉,也是一直制约电动汽车发展的关键因素。电动汽车用电池的主要性能指标是比能量(E)、能量密度(Ed)、比功率(P)、循环寿命(L)和成本(C)等。要使电动汽车能与燃油汽车相竞争,关键就是要开发出比能量高、比功率大、使用寿命长的高效电池。

纯电动汽车的电池是由几十块单体电池成组供电的,并能保证在不供电时电池不成组,每块电池的电压不超过5V。由于单个电池性能的差异,需要在电池充放电过程中经常要均衡电池电压,保证电池性能。

电动汽车用动力电池种类较多,按照发展历程,大约经过了三代,已取得了突破性的进展。第一代是铅酸电池,主要是阀控铅酸电池(VRLA)。其技术成熟、价格低廉,但其比能量、比功率和循环寿命都比较低。第二代是碱性电池,主要有镍镉(NJ-Cd)、镍氢(Ni-MH)、钠硫(Na/S)、锌空气(Zn/Air)等多种电池,其比能量和比功率都比铅酸电池高,可以提高电动汽车的动力性能和续驶里程,但是,其价格却比铅酸电池高很多。第三代是锂离子(Li-ion)电池。锂离子电池单体的电压、比能量和比功率较高,寿命也更长,在电动汽车上有着极好的应用前景。

燃料电池直接将燃料的化学能转变为电能,能量转化效率高,比能量和比功率都高,并且可以控制反应过程,能量转化过程可以连续进行。但是,目前还处于研制阶段,一些关键技术还有待突破。

各种动力电池的特点、使用性能比较见表4-1、表4-2。

各种动力电池特点比较　　　　　　　　　　　　　　　　表4-1

类　　型	铅酸	镍-镉	镍氢	锂离子	
				传统型	锂聚合物
铅酸		质量能量密度;体积能量密度;工作温度范围;自放电率;可靠性	质量能量密度;体积能量密度;自放电率	质量能量密度;体积能量密度;电压输出;自放电率	质量能量密度;体积能量密度;结构特点;自放电率
镍-镉	更好的可循环性;电压输出;价格		质量能量密度;体积能量密度	质量能量密度;体积能量密度;电压输出;自放电率	质量能量密度;体积能量密度;结构特点;自放电率
镍氢	更好的可循环性;电压输出;价格	工作温度范围;更好的可循环性;自放电率;可靠性		质量能量密度;体积能量密度;工作温度范围;自放电率;电压输出	质量能量密度;体积能量密度;结构特点;自放电率

类　型		铅酸	镍-镉	镍氢	锂离子	
					传统型	锂聚合物
锂离子	传统型	更好的可循环性;安全;价格	工作温度范围;更好的可循环性;价格;安全;可重复循环	价格;安全;自放电率;重复循环		质量能量密度;体积能量密度;结构特点;安全;价格
	锂聚合物	更好的可循环性	工作温度范围;更好的可循环性;价格	体积能量密度;更好的可循环性;价格	工作温度范围;更好的可循环性	
优点		更好的可循环性;价格	工作温度范围;价格	体积能量密度	质量能量密度;体积能量密度;自放电率;结构特点	质量能量密度;体积能量密度;自放电率;电压输出;结构特点

几种动力电池使用性能比较 　　　　　　　　　　表 4-2

参数名称	铅酸电池	镍氢电池	锂离子电池
常见工作电压(V)	2	1.2	3.2~3.7
质量比能量(W·h/kg)	30~50	60~90	70~160
循环寿命 100% DOD	≥300	≥400	≥600
放电率(%/月)	5	20~35	6~8
快速充电能力	一般	较好	好
耐过充能力	一般	强	差
记忆效应	无	无	无
环境污染	严重	微小	微小
使用温度(℃)	-20~50	-20~50	-20~55
价格(元/W·h)	<1	2~7	2~7

纯电动汽车电池管理系统作为电池系统的重要组成部分,具有实时监控电池状态、优化使用电池能量、延长电池寿命和保证电池的使用安全等重要作用。电池管理系统对整车的安全运行、整车控制策略的选择、充电模式的选择以及运营成本都有很大影响。无论在车辆运行过程中还是在充电过程中,电池管理系统都要可靠地完成电池状态的实时监控和故障诊断,并通过总线的方式告知车辆集成控制器或充电机,以便采用更加合理的控制策略,达到有效且高效使用电池的目的。

电池管理系统采用集散式系统结构,每套电池管理系统由 1 台中央控制模块(或称主机)和若干个电池测控模块(或称从机)组成。电池管理系统的功能如下:

(1)单体电池电压的检测。

(2)电池温度的检测。

(3)电池组工作电流的检测。

(4)绝缘电阻检测。

(5)冷却风机控制。

（6）充放电次数记录。

（7）电池组 SOC 的估测。

（8）电池故障分析与在线报警。

（9）各箱电池充放电次数记录。

（10）各箱电池离散性评价。

（11）与车载设备通信，为整车控制提供必要的电池数据。

（12）与车载监控设备通信，将电池信息送面板显示。

（13）与充电机通信，安全实现电池的充电。

（14）有简易的设备实现纯电动汽车电池管理系统的初始化功能，能满足电池快速更换以及电池箱重新编组的需要。

2）电力及其驱动系统

驱动电动机的作用是将电源的电能转化为机械能，通过传动装置或直接驱动车轮和工作装置。电动机与驱动系统是电动汽车的关键部件，要使电动汽车有良好的使用性能，驱动电动机应具有调速范围宽、转速高、起动转矩大、体积小、质量小、效率高且有动态制动强和能量回馈等特性。目前，电动汽车用电动机主要有直流电动机（DCM）、交流感应电动机（IM）、永磁同步电动机（PMBLM）和开关磁阻电动机（SRM）等。

直流电动机具有控制系统简单、控制性能好、起步加速牵引力大的特点。但是由于其存在换向火花，功率小、效率低，维护工作量大的缺点，有被其他电动机取代的倾向。

交流感应电动机具有坚固耐用、成本低、低转矩脉动、运行可靠、低噪声和极限转速高等特点。但其质量大、发热量大、驱动控制成本偏高、效率和功率密度偏低。

永磁同步电动机不仅具有交流感应电动机的优点，而且具有效率高、恒功率调速范围广，转矩密度/功率密度高等特点。由于转矩的控制手段直接、结构简单、控制性能优良和动态响应迅速，非常适合电动汽车的控制。美国以及欧洲研制的电动汽车多采用这种电动机。

永磁无刷电动机可以分为由方波驱动的无刷直流电动机系统（BLDCM）和由正弦波驱动的无刷直流电动机系统（PMSM），它们都具有较高的功率密度，其控制方式与感应电动机基本相同，这类电动机效率高、体积小、惯性低、响应快，有极好的应用前景。目前，由日本研制的电动汽车主要采用这种电动机。

开关磁阻电动机（SRM）具有简单可靠、成本低、驱动电路简单、结构紧凑牢固，可在较宽转速和转矩范围内高效运行，控制灵活，可四象限运行，响应速度快等优点。但是，其存在转矩波动大、噪声大、需要位置检测器等缺点，应用受到了限制。

随着电动机及驱动系统的发展，控制系统趋于智能化和数字化。变结构控制、模糊控制、神经网络、自适应控制、专家控制、遗传算法等非线性智能控制技术，都将各自或结合应用于电动汽车的电动机控制系统。

3）整车控制及能量管理系统

动力电池的主要问题体现在两个方面：其一是比能量低，在车辆能够提供的有效布置空间内，布置的电池不能满足车辆续驶里程的要求，电池组过高价格直接影响电动汽车的性价比；其二是电池组的性能较差，循环寿命低和成组一致性差，会影响电动汽车的使用寿命。纯电动汽车用电池组性能提高，除需提高电池单体自身性能外，还须使用完备的电池管理系统，尤其是在单体电池一致性较差的情况下，电池管理系统的作用就更为重要。电池管理系统可使得电池组充分发挥电池单体的性能，降低电池组故障概率，延长电池组的使用寿命。

整车控制及能量管理系统主要侧重于以下几个方面的管理：

（1）电池管理和能量分配：由于纯电动汽车只有动力电池组一个动力源，不能像混合动力汽车那样通过调节油电混合比例提高效率，纯电动汽车的能量分配是在满足车辆动力性、经济性指标要求的前提下，提高驱动系统和能源系统的效率。电池管理系统需要采集车辆的电压、电流、温度等信息，通过计算处理并上报整车控制系统来实现对于车辆的控制。大量信息通过 CAN 总线进行传输时，会出现滞现象使系统不稳定；另外，多节电池组成的电池组也需要进行管理。系统还需要对电动汽车的剩余续驶里程进行估算，以合理地调配和使用有限的剩余电量，还能够根据电池组的使用情况和充放电历史选择最佳充电方式，以尽可能延长电池的寿命。

（2）再生制动能量回收：电动汽车制动能量回收是在车辆制动时，将驱动电机改为发电模式，并将制动能转化为电能，存储到电池系统。纯电动汽车制动能量回收系统需要在保证车辆的制动性能满足国家法规要求的前提下，尽可能多的吸收制动能量。

（3）电动汽车高压安全管理：纯电动汽车内装有驱动电动机系统和动力电池系统等高电压部件，车辆超过 300V 的电压可能危及人身安全和高压零部件的使用安全。高压安全管理系统是根据整车布置和高压电路特点，合理设计安全的防护系统，确保驾乘人员和车辆设备运行安全的系统。

4）纯电动汽车的特点

纯电动汽车的优点是：它本身不排放污染大气的有害气体，即使按所耗电量换算为发电厂的排放，除硫和微粒外，其他污染物也显著减少，由于电厂大多建于远离人口密集的城市，对人类伤害较少，而且电厂是固定不动的，集中的排放，清除各种有害排放物较容易，也已有了相关技术。由于电力可以从多种一次能源获得，如煤、核能、水力等，解除人们对石油资源日见枯竭的担心。电动汽车还可以充分利用晚间用电低谷时富余的电力充电，使发电设备日夜都能充分利用，大大提高其经济效益。此外，电动汽车电能来源方式多，直接污染及噪声很小，结构简单，维修方便。

纯电动汽车的主要缺点是：动力电池能量密度小，汽车的续驶里程短，动力性较差；电池质量大，寿命短，价格高，充电时间长，充电不方便，电池制造和处理存在污染等。

2. 氢燃料电池汽车

氢能汽车是以氢为主要能量作为汽车的动力源。一般的内燃机，通常以柴油或汽油为燃料，而氢能汽车则改为使用气体氢为燃料，以氢燃料电池和电动机来取代普通的发动机。

氢燃料电池与普通电池的区别主要在于：干电池、蓄电池是一种储能装置，是把电能储存起来，需要时再释放出来；而严格地说，氢燃料电池是一种发电装置，像发电厂一样，是把化学能直接转化为电能的电化学发电装置。另外，氢燃料电池的电极用特制多孔性材料制成，这是氢燃料电池的一项关键技术，它不仅要为气体和电解质提供较大的接触面，还要对电池的化学反应起催化作用。

1）氢燃料电池的工作原理

目前的氢燃料电池通常是质子交换膜燃料电池（PEMFC），即用质子交换膜做电解质的燃料电池。它是将氢气送到燃料电池的阳极板（负极），经过催化剂（铂）的作用，氢原子中的一个电子被分离出来，失去电子的氢离子（质子）穿过质子交换膜，到达燃料电池阴极板（正极），而电子是不能通过质子交换膜的，这个电子只能经外部电路，到达燃料电池阴极板，从而在外电路中产生电流。电子到达阴极板后，与氧原子和氢离子重新结合为水。由于供应给阴极板的氧,可以从空气中获得,因此只要不断地给阳极板供应氢,给阴极板供应空气,并及时把水(蒸气)带走,就可以不断地提供电能。燃料电池发出的电,经逆变器、控制器等装置,给电动机供电,再经传动系统、驱动桥等带动车轮转动,就可使车辆在路上行驶。与传统汽车相比,燃料电池能量转化效率高达 60% ~ 80%,为内燃机的 2 ~ 3 倍。燃料电池的燃料是氢和氧,生成物是清洁的水,它本身工作不产生一氧化碳和二氧化碳,也没有硫和微粒排出。因此,氢燃料电池汽车是真正意义上的零排放、零污染的汽车。

氢燃料电池是以含氢较高的物质作为电池的原材料,经过化学反应制备出氢气,将氢气直接作为汽车的燃料。

2)氢燃料电池汽车特点

氢燃料电池汽车的优点:不产生有害气排放物;减少了机油泄漏带来的水污染;氢的热值高;氢的辛烷值高;发动机燃烧效率高;发动机运转平稳、噪声小。

氢燃料电池车的缺点:氢气生产成本高;气态氢能量密度小且储运不便,液态氢技术难度大,成本高;需要开发专用发动机。

3)现状与前景

随着科学技术的进步,曾经困扰氢燃料电池发展的诸如安全性、氢燃料的储存技术等问题已经逐步解决并不断完善。但是,氢燃料电池的成本过高,是当前普通汽油机的 100 倍。过高的价格是氢燃料电池汽车发展的一大障碍。据专家预测,研制出具有价格和性能竞争力的氢燃料电池汽车,还需要时间,由于氢燃料电池车的良好的清洁性和对环境少污染的优异性能,一直是人们的研究热点。

3. 混合动力汽车

混合动力汽车(即复合动力汽车)是指汽车上同时装备两种动力源——热动力源(由传统的汽油机或者柴油机产生)与电动力源(电动车电池)的汽车,并且符合汽车道路交通、安全法规的汽车。车载动力源有多种:蓄电池、燃料电池、太阳能电池、内燃机车的发电机组等。当前,混合动力汽车一般是通过在混合动力汽车上使用电机,使得动力系统可以按照整车的实际运行工况要求灵活调控,而发动机保持在综合性能最佳的区域内工作,从而降低燃油消耗与排放污染。

1)混合动力汽车分类及特性。

根据《混合动力电动汽车类型》(QC/T 837—2010)规定,混合动力汽车分串联式混合动力电动汽车(Series Hybrid Electric Vehicle)、并联式混合动力电动汽车(Parallel Hybrid Electric Vehicle)和混联式混合动力电动汽车(Combined Hybrid Electric Vehicle)。

(1)串联式混合动力电动汽车。车辆行驶系统的驱动力只来源于电机的混合动力电动汽车。典型的结构特点是发动机带动发电机发电,电能通过电机控制器输送给电机,由电机驱动车辆行驶。另外,动力电池可以单独向电机提供电能驱动车辆行驶。

串联式混合动力汽车的动力总成由发动机、发电机和电动机三部分动力总成组成,它们之间用串联的方式组成串联式混合动力汽车的动力单元系统,发动机驱动发电机发电,电能通过控制器输送到电池或电动机,由电动机通过变速机构驱动汽车。小负荷时由电池驱动电动机驱动车轮,大负荷时由发动机带动发电机发电驱动电动机。当车辆处起动、加速、爬坡工况时,发动机—电动机组和电池组共同向电动机提供电能;当电动车处于低速、滑行、怠速的工况时,则由电池组驱动电动机,当电池组缺电时则由发动机—发电机组向电池组充电。

串联式结构适用于城市内频繁起步和低速运行工况,可以将发动机调整在最佳工况点附近稳定运转,通过调整电池和电动机的输出来达到调整车速的目的。使发动机避免了怠速和低速运转的工况,从而提高了发动机的效率,减少了废气排放。但是它的缺点是能量几经转换,机械效率较低。

(2)并联式混合动力电动汽车。车辆行驶系统的驱动力由电机及发动机同时或单独供给的混合动力电动汽车。典型的结构特点是并联式驱动系统可以单独使用发动机或电机作为动力源,也可以同时使用电机和发动机作为动力源驱动车辆行驶。

并联式装置的发动机和电机共同驱动汽车,发动机与电机分属两套系统,可以分别独立地向汽车传动系提供转矩,在不同的路面上既可以共同驱动又可以单独驱动。当汽车加速爬坡时,电机和发动机能够同时向传动机构提供动力,一旦汽车车速达到巡航速度,汽车将仅仅依靠发动机维持该速度。电机既可以作电动机又可以作发电机使用,又称为电动—发电机组。由于没有单独的发电机,发动机可以直接通过传动机构驱动车轮,这种装置更接近传统的汽车驱动系统,机械效率损耗与普通汽车差不多,得到比较广泛的应用。

(3)混联式混合动力电动汽车。具备串联式和并联式两种混合动力系统结构的混合动力电动汽车。典型的结构特点是可以在串联混合模式下工作,也可以在并联混合模式下工作,同时兼顾了串联式混合动力电动汽车和并联式混合动力电动汽车的特点。

混联式混合动力电动汽车的动力系统主要有发动机、发电机和电动机。根据助力装置不同,它又进一步分为以发动机为主和以电机为主两种。以发动机为主的形式中,发动机作为主动力源,电机为辅助动力源;以电机为主的形式中,发动机作为辅助动力源,电机为主动力源。该结构的优点是控制方便,缺点是结构比较复杂。

2)混合动力汽车的特点

(1)优点。

①采用复合动力后可按平均需用的功率来确定发动机的最大功率。当大负荷时,发动机功率不足,可由电池来补充;小负荷时,发动机富余的功率可发电给电池充电。如此,在整个工作过程中,都可使发动机处于油耗低、污染少的最优工况下工作。

②因为有了电池,可以十分方便地回收制动、下坡、怠速时的能量。

③在繁华的市区,可关停发动机,由电池单独驱动,实现"零"排放。

④有了发动机可以十分方便地解决耗能大的空调、取暖、除霜等纯电动汽车遇到的难题。

⑤可以利用现有的加油站(或加气站),不需要额外建设新的能源补充基础设施。

⑥可让电池保持在良好的工作状态,不发生"过充""过放",延长其使用寿命,降低成本。

⑦实现难度较低。

(2)缺点。

①有两套动力装置,再加上两套动力的管理控制系统,结构复杂,与普通汽车相比价格较高。

②汽车并不是只在大城市的拥堵道路上行驶,当在公路上行驶时,电动汽车就失去了由于频繁制动而回馈的能量,此时,电动机反而成为汽车的质量负担。

(3)三种混合动力汽车的比较。

串联式混合动力汽车、并联式混合动力汽车和混联式混合动力汽车在结构上有一定区别,其实用性能上也各有优势。三种混合动力系统的特点比较见表4-3。

类　型	提升燃油效率				行　驶　性　能	
	急速时停止发动机	能量再生	高校驾驶控制	综合效率	加速性	持续高输出功率
串联式	○	○	○	○	△	△
并联式	○	○	△	○	○	△
混联式	●	●	●	●	○	○

注：△—一般，○—良好，●—优秀

3）现状与前景

近年来，美、日、德等汽车工业强国先后发布了关于推动包括混合动力汽车在内的新能源汽车产业发展的国家计划。日本把发展新能源汽车作为"低碳革命"的核心内容，并计划到 2020 年普及包括混合动力汽车在内的"下一代汽车"达到 1350 万辆，为完成这一目标，日本到 2020 年计划开发出至少 38 款混合动力车、17 款纯电动汽车。德国政府也提出未来 10 年普及 100 万辆插电式混合动力汽车和纯电动汽车，并宣称该计划的实施，标志德国将进入新能源汽车时代。

对于混合动力车的发展，我国出台了许多鼓励政策，汽车产业已被纳入"十二五"调整产业之列。由工信部启动的《节能与新能源汽车产业发展规划（2012—2020）》已明确鼓励多种技术路线车型的发展。我国国务院颁布的《中国制造 2025》计划指出汽车未来可持续发展的四个方向，即"纯电动汽车""混合动力汽车""燃料电池汽车""智能网联汽车"四个方向。其中，"混合动力汽车"应当是目前的最优选择，有较大的可实施性和发展机会。

作为新能源汽车之一，从市场和技术角度看，混合动力车规模化可能性最大。据预测，2020 年，全球混合动力车市场将占到整体市场的 13%，EV 纯电动汽车为 2%（约 140 万辆）。中国市场混合动力车市场增长率为 18%，政府采购和混合动力客车将是主要消费客户。随着科学技术的发展，混合动力汽车技术将日益成熟，在纯电动汽车时代到来之前，混合动力汽车作为一种过渡产品，在近十年内会有很好的发展前景。

二、天然气

天然气简写为 NG（Natural Gas），它是地表下岩石中自然存在的以轻质碳氢化合物为主体的气体混合物的统称，主要成分是甲烷（CH_4），占 85% ~ 95%。天然气按其来源可分为伴生气与非伴生气两种。天然气与汽油相比，其理化特性见表 4-4。

天然气与汽油理化特性的比较　　　　　　　表 4-4

特　性　值	天　然　气	汽　油
密度（气态，kg/m^3）	0.718	5.093
低热值（MJ/kg）	49.54	44.52
理论空燃比（质量）	17.2	14.7
理论混合气热值（MJ/m^3）	3.36	3.82
沸点（℃，常压）	-162	100
汽化潜热（kJ/kg）	510	297
自燃温度（大气中，℃）	650	500

特 性 值	天 然 气	汽 油
点火界限燃料体积比(%)	5.3 ~ 15	1.2 ~ 6
点火界限当量比 Φ	0.65 ~ 1.6	0.7 ~ 3.5

1. 天然气特点

1）优点

（1）天然气资源丰富,在今后相当长的时间内有充足保障。

（2）排放污染小。天然气是碳氢原子比最小的烃类化合物,以燃烧产生相同热量计算,产生的 CO 可比燃用汽油、柴油降低 15% 以上。天然气易于同空气混合,燃烧完全,HC 的排放量将减少。天然气火焰温度相对较低,NO_x 排放量也会减少。

（3）天然气辛烷值高。

（4）经济性好。天然气价格低廉。而且,由于天然气辛烷值高,燃用天然气比燃用汽油时,许用压缩比可高 2 ~ 4 个单位。在一定范围内,提高压缩比,有利于提高热效率,经济性会更好。

（5）安全性好。从燃点看,天然气的自燃温度高达 650 ~ 680℃,远高于汽油的 228 ~ 471℃,柴油的 200 ~ 300℃。从着火界限看,天然气的着火界限范围为 5% ~ 15%,汽油为 1.3% ~ 7.6%,天然气比空气轻,要形成天然气点燃的浓度比汽油难得多。

在制造要求和质量保证上,压缩天然气(CNG)气瓶比汽车油箱严格得多。

（6）技术成熟。

2）缺点

（1）天然气属于非再生能源,不能作为根本性的替代能源。

（2）天然气储运不便。

（3）新建加气站网络要求投资强度大。

（4）气态天然气的能量密度较小。

（5）动力性有所下降。

（6）单独以天然气为燃料时,需要设计专门的发动机。

2. 现状与前景

目前,全世界已有多个国家拥有天然气汽车,其中,拥有数量较多的国家是天然气资源丰富的意大利、新西兰、阿根廷、巴西等国家和环保法规严格的美国、日本等国家。

天然气作为新能源,逐步成为我国城市车用能源市场中的重要燃料,未来 10 年,我国天然气汽车将得到迅速发展。据国家规划,到 2020 年,我国压缩天然气汽车和液化石油气汽车产量可达到 120 万辆/年,其中乘用车 100 万辆/年,客车和载货汽车 20 万辆/年。

我国汽车用压缩天然气标准是《车用压缩天然气》(GB 18047—2000)。

三、液化石油气

液化石油气简写为 LPG(Liquefied Petroleum Gas),是以丙烷(C_3H_8)、丁烷(C_4H_{10})和丁烯(C_4H_8)为主体的碳氢化合物的混合物,是石油加工的副产品。车用液化石油气必须保证其使用安全性、抗爆性和良好的起动性和排放性等。我国的相关标准是《车用液化石油气》(GB 19159—2012),车用液化石油气技术要求及试验方法见表 4-5。液化石油气与汽油、柴油以及天然气的理化特性的比较见表 4-6。

项　目		质量指标	试验方法
密度(10℃)(kg/m³)		报告	SH/T 0621①
马达法辛烷值(MON)	≥	98.0	附录 A
二烯烃(包括1,3丁二烯)摩尔分数(%)	≥	0.5	SH/T 0617
硫化氢		无	SH/T 0125
铜片腐蚀(40℃,3h)(级)	≤	1	SH/T 0232
总硫含量(含赋臭剂②)(%)(m/m)	≤	50	ASTM D6667③
蒸发残留物	≤	60	EN 15470
C5 及以上组分质量分数(%)	≤	2.0	SH/T 0614
蒸汽压(40℃,表压)(kPa)	≤	1550	附录 B④
最低蒸汽压(表压)为150kPa的温度(℃)			
−10 号	≤	−10	
−5 号	≤	−5	
0 号	≤	0	ISO 8973 和附录 C⑤
10 号	≤	10	
20 号	≤	20	
游离水⑥		通过	EN 15469
气味		体积浓度达到燃烧下限的20%有明显异味	附录 E

注:①测定方法也包括用 ISO 8973。

②气味检测未通过时需要添加赋臭剂。

③试验方法也包括用 SH/T 0222,结果有争议时,以 ASTM D6667 为仲裁方法。

④试验方法也包括用 ISO 8973 和附录 C,结果有争议时,以附录 B 为仲裁方法。

⑤在指定温度下,应采用 ISO 8973 和附录 C 共同确定产品分级,对于生产企业内部质量控制可以利用附录 D 提供的方法确定产品分级。

⑥在0℃和饱和气压下,目测液化石油气中不含游离的水。允许加入不大于2000mg/kg 的甲醇,但不加入除甲醇外的防冰剂及其他非烃化合物。

液化石油气与汽油、柴油以及天然气的理化特性的比较　　　　表 4-6

项　目	汽　油	柴　油	天　然　气	液化石油气
物理状态	液态	液态	气态	气态
汽车上的存储状态	液态	液态	气态或液态	液态
在常压下的沸点(℃)	30~220	180~370	−161.5	−0.5
低热值(MJ/kg)	44.52	43	49.54	45.31
汽化潜热(kJ/kg)	297		510	丙烷:−41;丁烷:0~2
辛烷值(RON)	91		120	94
十六烷值	27	40~60		
自燃点(℃)	260		700	丙烷:358.2;丁烷:373.2
最低点火能量(MJ)	0.25~0.3			

项　目	汽　油	柴　油	天　然　气	液化石油气
分子量	100～115	～226	16	丙烷:41 丁烷:58
在空气中的可燃范围比(%)	1.3～7.6		5～15	

1. 液化石油气的优点

(1)污染小。

(2)储运较方便。

(3)技术成熟。

(4)液化石油气辛烷值较高。

2. 液化石油气的缺点

(1)液化石油气属非再生能源且资源没有天然气丰富。

(2)动力性有所下降。

(3)单独以天然气为燃料时,最好设计专门的发动机。

3. 现状与前景

燃料汽车作为新生代用燃料有诸多优点,在世界范围内得到了广泛的应用。据了解,全世界使用液化石油气燃料汽车的国家有美国、新西兰、澳大利亚、加拿大、意大利、韩国、日本、荷兰等。

随着液化石油气汽车的发展,液化石油气有效能源及汽车的排放优势逐步体现出来。我国也加强了燃气汽车及新能源汽车的发展力度,加大了相关的政策支持,使液化石油气汽车得以迅速发展。

液化石油气汽车是21世纪汽车的主流产品之一。

我国汽车用液化石油气行业标准是《车用液化石油气》(SY 7548—1998)。

四、醇类

醇类燃料主要是指甲醇和乙醇。醇类燃料可以和汽油或柴油按一定的比例配制而成混合燃料,也可以直接采用醇类燃料作为发动机的燃料。

醇类燃料的来源广,制取方式多。甲醇可以从煤炭、天然气、煤层气,可再生生物资源、分类垃圾等物资中制取;乙醇的原料主要是含糖、含淀粉的农作物,如甜菜、甘蔗、玉米、土豆、草秆以及含纤维素原料等。但是,炼制1t乙醇消耗4t甘蔗或4t粮食,原料消耗较大。

1. 醇类燃料的特点

(1)来源有长期保障,储运方便。

(2)甲醇(乙醇)的辛烷值较高。

(3)汽化潜热大。

(4)热值低。

(5)甲醇的毒性较大,且对金属及橡胶件有腐蚀性。

(6)污染较大,与汽油相当。

(7)醇混合燃料容易发生分层。

(8)成本较高。

2. 醇类燃料的使用性能

甲醇和乙醇都属有机化合物,是无色透明、易挥发的可燃液体。与汽油相比,热值低、汽化潜热大、抗暴性好、含氧量高等。另外,醇类燃料吸水性强、化学活性高、容易发生早燃等。甲醇、乙醇与汽油和柴油的理化性质对比见表4-7。

甲醇、乙醇与汽油和柴油的理化性质对比 表4-7

性　质	甲　醇	乙　醇	汽　油	柴　油
化学式	CH_3OH	C_2H_5OH	$C_{4\sim12}$烃合物	$C_{16\sim23}$烃合物
相对分子质量	32	46	95～120	180～200
碳(%)	37.5	52.5	85～88	86～88
氢(%)	12.5	13	12～15	12～13.5
氧(%)	50	34.8	0	0～0.4
C/H	3	3.971	5.6～7.4	6.4～7.2
密度(20℃)(kg/L)	0.792	0.7893	0.72～0.78	0.82～0.86
沸点(℃)	64.8	78.5	30～200	175～360
凝固点(℃)	-98	-114	-57	-1～-4
黏度(20℃)(mPa·s)	0.6	1.2	0.65～0.85	3.0～8.0
质量低热值(HL)(MJ/kg)	20.26	27.2	44.52	43
汽化潜热(kJ/kg)	1109	904	297	
辛烷值或十六烷值	112(RON)	111(RON)	91(RON)	40～55
闪点(℃)	11	21	-45	-75
比热容(20℃)(kJ/kg)	2.55	2.72	2.3	1.9
理论混合气热值(MJ/kg)	3.56	3.66	3.82	3.36
电导率(20℃)(S/m)	4.4×10^{-5}	1.35×10^{-7}		1×10^{-13}
溶解水		∞	0	0

3. 醇类燃料在发动机上的燃用方式

1)掺烧

掺烧是醇类燃料在汽车上的主要应用方式。为使发动机燃用醇燃料时能有良好的效果,可采用不同的掺烧方式,调整混合燃料的性质,改进发动机结构及设计良好的掺烧及控制装置。

在混合燃料中甲醇或乙醇的容积比例分别以 MX 或 EX 表示。如乙醇占 10%、20%,则以 E10、E20 表示,纯乙醇燃料用 E100 表示。

2)纯烧

混合气的形成装置必须与醇较低的热值及较少的空气需要量相适应。因此,单一燃用醇类燃料应加大输油泵的供油能力,以避免气阻。加大燃料箱尺寸,保证必要的续驶里程。采用高压缩比以充分利用醇类高辛烷值的特性。选择适宜的火花塞及火花塞间隙。压缩比提高后,宜采用冷型火花塞。改善相关零件的抗腐蚀性和抗溶胀性等。

4. 醇类燃料的改性

1）甲醇改性

甲醇改性是利用发动机排气的余热将甲醇改成为 H_2 和 CO，$CH_3OH \xrightarrow[\text{催化剂}]{\text{吸热}} CH_3OH$，$2H_2 + CO$，然后再输往发动机。

甲醇蒸发需要吸收汽化潜热，气体甲醇改性也需要吸收热量，故甲醇改性后名义热值为液态甲醇的 1.2 倍。改性甲醇的理论成分为：含氢 66.7%（mol），含一氧化碳 33.3%（mol）。实际上还会含有少量的甲烷和甲醛等，使改性甲醇的热值降低，火焰传播速度下降，还会使排气中的 HC 和 CO 增加。改性甲醇燃料的特性见表 4-8。

甲醇改性燃料特性   表 4-8

项　目	甲醇改质气	甲　醇	汽　油
分子式或成分	33.3%（mol）CO6.7%（mol）H_2	CH_3OH	C_8H_{18}（以辛烷值为代表）
分子量	10.65	32	114
理论空燃比	6.51	6.51	14.8
低热值（MJ/kg）	24.31	20.26	44.52
理论混合气热值（MJ/m³）	3.433	3.56	3.82
最大火焰传播速度（cm/s）	215		30
着火界限（过量空气系数）	0.4~7	0.4~7	0.5~1.3
最小点火能量（理论混合比下）	0.018（H_2）		0.25~0.3

甲醇改性气的低热值比甲醇高，但混合气热值比甲醇略低；火焰传播速度远远大于汽油，着火界限宽，很容易实施稀混合气燃烧，有利于提高热效率。改性甲醇辛烷值高，许用压缩比高，动力性好。

2）变性燃料乙醇

变性燃料乙醇是指乙醇脱水后再添加变性剂而生成的以乙醇为主（乙醇 >92.1%，体积分数）的燃料。我国变性燃料乙醇规格见表 4-9。

我国变性燃料乙醇规格   表 4-9

项　目		质量标准	项　目		质量标准
乙醇（体积分数）（%）	≥	92.1	铜含量（mg/kg）	≤	0.1
甲醇（体积分数）（%）	≤	0.5	乙醇含量（mg/L）	≤	32
水分（体积分数）（%）	≤	0.5	铜含量（mg/kg）	≤	0.08
实际胶质（mg/100mL）	≤	5.0	改性剂（%）（m/m）	≥	1.96
			改性剂（%）（m/m）	≤	4.76
无机氯（mg/L）	≤	40	外观		清澈透明，无悬浮物和沉淀

5. 燃用醇类燃料注意事项

（1）醇是一种溶剂，发动机使用初期，燃油系统零部件、油路和燃油管壁上的沉积物会剥落，导致滤清器堵塞，一些黑色金属和有色金属将腐蚀。应进行橡胶长时间浸泡试验及耐腐蚀试验。

（2）长期使用醇—汽油混合燃料，润滑油酸值和黏度都将会增加，在发动机进气系统部件中,易产生油污,导致拉缸。应在润滑油中添加清洁剂及中和酸性物质的添加剂。

（3）使用掺醇汽油后,汽车燃油消耗和发动机动力性会有所下降。可适当提高压缩比和加大点火提前角;对电喷发动机进行匹配,可适当延长喷油时间。

（4）醇的气化潜热比汽油高,在寒冷地区会使混合燃料难以汽化,不易起动。

（5）容易分层,使汽油和醇互溶性变差,影响燃油的品质。

6. 现状与前景

目前,世界上有一定数量的汽车采用甲醇(乙醇)与汽油的混合燃料,甲醇汽油由于环保效果不理想,发展缓慢;乙醇汽油环保效果较好,但是成本较高,其原料农作物的生长占用土地资源。可以作为能源的一种补充,在某些国家和地区可能保持较大的比例。

复习思考题

1. 汽车燃料应具备哪些条件?

2. 现代汽车的代用燃料有哪些?

3. 电动汽车包含哪些汽车? 什么是纯电动汽车? 纯电动汽车有何特点?

4. 什么是氢燃料电池车? 氢燃料电池车有何特点?

5. 什么是混合动力汽车? 混合动力汽车有何特点?

6. 汽车的代用燃料主要有哪些? 各有何特点?

第五章 发动机油

发动机油是发动机润滑系的工作液,它的主要作用是润滑、冷却、清洁、密封和防腐蚀。发动机的零部件在工作过程中由于摩擦会产生磨损,其主要的磨损形式为:

(1) 黏着磨损:两个固体表面接触,由于表面不平,在相对滑动和一定载荷作用下,接触点发生塑性变形或剪切,使摩擦表面温度增高,表层金属局部软化或熔化,导致接触点发生黏着或焊合到一起,在随后相对滑动中黏着处被破坏,形成表面材料转移、擦伤的一种磨损形式。

(2) 磨料磨损:物体表面与磨料相互摩擦引起表面材料损失的现象称为磨料磨损。它是指一对摩擦副表面上的质硬物体或硬质颗粒,产生切削或刮擦作用,引起材料表面破坏,分离出磨屑或形成划伤的磨损。

(3) 腐蚀磨损:腐蚀磨损是在摩擦促进作用下,摩擦副的一方或双方与中间物质或环境介质中的某些成分发生化学反应或电化学反应,同时,机械作用使反应产物脱落的磨损称为腐蚀磨损。

(4) 表面疲劳磨损:表面疲劳磨损是循环接触应力周期性地作用在摩擦表面上,使材料疲劳而引起材料微粒脱落的磨损现象。

(5) 其他类型的磨损:除了上述磨损形式,车用发动机还经常发生气蚀磨损和微动磨损。气蚀磨损是零件与液体接触并作相对运动时,由于液体产生气泡并溃灭,使零件表面产生疲劳破坏,出现麻点直至扩展为海绵状空穴的磨损现象。微动磨损是两个接触物体作相对微振幅振动而产生的一种磨损现象。

为了减轻发动机零部件的磨损,减小摩擦阻力,延长其使用寿命,发动机必须进行润滑,以提高发动机工作的可靠性和耐久性。

由于发动机工作过程中温度变化大,压力高,零部件的相对运动速度快等原因,使发动机油的工作条件非常苛刻,容易老化变质。变质的润滑油使零部件的摩擦表面得不到良好的润滑,就会产生异常磨损或擦伤。为保证发动机油的作用,就要对发动机油的使用性能提出严格的要求。

第一节 发动机油的使用性能

发动机油的使用性能对于发动机润滑系的工作状况影响很大。在发动机上,强制润滑的零部件其工作条件比较苛刻,具有速度高,承受力(或力矩)大,承受高温、高压等特点,并且有些零件远离油底壳,泵送距离远,阻力大,特别是发动机净化装置的采用,使发动机油的工作条件进一步恶化。因此,发动机油的使用性能应满足一定的技术要求。

一、润滑性

在各种条件下，发动机油降低摩擦、减缓磨损和防止金属烧结的能力，称为发动机油的润滑性。发动机油应具有良好的润滑性。

润滑油的黏度和化学性质对发动机零件在不同润滑状态的润滑作用有重要影响。

以图 5-1 所示的斯萃贝克(Stribeck)曲线可分析黏度对摩擦系数的影响。

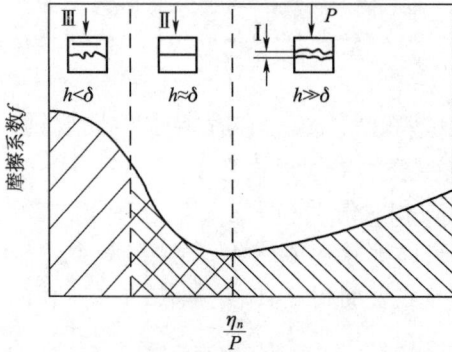

图 5-1　润滑油的黏度对润滑状态的影响
h-油膜厚度；δ-两表面的粗糙度

摩擦系数 f 可表示为：

$$f = 2\pi^2 \frac{D\eta n}{hP}$$

式中：D——零件直径，mm；
　　　η——润滑油的动力黏度，Pa·s；
　　　h——运动副间隙，mm；
　　　n——零件转速，r/min；
　　　P——零件承受的压力，Pa；
　　　$\frac{\eta n}{P}$——索莫范尔德(Sommerfeld)准数。

在索莫范尔德准数中，唯一与润滑性能有关的因素就是润滑油的黏度。在图 5-1 中，从左至右有 3 种润滑状态，最右边的区域为液体润滑，油膜厚度 h 比运动副表面粗糙度大得多。润滑油具有一定的黏度是形成液体润滑的基本条件之一。而黏度是液体流动时内摩擦力的量度，在液体润滑区域，摩擦系数随润滑油黏度降低而减小。当润滑油黏度低到一定程度时，油膜厚度 h 降低到近似等于运动副的粗糙度 δ，该区域为混合润滑状态，这时润滑油的黏度和化学性质对摩擦系数都有影响。当油膜厚度 h 小于运动副表面粗糙度 δ 时，便成为边界润滑状态，如图 5-1 中左面的区域，此时起润滑作用的不再是润滑油的黏度，而完全取决于润滑油的化学性质，即润滑油的油性和极压性。油性是润滑油在摩擦金属表面上的吸附性。润滑油中极性分子定向排列吸附在金屑表面上，形成吸附膜，这种吸附膜只能在中温、中速、中负荷或更低情况下才能保持边界润滑。当高温、高压、高速时，吸附膜脱附，油性失效。极压性是润滑油在摩擦表面的化学反应性质。当润滑油中加入含硫、磷等化合物添加剂时，高温下这些化合物分解生成的活性元素与金属形成化学反应膜，该反应膜的熔点和剪切强度比较低，能降低摩擦和磨损。

发动机油黏度是评定润滑性的重要指标。但是，对于边界润滑，主要是油性和极压性起作用，所以发动机油的润滑性还要通过相关的发动机试验来评定。

二、低温操作性

从发动机油方面保证发动机在低温条件下容易起动和可靠供油的性能，称为发动机油低温操作性。发动机油应具有良好的低温操作性。

发动机油黏度随气温降低而增加。因此，使发动机低温起动时转动曲轴的阻力矩增加，曲轴转速下降（图 5-2），从而造成发动机起动困难。

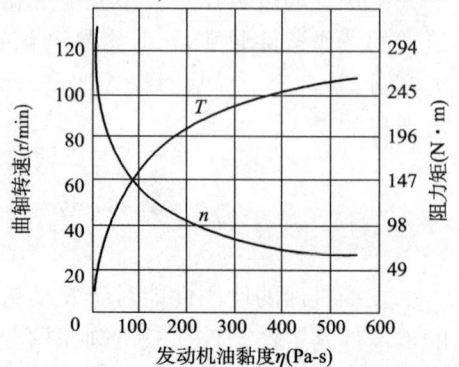

图 5-2　发动机曲轴转动阻力矩(T)、转速(n)
与发动机油黏度(η)的关系

发动机油黏度增加后,流动性变差,供油不足,除了运动阻力变大外,还会导致磨损加剧。综上所述,发动机油的低温操作性好不仅有利于低温起动,而且可以降低起动磨损。

评定发动机油低温操作性的指标主要是低温动力黏度、边界泵送温度和倾点等。

三、黏温性

温度对润滑油的黏度影响很大。温度升高,黏度降低;温度降低,黏度增大。发动机油这种由于温度升降而改变黏度的性质,称为黏温性。发动机油应具有良好的黏温性,才能适应汽车在寒冷冬季起动和在炎热的夏季运行的工作要求。良好的黏温性是指油品的黏度随温度变化而变化的程度小。

发动机油所接触到的各润滑部位的工作温度变化差别很大。因此,要求发动机油在高温工作时,能保持一定的黏度,以形成足够厚度的油膜,确保润滑效果;而在低温工作时,黏度又不至于变得过大,以维持一定的流动性,使发动机低温时容易起动和减小零件的磨损。

在基础油中加入黏度指数改进剂可以提高油品的黏温性。用低黏度的基础油和黏度指数改进剂调配而成,具有良好黏温性,能同时满足低、高温使用要求的发动机油,称为多黏度级发动机油,俗称稠化机油。

评定发动机油黏温性的指标是黏度指数。

四、清净分散性

发动机油能抑制积炭、漆膜和油泥生成或将这些沉积物清除的性能,称为发动机油的清净分散性。发动机油应具有良好的清净分散性。

积炭是覆盖在汽缸盖、火花塞、喷油器、活塞顶等高温区域,厚度较大的固体碳状物。它是燃料燃烧不完全或是发动机油窜入燃烧室在高温下分解的烟雾等物质在高温零件上的沉积而形成的。

漆膜是一种坚固且有光泽的漆状薄膜,主要产生在活塞环区和活塞裙部。漆膜主要是烃类在高温和金属的催化作用下,经氧化、聚合生成的胶质、沥青质等高分子聚合物。

从生成原理看,漆膜和积炭都属于高温沉积物。影响高温沉积物生成的因素一方面是发动机的设计和工作条件;另一方面是燃料和发动机油的性质。

增压发动机的机械负荷和热负荷大,发动机油温度高;或发动机冷却液温度高而导致发动机油过热;燃料的馏分重,铅含量和硫含量大等原因,均可以使发动机油生成较多的积炭和漆膜。

发动机油的重质馏分或添加剂的金属元素含量多,也会促进积炭和漆膜的生成。

油泥是一种比较稳定的油水乳状体与多种杂质的凝聚物。油泥属于低温沉积物。城市中行驶的汽车时停时开,发动机长时间处于低温条件下运行,容易在油底壳中产生油泥。

影响油泥生成的因素主要是发动机的操作条件和燃料、发动机油的性质。

由于油泥是在较低温度下形成的,故与影响积炭、漆膜生成的因素相反,冷却液和发动机油温度越低越容易生成油泥。当汽车处于时开时停或怠速时,发动机温度较低,燃烧后生成的水蒸气、CO、CO_2、NO_x、炭末以及燃料的重质馏分等落入油底壳,加速了发动机油的氧化并使之乳化,生成不溶物(油泥)。由此可见,曲轴箱窜气量越多,越容易生成油泥。

发动机油的基础油本身不具备清净分散性,是通过添加清净剂和分散剂而获得的。现代发动机的性能逐渐强化,工作条件越加苛刻。从一定意义上说,发动机油使用性能好坏,也表现在清净剂和分散剂的性能和添加量上。

我国新的内燃机油分类中已废除了使用性能较低的发动机油,所以发动机油的清净分散性主要通过相应的发动机试验来评定。

五、抗氧性

在一定的条件下,发动机油抵抗氧化变质的能力,称为发动机油的抗氧性。发动机油应具有良好的抗氧性。

发动机油在一定条件下便会发生化学反应,由于氧化使颜色变深、黏度增加、酸性增大,并析出沉积物。发动机油的氧化是发动机沉积物生成、发动机油变质的前提,则抗氧性也是发动机油的重要性质。它决定发动机油在使用中是否容易变质、对零件腐蚀和生成沉积物的倾向,是影响发动机油使用期限的重要因素。

发动机油的氧化过程分两个阶段:

(1)轻度氧化。在这个阶段里烃类的化合物被氧化生成不同类别的酸性产物。

(2)深度氧化。某些酸性产物再度缩合沉淀形成胶质和油焦质等。

发动机油的氧化有两种情况:

(1)厚油层氧化。发动机油底壳的发动机油是处在厚油层、低压和低温的情况下,不具备深度氧化的条件,所以它的氧化反应属于轻度氧化,主要是生成各种酸性物质。

(2)薄油层氧化。在发动机的活塞与汽缸壁部位,发动机油处在薄油层、高温、高压和有金属催化作用的影响下,显然这种氧化属于深度氧化,生成物是胶质沉淀。

从油品方面减缓发动机油的氧化变质的主要途径有:选择合适的馏分,合理精制;添加抗氧化剂或抗氧、抗腐剂。

发动机油的抗氧性通过相应的发动机试验来评定。

六、抗腐性

发动机油抵抗腐蚀性物质对金属腐蚀的能力,称为发动机油的抗腐性。发动机油应具有良好的抗腐性。

发动机油在使用过程中不可避免地被氧化而生成各种有机酸,这些有机酸将对金属产生腐蚀作用。腐蚀机理是,金属先与氧化产物(过氧化物)作用,生成金属氧化物,金属氧化物与有机酸反应生成金属盐。特别是高速柴油机使用的铜铅、银镉轴承,抗腐蚀性差,在发动机油中即使只有微量的酸性物质也会引起严重腐蚀,使轴承出现斑点、麻坑、甚至整块金属剥落。

提高发动机油抗腐性的途径是:加深发动机油的精制程度,减小酸值;同时要添加抗氧抗腐剂。

评定发动机油抗腐性的指标是中和值或酸值,同时通过相应的发动机试验来评定。

七、抗泡性

发动机油消除泡沫的性质,称为发动机油的抗泡性。发动机油应具有良好的抗泡性。

当发动机油受到激励搅动,将空气混入油中时,就会产生泡沫。泡沫如果不及时消除,将会产生气阻,导致供油不足等故障。

评定发动机油抗泡性的指标是生成泡沫倾向和泡沫稳定性。

第二节 发动机油使用性能的评定

一、发动机油使用性能的评定指标

1. 低温动力黏度

通常所讲的黏度是指牛顿液体的黏度,其含义是作用于液体上的应力与剪切速率之比。有时也把黏度称为动力黏度系数。该系数用来衡量液体流动阻力的大小。在国际单位制中黏度的单位是帕斯卡·秒(Pa·s)。在实际中,更方便通用的是毫帕斯卡·秒(mPa·s),1毫帕斯卡·秒(mPa·s)=1厘泊(cP)。我们将在任何剪切速率下其黏度均为一恒定值的油或液体称为牛顿油或牛顿液体。其黏度在一定温度时为常数[图5-3a)],不随油层间的剪切速率而变化。

低温动力黏度也称为表观黏度,它表示非牛顿液体流动时内摩擦特征。发动机油在低温下的黏度并不具有与温度成比例的变化关系,它在很大程度上与剪切速率有关,在不同的剪切速率下的黏度不是常数[图5-3b)],即在同一温度下,剪切速率不同,黏度也不同,有这种黏度特性的液体,称为非牛顿液体。汽车发动机油的表观黏度与低温下发动机的起动性有关。

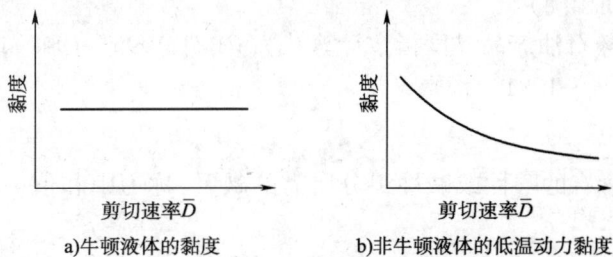

a)牛顿液体的黏度   b)非牛顿液体的低温动力黏度

图5-3 液体的黏度

低温动力黏度是划分冬用发动机油黏度级别的依据之一。

发动机油低温动力黏度的测定标准是《发动机油表观黏度测定法(冷起动模拟法)》(GB/T 6538—2010)。

2. 边界泵送温度

能将发动机油连续地、充分地供给发动机机油泵入口的最低温度,称为边界泵送温度。它是衡量在起动阶段发动机油是否易于流到机油泵入口并提供足够压力的性能。边界泵送温度也是划分冬用发动机油黏度级别的依据之一。

发动机油边界泵送温度的测定标准是《发动机油边界泵送温度测定法》(GB/T 9117—1988)。

3. 倾点

试油在规定条件下冷却时,能够流动的最低温度,称为油品的倾点。同一试油的凝点比倾点略低。现行发动机油规格均为采用倾点作为评定发动机油低温操作性的指标之一。

倾点的测定标准是《石油产品倾点测定法》(GB/T 3535—2006)。

4. 黏度指数

将试油的黏温性与标准油的黏温性进行比较所得出的相对数值,称为黏度指数。黏度指数常缩写成 VI(Viscosity Index)。

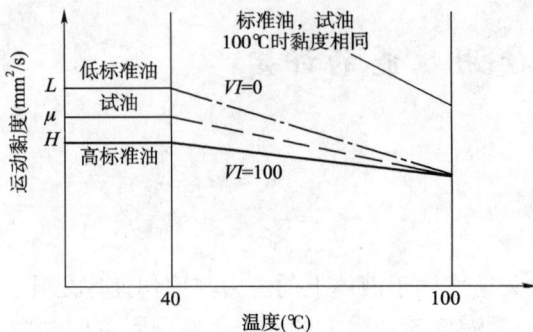

图 5-4　黏度指数的概念

黏度指数的概念可用图 5-4 作具体说明。

把试油与在 100℃ 和试油黏度相同，但黏温性截然不同（高标准油 $VI=100$；低标准油 $VI=0$）的两种标准油对比，试油在 40℃ 时的运动黏度越接近高标准油，则黏度指数越高。

对于黏度指数小于 100 的润滑油，黏度指数按下式计算：

$$VI = \frac{L-\mu}{L-H} \times 100$$

式中：VI——黏度指数；

　　　L——黏度指数为 0 的低标准油在 40℃ 的运动黏度（该种油在 100℃ 时的运动黏度与试油相同）；

　　　μ——试油在 40℃ 时的运动黏度；

　　　H——黏度指数为 100 的高标准油在 40℃ 时的运动黏度（该种油在 100℃ 时的运动黏度与试油相同）。

黏度指数可根据《石油产品黏度指数计算法》（GB/T 1995—1998）或《石油产品黏度指数计算表》（GB/T 2541—1981）计算。

5. 中和值和酸值

中和 1g 试油中含有的酸性或碱性组分所需的碱量，称为中和值。中和值用 mgKOH/g 表示。

中和值表示油品在使用期间，经过氧化后，酸、碱值的相对变化。酸值是中和 1g 试油中的酸所需氢氧化钾的 mg 数，表示为 mgKOH/g。碱值是中和 1g 试油中含有的碱性组分所需的酸量，换算为相当的碱量。因此，中和值的单位也是 mgKOH/g。

中和值的测定标准是《石油产品和润滑剂中和值测定方法（电位滴定法）》（GB/T 7304—1987）。

6. 残炭

油品在试验条件下，受热蒸发和燃烧后残余的炭渣，称为残炭。

根据残炭量的大小，可以大致判断发动机油在发动机中结炭的倾向。一般精制较深的基础油，残炭量小。发动机油中，含氧、硫、氧化物较多时，残炭量增大。发动机油中添加有灰型清净剂和分散剂后，残炭量也增大，因此，在发动机油规格中是限制加剂前的残炭。

残炭的测定标准是《石油产品残炭测定法（康氏法）》（GB/T 268—1987）。残炭测定按加热方法不同分为康氏残炭和兰氏残炭。康氏残炭用喷灯加热；兰氏残炭用高温电炉加热。

7. 硫酸盐灰分

试油在燃烧后灰化之前加入少量的浓硫酸，使产生的金属化合物成为硫酸盐，这样的灰分称为硫酸盐灰分。

硫酸盐灰分的测定标准是《添加剂和含添加剂润滑油硫酸盐灰分测定法》（GB/T 2433—2001）。

8.泡沫性(泡沫倾向/泡沫稳定性)

泡沫性是指油品生成泡沫的倾向和生成泡沫的稳定性能。泡沫性的表示与其测定方法概要:在1000mL量筒中注入试油190mL,以(94±5)mL/min的流量用特制的气体扩散头将空气通入试油中,经过5min后,记下量筒中泡沫的体积,即为泡沫倾向,量筒静止5min后,再记下泡沫体积,即为泡沫稳定性。试验温度为24℃、93.5℃再冷却到达24℃后重作一次。泡沫性用分数形式表示,分子是泡沫倾向,分母是泡沫稳定性。

泡沫性的测定标准是《润滑油泡沫特性测定法》(GB/T 12579—2002)。

9.闪点

在规定试验条件下,试验火焰引起试样蒸气着火,并使火焰蔓延至液体表面的最低温度,修正到101.3kPa大气压下。

闪点值能够用于运输、储存、操作和安全管理等方面,可作为分类参数来定义"易燃物质"和"可燃物质",其准确定义参见它们各自的特殊法规和相关标准。

实验指导如下。

(一)发动机油100℃运动黏度的测定

测定发动机油的运动黏度所用到的实验仪器是黏度计,如图5-5所示。

图 5-5 毛细管黏度计
1、6-管身;2、3、5-扩张部分;4-毛细管;7-吸入接口;a、b-标线

实验步骤和方法:

(1)将黏度计调整成为垂直状态,要利用铅垂线从两个相互垂直的方向去检查毛细管的垂直情况。将恒温浴调整到规定的温度,把装好试样的黏度计浸在恒温浴内,经恒温,如表5-1中所规定的时间。实验的温度必须保持恒定到±0.1℃。

黏度在恒温浴中的恒温时间　　　　　　　　表5-1

实验温度(℃)	恒温时间(min)	实验温度(℃)	恒温时间(min)
80,100	20	20	10
40,50	15	-50~0	15

(2)利用毛细管黏度计上管身的入口1所套装的橡皮管,将试样吸入扩张部分3,使试样液而稍高于标线a,并且注意不要让毛细管和扩张部分3的液体产生气泡或裂隙。

(3)此时观察试样在管身中的流动情况,液面正好到达标线a时,启动秒表;液面正好流到标线b时,停止秒表。

试样的液面在扩张部分3中流动时,注意恒温浴中正在搅拌的液体要保持恒定温度,而且扩张部分中不应出现气泡。

(4)用秒表记录下来的流动时间,应重复测定至少4次,其中各次流动时间与其算术平均值的差数应符合如下要求:在温度15~100℃测定黏度时,这个差数不应超过算术平均值的±0.5%;在-30~15℃测定黏度时,这个差数不应超过算术平均值的±1.5%;在低于-30℃测定黏度时,这个差数不应超过算术平均值的±2.5%。

然后,取不少于三次的流动时间所得的算术平均值,作为试样的平均流动时间。

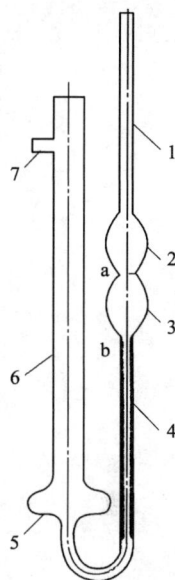

(二)发动机油水分的测定

测定发动机油水分所用的实验仪器是水分测定器及接收器,分别如图 5-6 和图 5-7 所示。

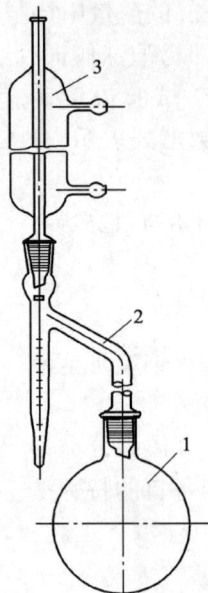

图 5-6　水分测定器

1-圆底烧瓶;2-接收器;3-冷凝管

图 5-7　接收器(尺寸单位:mm)

实验步骤和方法:

(1)将装入量不超过瓶内容积 3/4 的试样摇动 5min,要混合均匀。黏稠的或含石蜡的石油产品应预先加热至 40～50℃,才进行摇匀。

(2)向预先洗净并烘干的圆底烧瓶 1 装入摇匀的试样 100g,误差≤0.1g。

用量筒取 100mL 的溶剂,注入圆底烧瓶中。将圆底烧瓶中的混合物仔细摇匀后,投入一些无釉瓷片、浮石或毛细管。

注意:

①黏度小的试样可以用量筒量取 100mL,注入圆底烧瓶中,再用这只未经洗涤的量筒量出 100mL 的溶剂。圆底烧瓶中的试样质量,等于试样的密度乘 100 所得之积。

②试样的水分超过 10% 时,试样的质量应酌量减少,要求蒸出的水不超过 10mL。

(3)洗净并烘干的接收器 2 要用它的支管紧密地安装在圆底烧瓶 1 上(图 5-6),使支管的斜口进入圆底烧瓶 15～20mm。然后在接收器上连接直管式冷凝管 3。冷凝管的内壁要预先用棉花擦干。安装时,冷凝管与接收器的轴心线要互相重合,冷凝管下端的斜口切面要与接收器的支管管口相对。为了避免蒸气逸出,应在塞子缝隙上涂抹火棉胶。进入冷凝管的水温与室温相差较大时,应在冷凝管的上端用棉花塞住,以免空气中的水蒸气进入冷凝管凝结。

注意:允许在冷凝管的上端,外接一个干燥管,以免空气中的水蒸气进入冷凝管凝结。

(4)用电炉、酒精灯或调成小火焰的煤气灯加热圆底烧瓶,并控制回流速度,使冷凝管的斜口每秒滴下 2～4 滴液体。

(5)蒸馏将近完毕时,如果冷凝管内壁沾有水滴,应使圆底烧瓶中的混合物在短时间内进行剧烈沸腾,利用冷凝的溶剂将水滴尽量冲入接收器中。

(6)接收器中收集的水体积不再增加,而且溶剂的上层完全透明时,应停止加热。回流

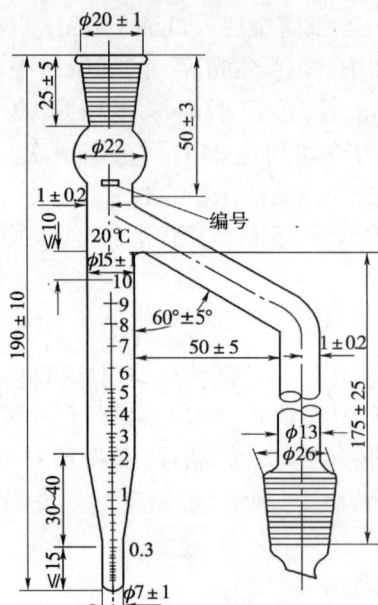

的时间不应超过1h。

停止加热后,如果冷凝管内壁仍沾有水滴,应从冷凝管上端倒入材料中所规定的溶剂,把水滴冲进接收器。如果溶剂冲洗依然无效,就用金属丝或细玻璃棒带有橡皮或塑料头的一端,把冷凝器内壁的水滴推刮进接收器中。

(7)圆底烧瓶冷却后,将仪器拆卸,读出接收器中收集水的体积。

当接收器中的溶剂呈现浑浊,而且管底收集的水不超过0.3mL,将接收器放入热水中浸20～30min,使溶剂澄清,再将接收器冷却到室温,才读出管底收集水的体积。

(三)发动机油闭口闪点测定

测定发动机油闭口闪点的实验仪器是宾斯基—马丁闭口闪点试验仪。

实验步骤和方法如下。

1.方法概要

将样品倒入试验杯中,在规定的速率下连续搅拌,并以恒定速率加热样品。以规定的温度间隔,在中断搅拌的情况下,将火源引入试验杯开口处,使样品蒸气发生瞬间闪火,且蔓延至液体表面的最低温度,此温度为环境大气压下的闪点,再用公式修正到标准大气压下的闪点。

2.试剂与材料

清洗溶剂:用于除去试验杯及试验杯盖上沾有的少量试样。

清洗溶剂的选择依据被测试样及其残渣的黏性。低挥发性芳烃(无苯)溶剂可用于除去油的痕迹,混合溶剂如甲苯—丙酮—甲醇可有效除去胶质类的沉积物。

校准液:工作参比样品(SWS)和有证标准样品(CRM)。

3.仪器

宾斯基—马丁闭口闪点试验仪,如图5-8所示。

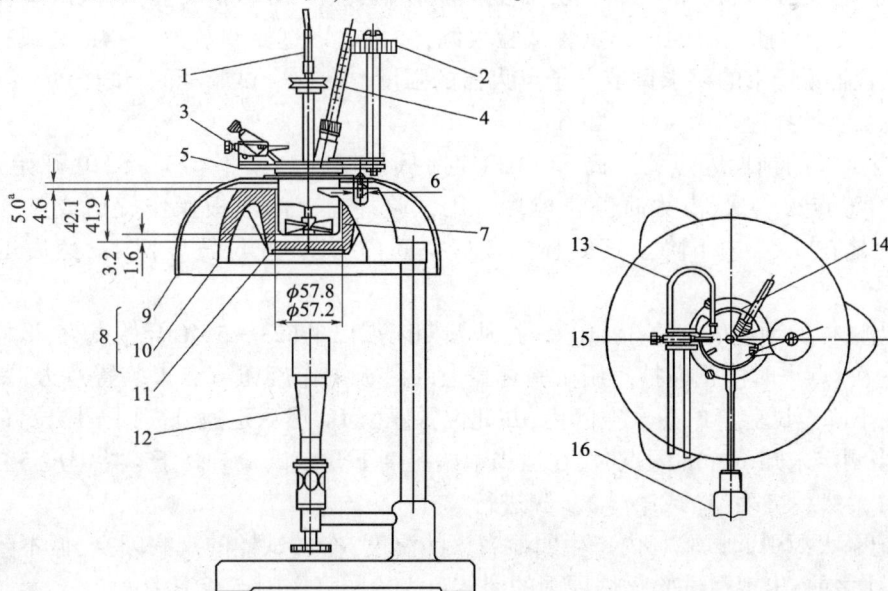

图5-8 宾斯基—马丁闭口闪点试验仪(尺寸单位:mm)

1-柔性轴;2-快门操作旋钮;3-点火器;4-温度计;5-盖子;6-片间最大距离,ϕ9.5mm;7-试验杯;8-加热室;9-顶板;10-空气浴;11-杯表面厚度,最小6.5mm,即杯周围的金属;12-火焰加热型或电阻元件加热型(图示为火焰加热型);13-导向器;14-快门;15-表面;16-手柄(可选择)

4. 试验准备

1）仪器准备

（1）仪器的放置：仪器应安装在无空气流的房间内，并放置在平稳的台面上。将仪器放置在能单独控制空气流的通风柜中，通过调节使蒸气可以被抽走，但空气流不能影响试验杯上方的蒸气。若不能避免空气流，最好用防护屏挡在仪器周围。

（2）试验杯的清洗：先用清洗溶剂冲洗试验杯、试验杯盖及其他附件，以除去上次试验留下的所有胶质或残渣痕迹。再用清洁的空气吹干试验杯，确保除去所用溶剂。

（3）仪器组装：检查试验杯、试验杯盖及其附件，确保无损坏和无样品沉积。然后按照图5-8组装好仪器。

（4）进行仪器校验（按 GB/T 261—2008 附录 B 操作）

2）取样

取样前应先轻轻地将样品摇匀，再小心地将试样倒入试验杯中，应尽可能避免挥发性组分损失，并确保样品充满至容器容积的50%以上。

5. 试验步骤

试验步骤分为步骤 A 和步骤 B 两个部分。

步骤 A 适用于表面不成膜的油漆和清漆、未用过润滑油及不包含在步骤 B 之内的其他石油产品。

步骤 B 适用于残渣燃料油、稀释沥青、用过润滑油、表面趋于成膜的液体、带悬浮颗粒的液体及高黏稠材料（例如聚合物溶液和黏合剂）。

1）步骤 A

（1）观察气压计，记录试验期间仪器附近的环境大气压。

（2）将试样倒入试验杯至加料线，盖上试验杯盖，然后放入加热室，确保试验杯就位或锁定装置连接好后插入温度计。点燃试验火源，并将火焰直径调节为 3～4mm；或打开电子点火器，按仪器说明书的要求调节电子点火器的强度。在整个试验期间，试样以 5～6℃/min 的速率升温，且搅拌速率为 90～120r/min。

（3）当试样的预期闪点为不高于110℃时，从预期闪点以下（23±5）℃开始点火，试样每升高1℃点火一次，点火时停止搅拌。用试验杯盖上的滑板操作旋钮或点火装置点火，要求火焰在 0.5s 内下降至试验杯的蒸气空间内，并在此位置停留 1s，然后迅速升高回至原位置。

（4）当试样的预期闪点高于110℃时，从预期闪点以下（23±5）℃开始点火，试样每升高2℃点火一次，点火时停止搅拌。用试验杯盖上的滑板操作旋钮或点火装置点火，要求火焰在 0.5s 内下降至试验杯的蒸气空间内，并此位置停留 1s，然后迅速升高回至原位置。

（5）当测定未知试样的闪点时，在适当起始温度下开始试验。高于起始温度5℃时进行第一次点火，然后按第（3）或第（4）步骤进行。

（6）记录火源引起试验杯内产生明显着火的温度，作为试样的观察闪点，但不要把在真实闪点到达之前，出现在试验火焰周围的淡蓝色光轮与真实闪点相混淆。

（7）如果所记录的观察闪点温度与最初点火温度的差值少于18℃或高于28℃，则认为此结果无效。应更换新试样重新进行试验，调整最初点火温度，直到获得有效的测定结果，即观察闪点与最初点火温度的差值应在 18～28℃ 范围之内。

2）步骤 B

（1）观察气压计，记录试验期间仪器附近的环境大气压。

（2）将试样倒入试验杯至加料线，盖上试验杯盖，然后放入加热室，确保试验杯就位或锁定装置连接好后插入温度计。点燃试验火焰，并将火焰直径调节为 3～4mm；或打开电子点火器，按仪器说明书的要求调节电子点火器的强度。在整个试验期间，试样以 1.0～1.5℃/min 的速度升温，且搅拌速率为（250±10）r/min。

（3）除试样的搅拌和加热速率按 10.3.2 的规定，其他试验步骤均按 10.2.3～10.2.7 规定进行。

6. 计算

1）大气压读数的转换

如果测得的大气压读数不是以 kPa 为单位的，可用下述等量关系换算到以 kPa 为单位的读数。

以 hPa 为单位的读数 ×0.1 = 以 kPa 为单位的读数。

以 mbar 为单位的读数 ×0.1 = 以 kPa 为单位的读数。

以 mmHg 为单位的读数 ×0.1333 = 以 kPa 为单位的读数。

2）观察闪点的修正

用式（5-1）将观察闪点修正到标准大气压（101.3kPa）下的闪点（T_c）。

$$T_c = T_o + 0.25(101.3 - p) \tag{5-1}$$

式中：T_o——环境大气压下的观察闪点，℃；

p——环境大气压，kPa。

注：本公式仅限大气压在 98.0～104.7kPa 范围之内使用。

7. 试验报告

试验报告至少应该包括下述内容：

（1）注明执行本标准和所用的试验步骤。

（2）被测产品的类型和完整的标识。

（3）如果可能，报告预加热温度和预加热时间。

（4）仪器附近的环境大气压力。

（5）试验结果。

（6）注明按协议或其他原因，与规定试验步骤存在的任何差异。

（7）试验日期。

二、发动机油使用性能的评定试验

发动机试验要求是保证发动机油使用性能的重要手段，所以也是发动机油规格的主要内容之一。

发动机试验评定采用标准的单缸或多缸发动机。符合某一使用性能级别的发动机油必须通过该级别规定的发动机试验评定项目。随着新油品的出现，会有相应的试验方法诞生。所以，发动机试验方法在不断发展。目前，国际上广泛采用的发动机油使用性能的发动机试验方法，主要是美国的两个系列：一个是美国研究协调委员会（CRC）采用的 L 系列；另一个是以美国材料试验协会(ASTM)和美国石油协会(API)为中心制定的 MS 程序试验。另外，英国的皮特(Pettar)法在国际上的影响逐步扩大。根据这些试验方法，我国已制定了相应的标准。

1.L 系列试验方法

L 系列发动机试验方法是美国研究协调委员会在开特皮勒(Catterpillar)发动机油使用性能试验方法的差础上发展起来的。最初包括 L-1、L-2…L-5 等试验方法，目前只保留了 L-1 系列柴油机试验和 L-4 系列汽油机试验，而且这两个系列的试验方法还在不断演变。

L-1 系列试验方法，由 L-1 相继演变为 1D、1G2 和 1H2 法。该系列试验方法主要用来评价 CC、CD 级柴油机油和 SD/CC、SE/CC、SF/CD 汽油机/柴油机通用油的高温清净性和抗磨性。

L-4 系列试验方法，由 L-1 原来采用雪佛兰 6 缸汽油机进行试验，后改为拉别克(Labeer)单缸汽油机，相继演变成 L-38 法。主要用来评定 SC、SE、SF、CC、CD 级发动机油和 SD/CC、SE/CC、SF/CC 汽油机/柴油机通用油的抗高温氧化和抗轴瓦腐蚀性能。

2.MS 程序试验方法

MS 程序试验法是 1958 年为评定发动机油 API 旧分类中的 MS 级发动机油而制定的试验方法。当初是按Ⅰ～Ⅴ个程序，以不同目的在多缸试验机上进行。随着发动机油使用性能级别的提高，各程序的试验规范也不断修改，以Ⅰ、Ⅱ…Ⅴ每个程序后面注 A、B、C、D…来表示。目前，评定 SE、SP 级汽油机油和 SE/CC、SF/CD 汽油机/柴油机通用油均采用ⅡD、ⅢD、ⅤD 法。ⅡD 法是为了评定低温防锈蚀，ⅢD 法是为了评定抗高温氧化和腐蚀，ⅤD 法是为了评定防低温沉积物的性能，为评定 SG 汽油机油，MS 程序试验已发展为ⅡD、ⅢE、ⅤE。

3.皮特(Pettar)试验方法

在美国的发动机试验方法基础上，欧洲共同市场汽车制造商委员会(CCMC)发展了皮特(Pettar)试验方法，具体分为皮特 W-1 法和皮特 AVB 法。目前，在我国发动机油规格中，多采用皮特 AVB 法，用来评定 CC、CD、SC、SD、SE、SF 级发动机油和 SD/CC、SE/CC、SF/CD 汽油机/柴油机通用油的抗高温氧化和防轴瓦腐蚀性能。

4.我国的试验方法

为发展和评价使用性能级别高的发动机油，我国从 20 世纪 80 年代末开始逐步完善发动机油的实机评定方法。目前，相当于国际的 L-I 系列、L-4 系列、MS 程序试验方法和皮特试验方法的技术标准已经颁布，见表5-2。

我国发动机油的发动机试验标准 　　　　　　　　　　　　　　　　　　　表 5-2

相当于国际方法	我 国 技 术 标 准
L-I 系列试验方法	GB/T 9932 内燃机油性能评定法(开特皮勒 1H2 法) GB/T 9933 内燃机油性能评定法(开特皮勒 1G2 法)
L-4 系列试验方法	SH/T0265 内燃机油性高温氧化和轴瓦腐蚀试验(L-38 法)

相当于国际方法	我 国 技 术 标 准
MS 程序试验方法	SH/T 0512 汽油机油低温锈蚀评定法(MS 程序ⅡD 法) SH/T 0513 汽油机油高温氧化和磨损评定法(MS 程序ⅢD 法) SH/T 0514 汽油机油低温沉积物评定法(MS 程序ⅤD 法) SH/T 0515EQC 汽油机油性能评定法(MS 程序Ⅱ、Ⅲ、Ⅴ法) SH/T 0516EQD 汽油机油性能评定法(MS 程序Ⅱ、Ⅲ、Ⅴ法)
皮特法	SH/T 0264 内燃机油性高温氧化和轴瓦腐蚀试验评定法(皮特 W-1 法) SH/T 0263 内燃机油性高温氧化和轴瓦腐蚀试验评定法(皮特 AVB 法)

汽车发动机油的模拟冷起动试验(CCS)标准为《发动机油表观黏度测定法(冷起动模拟法)》(GB/T 6538—2010)。

方法概要:用直流电动机驱动一个与定子紧密配合的转子,在转子和定子的空隙间充满样品,通过调节流过定子的冷却剂的流量来维持试验温度,并在靠近定子内壁处测定这一温度。校正直流电动机的转速使之作为黏度的函数。由校正的结果和直流电动机的转速来确定样品油的黏度。

第三节　发动机油的分类

一、国外发动机油的分类

发动机油分类包括按黏度分类和按使用性能分类两个方面,国际上广泛采用美国汽车工程师协会(SAE)的黏度分类法和美国石油协会(API)的使用性能分类法。上述分类方法与汽车发动机各发展阶段的结构、性能和使用要求有紧密的联系。

1. 发动机油的 SAE 黏度分类

1911 年,美国汽车工程师协会(SAE)制定了黏度分类法,以后曾几次修改,目前执行的是《发动机油黏度分类》(SAEJ 300—1987)(表 5-3),本标准采用含字母 W 和不含字母 W 两组系列,黏度等级号的划分,前者以最大低温黏度、最高边界泵送温度和 100℃时的最小运动黏度划分,后者仅以 100℃时的运动黏度划分。冬用发动机油黏度等级以 6 个含 W 的低温黏度级号(0W、5W、10W、15W、20W 和 25W)表示;夏用发动机油黏度等级以 5 个不含 W 的 100℃时的运动黏度级号(20、30、40、50 和 60)表示。

发动机油 SAE 黏度分类　　　　表 5-3

SAE 黏度等级	在相应温度下的最大黏度 (Pa·s)(mPa·s)(℃)		最大边界泵送温度 (℃)	最大稳定倾点 (℃)	100℃运动黏度(mm²/s)	
					最小	最大
0W	3.25(3250)	−30	−35	3.8		
5W	3.5(3500)	−25	−30	−35	3.8	
10W	3.5(3500)	−20	−25	−30	4.1	
15W	3.5(3500)	−15	−20		5.6	
20W	4.5(4500)	−10	−15		5.6	

SAE 黏度等级	在相应温度下的最大黏度 (Pa·s)(mPa·s)(℃)	最大边界泵送温度 (℃)	最大稳定倾点 (℃)	100℃运动黏度(mm²/s)	
				最小	最大
25W	6.0(6000) −5	−10		9.3	
20				5.6	低于9.3
30				9.3	低于12.5
40				12.5	低于16.3
50				16.3	低于21.9
60				21.8	低于26.1

按美国汽车工程师协会（SAE）黏度分类的发动机油,还有单黏度级和多黏度级（稠化机油）之分。只能满足低温或高温一种黏度级要求的发动机油,为单黏度级发动机油。既能满足低温时的黏度级要求,又能满足高温时黏度级要求的发动机油,为多黏度级发动机油。它由低温黏度级号与高温黏度级号组合来表示,例如5W/30,其含义是:这是一种多黏度级发动机油,这种油在低温使用时符合 SAE5W 黏度级;在 100℃时运动黏度符合 SAE30 黏度级。

2. 发动机油 API 使用性能分类

发动机油的使用性能分类,就是根据在发动机试验评定中所表现的抗磨性、清净分散性、抗氧性和抗腐性等确定其等级。

发动机油 API 使用性能分类始于 1947 年,当时只将发动机油分为普通、优质和重负荷3级。

1952 年的 API 使用性能分类,将汽油机油分为 ML、MM 和 MS(相当以后新分类的 SA、SB、SC 或 SD)3级;将柴油机油分为 DC、DM 和 DS(相当以后新分类的 CA、CB 或 CC 和 CD)3级。

1970 年美国石油协会（API）、美国汽车工程师协会（SAE）和美国材料试验协会（ASTE）,共同提出了发动机油的使用性能必须通过规定的发动机试验来确定,即 API 使用性能分类法。该分类将汽油机油定为 S 系列（SERVICE STATION CLASSIFICATION,即供应站分类）;将柴油机油定为 C 系列（COMMER CIAL CLASSIHCATION 即工商业分类）。美国汽车工程师协会标准《发动机油性能及发动机油使用分类》（SAEJ 183—1991）是现行的分类方法。在 S 系列中有 SA、SB、SC、SD、SE、SF、SG 和 SH8 个等级;在 C 系列中有 CA、CB、CC、CD、CD-Ⅱ、CE、CF-4 等 7 个等级。它是按发动机强化程度和工作条件的苛刻程度来划分的,为了保证油品的使用性能,以上两个系列的各级油品,质量除应符合各自规定的理化性能要求外,还必须通过规定的发动机试验。API 使用性能分类法是一种开端分类法,今后将随着发动机和发动机油技术的发展,顺次增加新级别的油品。

二、我国发动机油的分类

1. 黏度分类

《内燃机油黏度分类》（GB/T 14906—1994）确定了发动机油的黏度等级（表5-4）,它是参照美国汽车工程师协会《发动机油黏度分类》（SAE J300—1987）制定的。该分类标准采用含字母 W 和不含字母 W 两组黏度等级系列,黏度等级号前者以最大低温黏度、最高边界泵送温度和 100℃时的最小运动黏度划分,后者仅以 100℃时的运动黏度划分。

我国发动机的黏度分类 表 5-4

SAE 黏度等级	最大低温黏度		最高边界泵送温度（℃）	100℃ 运动黏度（mm²/s）	
	mPa·s	℃		最小	最大
0W	3250	−30	−35	3.8	
5W	3500	−25	−30	3.8	
10W	3500	−20	−25	4.1	
15W	3500	−15	−20	5.6	
20W	4500	−10	−15	5.6	
25W	6000	−5	−10	9.3	
20				5.6	低于9.3
30				9.3	低于12.5
40				12.5	低于16.3
50				16.3	低于21.9
60				21.8	低于26.1

黏度牌号也有单级油和多级油之分。任何一种牛顿油可标为单级油。一些经黏度指数改进剂调配,具有多黏度等级的产品是非牛顿油,应标注适当的多黏度等级。一种多黏度级的发动机油,其低温黏度和边界泵送温度满足系列中一个 W 级的需要,并且100℃运动黏度是在系列中的一个非 W 级分类规定的黏度范围之内,即含 W 的低温黏度级和100℃运动黏度级,并且两黏度级号之差至少等于15。例如,一种多级油可标为 10W/30 或 20W/40,不可标为 10W/20 或 20W/20。一种产品可能同时符合多个 W 级,所标记的含 W 级号或多黏度等级号只取最低 W 级号。例如,一种多级油同时符合 10W、15W、20W、25W 和 30 级号,黏度牌号只能标为 10W/30。

2. 使用性能分类

《内燃机油分类》(GB/T 28772—2012)是非等效采用 ISO、IEC 发动机油性能及发动机油使用分类方法制定。该标准规定了汽车用及其他固定式内燃机润滑油(汽油机油和柴油机油)的详细分类,不包括铁路内燃机车柴油机油和船用柴油机油。

四冲程发动机油的详细分类是根据产品特性、使用场合和使用对象确定的。汽油机油第一个字母用 S 表示,具体分类见表 5-5。柴油机油第一个字母用 C 表示,具体分类见表 5-6。分类中现已生产的各类产品使用性能与 API 分类对应关系见表 5-7。

汽油机油详细分类 表 5-5

品种代号	特性和使用场合
SA(废除)	用于运行条件非常温和的老式发动机,该油品不含添加剂,对使用性能无特殊要求
SB(废除)	用于缓和条件下工作的货车、客车或其他汽油机,也可用于要求使用 APISB 级油的汽油机。仅具有抗擦伤、抗氧化和抗轴承腐蚀性能
SC(废除)	用于货车、客车和某些其他汽油机以及要求使用 APISC 级油的汽油机,可控制汽油机高低温沉积物、磨损、锈蚀和腐蚀
SD(废除)	用于货车、客车和某些轿车的汽油机以及要求使用 APISD、SC 级油的汽油机,此种油品控制汽油机高低温沉积物、磨损、锈蚀和腐蚀的性能优于 SC,并可替代 SC

品 种 代 号	特 性 和 使 用 场 合
SE	用于轿车和某些货车的汽油机以及要求使用 APISE、SD 级油的汽油机。此种油品的抗氧化性能及控制汽油机高低温沉积物、磨损、锈蚀和腐蚀的性能优于 SD 或 SC，并可替代 SD 或 SC
SF	用于轿车和某些货车的汽油机以及要求使用 APISF、SE、SC 级油的汽油机。此种油品的抗氧化性和抗磨损性优于 SE，还具有控制汽油机高低温沉积物、锈蚀和腐蚀的性能，并可替代 SE、SD 或 SC
SG	用于轿车和某些货车的汽油机以及要求使用 API 级油的汽油机。SG 质量还包括 CC（或 CD）的使用性能，此种油品改进了 SF 级油控制发动机沉积物、磨损和油品的氧化性能，并具有抗锈蚀和腐蚀的性能，并可替代 SF、SF/CD、SE 或 SE/CC
SH	用于轿车和轻型货车的汽油机以及要求使用 APISH 级油的汽油机。SH 质量在汽油机磨损、锈蚀和腐蚀及沉积物的控制和油的氧化方面优于 SG，并可替代 SG
SJ	用于轿车和轻型货车的汽油机以及要求使用 APISH 级油的汽油机。SH 质量在汽油机磨损、锈蚀和腐蚀及沉积物的控制和油的氧化方面优于 SG，并可替代 SG。适用于 1996 年出厂的汽油发动机
SL	用于轿车和轻型货车的汽油机以及要求使用 APISH 级油的汽油机。SH 质量在汽油机磨损、锈蚀和腐蚀及沉积物的控制和油的氧化方面优于 SG，并可替代 SG。适用于 2001 年出厂的汽油发动机

84

柴油机油详细分类　　　　　　　　　　　　　表 5-6

品 种 代 号	特 性 和 使 用 场 合
CA（废除）	用于使用优质燃料，在轻到中负荷下运行的柴油机以及要求使用 APICA 级油的柴油机，有时也适用于运行条件温和的汽油机，具有一定的高温清洁性和抗氧化性
CB（废除）	用于燃料质量较低，在轻到中负荷下运行的柴油机以及要求使用 APICB 级油的柴油机，有时也适用于运行条件温和的汽油机，具有控制发动机高温沉积物和轴承腐蚀的性能
CC（废除）	用于在中到重负荷下运行的非增压、低增压或增压式柴油机，并包括一些重负荷汽油机，对于柴油机具有控制高温沉积物和轴承腐蚀的性能，对于汽油机具有控制锈蚀、腐蚀和高温沉积物的性能，并可替代 CA、CB 级油
CD	用于需要高效控制磨损和沉积物或使用高硫燃料非增压、低增压或增压式柴油机以及国外（API 或 SAEJ 183）CD 级油的柴油机，具有控制轴承腐蚀和高温沉积物的性能，并可替代 CC 级
CD-Ⅱ	用于要求高效控制磨损和沉积物的重负荷二冲程柴油机以及要求使用 APICD-Ⅱ 级油的柴油机，同时也满足 CD 级油性能要求
CE	用于在低速高负荷和高速高负荷条件下运行的低增压和增压式重负荷柴油机以及要求使用 APICE 级油的柴油机，同时也满足 CD 级油性能要求
CF-4	用于高速四冲程柴油机以及要求使用 APICF-4 级油的柴油机。在油耗和活塞沉积物控制方面性能优于 CE 并可替代 CE，此种油品特别适用于高速公路行驶的重负荷货车
CG-4	用于高速四冲程柴油机以及要求使用 APICG-4 级油的柴油机。在油耗和活塞沉积物控制方面性能优于 CF 并可替代 CF，此种油品特别适用于高速公路行驶的重负荷货车
CH-4	用于高速四冲程柴油机以及要求使用 APICH-4 级油的柴油机。在油耗和活塞沉积物控制方面性能优于 CG 并可替代 CG，此种油品特别适用于高速公路行驶的重负荷货车
CI-4	用于高速四冲程柴油机以及要求使用 APICI-4 级油的柴油机。在油耗和活塞沉积物控制方面性能优于 CH 并可替代 CH，此种油品特别适用于高速公路行驶的重负荷货车

我国发动机油分类	API 分类	我国发动机油分类	API 分类
SC ≠ SC		SF = SF	
SD ≠ SD		CC = CC	
SE = SE		DD = DD	

发动机油的命名和标记,应包括使用性能级别代号和黏度级别代号两部分。

例如,一种特定的汽油机油产品可命名为 SE30;一种特定的柴油机油产品可命名为 CC10W/30;一种特定的汽油机/柴油机通用油产品可命名为 SE/CC15W/40。

第四节　发动机油的使用性能

发动机油的使用性能对发动机的动力性、经济性、技术状况和使用寿命有直接的影响。

一、汽油机油的使用性能及要求

国家质量监督检验检疫总局于 2006 年 7 月 18 日发布了《汽油机油》(GB 11121—2006),自 2007 年 1 月 1 日起实施。

《汽油机油》(GB 11121—2006)包括 SE、SF、SG、SH、GF-1、SJ、GF-2、SL 和 GF-3 等 9 个汽油机油品种。

以我国 SE、SF 级油为例,汽油机油的黏温性能要求、模拟性能和理化性能及发动机试验要求分别见表 5-8 ~ 表 5-11。

汽油机油黏温性能要求　　　表 5-8

项　　目		低温动力黏度(mPa·s) ≤	边界泵送温度(℃) ≤	运动黏度(100℃) (mm²/s)	黏度指数 ≥	倾点(℃) ≤
试验方法		GB/T 6538	GB/T 9171	GB/T 265	GB/T 1995、 GB/T 2541	GB/T 3535
质量等级	黏度等级	—	—	—	—	—
SE、SF	0W-20	3250(−30℃)	−35	5.6 ~ <9.3	—	−40
	0W-30	3250(−30℃)	−35	9.3 ~ <12.5	—	
SE、SF	5W-20	3500(−25℃)	−30	5.6 ~ <9.3	—	−35
	5W-30	3500(−25℃)	−30	9.3 ~ <12.5	—	
	5W-40	3500(−25℃)	−30	12.5 ~ <16.3	—	
	5W-50	3500(−25℃)	−30	16.3 ~ <21.9	—	
	10W-30	3500(−20℃)	−25	9.3 ~ <12.5	—	−30
	10W-40	3500(−20℃)	−25	12.5 ~ <16.3	—	
	10W-50	3500(−20℃)	−25	16.3 ~ <21.9	—	
	15W-30	3500(−15℃)	−20	9.3 ~ <12.5	—	−23
	15W-40	3500(−15℃)	−20	12.5 ~ <16.3	—	
	15W-50	3500(−15℃)	−20	16.3 ~ <21.9	—	

项目		低温动力黏度(mPa·s) ≤	边界泵送温度(℃) ≤	运动黏度(100℃) (mm²/s)	黏度指数 ≥	倾点(℃) ≤
SE、SF	20W-40	4500(−10℃)	−15	12.5 ~ 16.3	—	−18
	20W-50	4500(−10℃)	−15	16.3 ~ <21.9	—	
	30	—	—	9.3 ~ <12.5	75	−15
	40	—	—	12.5 ~ <16.3	80	−10
	50	—	—	16.3 ~ <21.9	80	−5

汽油机油模拟性能和理化性能　　　　　　　　　　表 5-9

项　　目		质量指标 SE　SF	试 验 方 法
水分(体积分数)(%)	≤	痕迹	GB/T 260
泡沫性(泡沫倾向性,泡沫稳定性)(质量分数) 24℃　　　　　　　　　　　≤ 93.5℃　　　　　　　　　≤ 后24℃　　　　　　　　　≤		25/0 150/0 25/0	GB/T 12579
机械杂质(质量分数)(%)	≤	0.01	GB/T 511
闪点(开口)(℃) (黏度等级)　　　　　　　　≥		200(0W、5W 多级油); 205(10W 多级油); 215(15W、20W 多级油); 220(30); 225(40); 230(50)	GB/T 3536
碱值(以 KOH 计)[1](mg/g)		报告	SH/T 0251
硫酸盐灰分(质量分数)(%)		报告	GB/T 2433
硫含量[1](质量分数)(%)		报告	GB/T 387、GB/T 388、GB/T 11140、 GB/T 17040、GB/T 17476、SH/T 0172、 SH/T 0631、SH/T 0749
磷含量[1](质量分数)(%)		报告	GB/T 17476、SH/T 0296、SH/T 0631、 SH/T 0749
氮含量[1](质量分数)(%)		报告	GB/T 9170、SH/T 0656、SH/T 0704

注:[1]生产者在每批产品出厂时要向使用者或经销者报告该项目的实测值,有争议时以发动机台架试验结果为准。

汽油机油理化性能要求表　　　　　　　　　　表 5-10

项　　目	质量指标		试 验 方 法
	SE、SF	SG、SH、GF-1、SJ、GF-2、SL、GF-3	
碱值[1](以 KOH 计)(mg/g)	报告		SH/T 0251
硫酸盐灰分[1](质量分数)(%)	报告		GB/T 2433

项　　目	质 量 指 标		试 验 方 法
	SE、SF	SG、SH、GF-1、SJ、GF-2、SL、GF-3	
硫①（质量分数）（%）	报告		GB/T 387、GB/T 388、GB/T 11140、GB/T 17040、GB/T 17476、SH/T 0172、SH/T 0631、SH/T 0749
磷①（质量分数）（%）			
氮①（质量分数）（%）			

注：①生产者在每批产品出厂时要向使用者或经销者报告该项目的实测值，有争议时以发动机台架试验结果为准。

汽油机油发动机试验要求　　　　　　　　　　表 5-11

品 种 代 号	项　　目		质 量 指 标	试 验 方 法
SE	L-38 发动机试验 轴瓦失重①（mg） 剪切安定性② 100℃运动黏度（mm²/s）	≤	40 在本等级油黏度范围之内 （适用于多级油）	SH/T 0265 SH/T 0265 GB/T 265
	程序ⅡD 发动机试验 发动机锈蚀平均评分 挺杆黏结数	≤	8.5 无	SH/T 0512
	程序ⅢD 发动机试验 黏度增长（40℃，40h）（%） 发动机平均评分（64h） 发动机油泥平均评分 活塞裙部漆膜平均评分 油环台沉积物平均评分 环黏结 挺杆黏结 擦伤和磨损（64h） 凸轮或挺杆擦伤 凸轮和挺杆磨损（mm） 平均值 最大值	≤ ≥ ≥ ≥ ≤ ≤	375 9.2 9.1 4.0 无 无 无 0.102 0.254	SH/T 0513 SH/T 0783
	程序ⅤD 发动机试验 发动机油泥平均评分 活塞裙部漆膜平均评分 发动机漆膜平均评分 机油滤网堵塞（%） 油环堵塞（%） 压缩环黏结 凸轮磨损（mm） 平均值 最大值	≥ ≥ ≥ ≤ ≤	9.2 6.4 6.3 10.0 10.0 无 报告 报告	SH/T 0514 SH/T 0672

88

品种代号	项　目		质量指标	试验方法
SF	L-38 发动机试验			SH/T 0265
	轴瓦失重[①]（mg）	≤	40	SH/T 0265
	剪切安定性[②]		在本等级油黏度范围之内	SH/T 0265
	100℃运动黏度（mm²/s）		（适用于多级油）	GB/T 265
	程序ⅡD发动机试验			SH/T 0512
	发动机锈蚀平均评分	≤	8.5	
	挺杆黏结数		无	
	程序ⅢD发动机试验			
	黏度增长（40℃,40h）（%）	≤	375	
	发动机平均评分（64h）			
	发动机油泥平均评分	≥	9.2	
	活塞裙部漆膜平均评分	≥	9.2	
	油环台沉积物平均评分	≥	4.8	SH/T 0513
	环黏结		无	SH/T 0783
	挺杆黏结		无	
	擦伤和磨损（64h）			
	凸轮或挺杆擦伤		无	
	凸轮和挺杆磨损（mm）			
	平均值	≤	0.102	
	最大值	≤	0.203	
	程序ⅤD发动机试验			
	发动机油泥平均评分	≥	9.4	
	活塞裙部漆膜平均评分	≥	6.7	
	发动机漆膜平均评分	≥	6.6	
	机油滤网堵塞（%）	≤	7.5	SH/T 0514
	油环堵塞（%）	≤	10.0	SH/T 0672
	压缩环黏结		无	
	凸轮磨损（mm）			
	平均值		0.025	
	最大值		0.064	

注:1. 对于一个确定的汽油机油配方,不可随意更换基础油,也不可以随意进行黏度等级的延伸。在基础油必须变更时,应按照 API 1509 附录 E"轿车发动机油和柴油机油 API 基础油互换准则"进行相关的试验并保留试验结果备查;在进行黏度等级延伸时,应按照 API 1509 附录 F"SAE 黏度等级发动机试验的 API 导则"进行相关的试验并保留试验结果备查。

2. 发动机台架试验的相关说明参见 ASTM D4485"S 发动机机油类别"中的脚注。

①亦可用 SH/T 0264 方法评定,指标为轴瓦失重不大于 25mg。

②按 SH/T 0265 方法运转 10h 后取样,采用 GB/T 265 方法测定 100℃运动粘度。在用 SH/T 0264 评定轴瓦腐蚀时,剪切安定性用 SH/T 0505 方法测定,指标不变。如有争议时,以 SH/T 0265 和 GB/T 265 方法为准。

二、柴油机油的使用性能及要求

国家质量监督检验检疫总局于 2006 年 7 月 18 日发布了《柴油机油》(GB 11122—2006),自 2007 年 1 月 1 日起实施。

《柴油机油》(GB 11122—2006)包括 CC、CD、CF、CF-4、CH-4 和 CI-4 等 6 个柴油机油品种。每个品种按 GB/T 14906 或 SAE J300 划分黏度等级。

以我国 CC、CD 级油为例,柴油机油的黏温性能要求、理化性能和模拟台架性能要求和使用性能要求分别见表 5-12 ~ 表 5-14。

柴油机油黏温性能要求　　　　　　　　　　　　　　　　表 5-12

项 目		低温动力黏度 (mPa·s) ≤	边界泵送温度 (℃) ≤	运动黏度 (100℃) (mm²/s)	高温高剪切黏度 (150℃,10⁶s⁻¹) (mPa·s) ≥	黏度指数 ≥	倾点 (℃) ≤
试验方法		GB/T 6538	GB/T 9171	GB/T 265	SH/T 0618①、 SH/T 0703、 SH/T 0751	GB/T 1995、 GB/T 2541	GB/T 3535
质量等级	黏度等级	—	—	—	—	—	—
CC②、CD	0W-20	3250(-30℃)	-35	5.6 ~ <9.3	2.6	—	-40
	0W-30	3250(-30℃)	-35	9.3 ~ <12.5	2.9	—	
	0W-40	3250(-30℃)	-35	12.5 ~ <16.3	2.9	—	
	5W-20	3500(-25℃)	-30	5.6 ~ <9.3	2.6	—	-35
	5W-30	3500(-25℃)	-30	9.3 ~ <12.5	2.9	—	
	5W-40	3500(-25℃)	-30	12.5 ~ <16.3	2.9	—	
	5W-50	3500(-25℃)	-30	16.3 ~ <21.9	3.7	—	
	10W-30	3500(-20℃)	-25	9.3 ~ <12.5	2.9	—	-30
	10W-40	3500(-20℃)	-25	12.5 ~ <16.3	2.9	—	
	10W-50	3500(-20℃)	-25	16.3 ~ <21.9	3.7	—	
	15W-30	3500(-15℃)	-20	9.3 ~ <12.5	2.9	—	-23
	15W-40	3500(-15℃)	-20	12.5 ~ <16.3	3.7	—	
	15W-50	3500(-15℃)	-20	16.3 ~ <21.9	3.7	—	
	20W-40	4500(-10℃)	-15	12.5 ~ <16.3	3.7	—	-18
	20W-50	4500(-10℃)	-15	16.3 ~ <21.9	3.7	—	
	20W-60	4500(-10℃)	-15	21.9 ~ <26.1	3.7	—	
	30	—	—	9.3 ~ <12.5	—	75	-15
	40	—	—	12.5 ~ <16.3	—	80	-10
	50	—	—	16.3 ~ <21.9	—	80	-5
	60	—	—	21.9 ~ <26.1	—	80	-5

注:①为仲裁方法。
　　②CC 不要求测定高温高剪切黏度。

项　　目	质 量 指 标				试 验 方 法
	CC CD	CF CF-4	CH-4	CI-4	
水分(体积分数)(%) ≤	痕迹	痕迹	痕迹	痕迹	GB/T 260
泡沫性(泡沫倾向性,泡沫稳定性)(mL/mL) 24℃ ≤ 93.5℃ ≤ 后 24℃ ≤	25/0 150/0 25/0	20/0 50/0 20/0	10/0 20/0 10/0	10/0 20/0 10/0	GB/T 12579①
蒸发损失(质量分数)(%) ≤ 诺亚克法(250℃,1h)或 气相色谱法(371℃馏出量)	— —	10W-30　15W-40 — — — —	20　18 17　15	15 —	SH/T 0059 ASTM D6417
机械杂质(质量分数)(%) ≤	0.01				GB/T 511
闪点(开口)(℃)(黏度等级) ≥	200(0W、5W 多级油); 205(10W 多级油); 215(15W、20W 多级油); 220(30); 225(40); 230(50); 240(60)				GB/T 3536
碱值②(以 KOH 计)(mg/g)	报告				SH/T 0251
硫酸盐灰分②(质量分数)(%)	报告				GB/T 2433
硫含量②(质量分数)(%)	报告				GB/T 387、 GB/T 388、 GB/T 11140、 GB/T 17040、 GB/T 17476、 SH/T 0172、 SH/T 0631、 SH/T 0749
磷含量②(质量分数)(%)	报告				GB/T 17476、 SH/T 0296、 SH/T 0631、 SH/T 0749
氮含量②(质量分数)(%)	报告				GB/T 9170、 SH/T 0656、 SH/T 0704

注:①CH-4、CI-4 不允许使用步骤 A。
　②生产者在每批产品出厂时要向使用者或经销者报告该项目的实测值,有争议时以发动机台架试验结果为准。

汽车运行材料(第 3 版)

品种代号	项　　　目		质量指标	试验方法
CC	L-38 发动机试验 轴瓦失重①(mg) 活塞裙部漆膜评分 剪切安定性② 100℃运动黏度(mm²/s)	≤ ≥	50 9.0 在本等级油黏度范围之内 (适用于多级油)	SH/T 0265 SH/T 0265 GB/T 265
	高温清净性和抗磨试验(开特皮勒 1H2 法): 顶环槽积炭填充体积(体积分数)(%) 总缺点加权评分 活塞环侧间隙损失(mm)	≤ ≤ ≤	45 140 0.013	GB/T 9932
CD	L-38 发动机试验 轴瓦失重①(mg) 活塞裙部漆膜评分 剪切安定性② 100℃运动黏度(mm²/s)	≤ ≥	50 9.0 在本等级油黏度范围之内 (适用于多级油)	SH/T 0265 SH/T 0265 GB/T 265
	高温清净性和抗磨试验(开特皮勒 1G2 法): 顶环槽积炭填充体积(体积分数)(%) 总缺点加权评分 活塞环侧间隙损失(mm)	≤ ≤ ≤	80 300 0.013	GB/T 9932

注:1. 对于一个确定的柴油机油配方,不可随意更换基础油,也不可以随意进行黏度等级的延伸。在基础油必须变更时,应按照 API 1509 附录 E"轿车发动机油和柴油机油 API 基础油互换准则"进行相关的试验并保留试验结果备查;在进行黏度等级延伸时,应按照 API 1509 附录 F"SAE 黏度等级发动机试验的 API 导则"进行相关的试验并保留试验结果备查。

2. 发动机台架试验的相关说明参见 ASTM D4485"C 发动机油类别"中的脚注。

①亦可用 SH/T 0264 方法评定,指标为轴瓦失重不大于 25mg。

②按 SH/T 0265 方法运转 10h 后取样,采用 GB/T 265 方法测定 100℃运动黏度。在用 SH/T 0264 评定轴瓦腐蚀时,剪切安定性用 SH/T 0505 和 GB/T 265 方法测定,指标不变。如有争议时,以 SH/T 0265 和 GB/T 265 方法为准。

第五节　发动机油的选择

　　发动机油选择得好坏,直接影响发动机使用性能的发挥,影响发动机工作状态,承载能力,发动机主要零部件的磨损及其使用寿命,机油的消耗和经济性等。特别是现代高速发动机,由于转速加快,使发动机的工作条件更加苛刻,因此,选择合适的发动机油是至关重要的。选择发动机油时,不仅要考虑环境、气候和使用条件,而且要考虑发动机的性能、结构、工作条件、发动机工况和技术状况等内容,选择适当级别的发动机油。发动机油的选择应兼顾使用性能级别与黏度级别两个方面。

一、使用性能级别的选择

　　选择发动机油使用性能级别,主要根据发动机性能、结构、工作条件和燃料品质。汽油机油使用性能级别的选择一般应考虑:

（1）发动机压缩比、排量、最大功率、最大转矩。

（2）发动机油负荷，即发动机功率（kW）与曲轴箱机油容量（L）之比。

（3）曲轴箱强制通风、废气再循环等排气净化装置的采用对发动机油的影响。

（4）城市汽车时开、时停等运行工况对生成沉积物和发动机油氧化的影响等。

柴油机油使用性能级别的选择主要根据发动机的平均有效压力、活塞平均速度、机油负荷、使用条件和柴油的硫含量。

发动机的平均有效压力、活塞平均速度等反映发动机的强化程度，用强化系数 K_ϕ 表示。

对于四冲程柴油机：

$$K_\phi = 5P_{mc}C_m \tag{5-2}$$

式中：K_ϕ——强化系数；

    P_{mc}——发动机的平均有效压力，MPa；

    C_m——活塞平均速度，m/s。

而

$$P_{mc} = \frac{30N_e\tau}{V_n} \quad (MPa) \tag{5-3}$$

式中：N_e——发动机有效功率，kW；

    τ——发动机行程数；

    V——发动机排量，L；

    n——发动机转速，r/min。

$$C_m = \frac{Sn}{30} \tag{5-4}$$

式中：S——活塞行程，m。

强化系数与柴油机油使用性能级别的关系见表5-15。但使用硫含量高的柴油或运行条件苛刻，选用的柴油机油使用性能级别要相应提高。

柴油机的程度对柴油机油使用性能级别的 表5-15

柴油机的强化程度	强 化 系 数	要求的柴油机油使用性能级别
高强化	>50	CD 或 CE
中强化	30～50	CC（废除）
低强化	<30	CA（废除）或 CB（废除）

例如，某型载货汽车，装用的发动机为 CA6110A 型柴油机，其强化系数为36，在 30～50 之间，可选用 CC 级柴油机油。

二、黏度级别的选择

选择发动机油的黏度级别主要是根据气温、发动机工况和发动机的技术状况。

发动机油的黏度要保证发动机在低温条件下容易起动，而在热状态下又能维持足够的黏度以保证正常润滑。

考虑工况：重载低速和高温下应选择黏度较大的发动机油；轻载高速应选择黏度较小的发动机油。

发动机油的黏度级别的选择,还与发动机的技术状况有关。新发动机应选择黏度较小的发动机油;磨损严重的发动机应选择黏度较大的发动机油。

发动机油黏度级别选择可参考表 5-16。

SAE 黏度级号	适用温度(℃)	SAE 黏度级号	适用温度(℃)
5W/30	−30 ~ 30	20/20W	−15 ~ 20
10W/30	−25 ~ 30	30	−10 ~ 30
15W/30	−20 ~ 30	40	−5 ~ 40 以上
15W/40	−20 ~ 40 以上		

第六节　在用发动机油的更换

发动机油在使用过程中,由于添加剂的消耗,发动机油本身在高温下的氧化,燃烧产物的影响,外部尘埃、水分等的混入,使发动机油劣化变质。

发动机油劣化变质后,沉积物增多、润滑性能下降,使零件增加腐蚀和磨损,因此,对在用发动机油应适时更换。

发动机油使用时间的长短,不仅与发动机油使用性能有关,还与发动机的技术状况、维修质量有关。为减缓发动机油变质,延长换油期,基本要求是:

(1)根据发动机型号及其工作环境温度,选择合适的使用性能级别和黏度级别的发动机油。

(2)发动机技术状况和使用情况正常。

(3)根据有关规定对汽车进行强制维护。

发动机油的更换准则可根据车辆的行驶里程(或发动机的工作时间)来定,称为定期换油;可以根据发动机油的使用性能来定,称为按质换油;还可以采用在发动机油油质监测下的定期换油。

一、定期换油

发动机油的劣化,尤其是化学变化,受使用时间、使用条件和工况影响较大,其中使用时间比较易于掌握。定期换油就是按照行驶里程或使用时间对发动机油使用性能的影响规律来进行更换的。换油期应按照发动机油使用性能变化的影响规律来确定。换油期与发动机油使用性能级别、发动机技术状况和运行条件有关。

二、按质换油

对于能够反映在用发动机油质量的一些有代表性项目规定的换油限值,在用发动机油有一项指标达到了换油指标要求的应更换新油的规定,就应当及时更换发动机油。现行的在用发动机油换油指标国家标准是:《汽油机油换油指标》(GB/T 8028—2010)(表 5-17)和《柴油机油换油指标》(GB/T 7607—2010)(表 5-18)。相关的换油指标所规定的检验项目中的几个概念说明如下。

项　　目		换油指标		实验方法
		SE、SF	SG、SH、SJ(SJ/GF-2)SL(SL/GF-3)	
运动黏度变化率(100℃)(%)	>	±25	±20	GB/T 265 或 GB/T 1137 和 GB/T 8028 中 3.2
闪点(闭口)(℃)	<	100		GB/T 261
酸值-碱值(以 KOH 计)(mg/g) 增加值	<	—	0.5	SH/T 0251 GB/T 7304
燃油稀释(质量分数)(%)	>	—	5.0	SH/T 0474
酸值(以 KOH 计)(mg/g) 增加值	>	2.0		GB/T 7304
正戊烷不溶物(质量分数)(%)	>	1.5		GB/T 8926B 法
水分(质量分数)(%)	>	0.2		GB/T 260
铁含量(μg/g)	>	150	70	SH/T 17476[①] SH/T 0077 ASTM D6595
铜含量(μg/g) 增加值	>		40	SH/T 17476
铝含量(μg/g) 增加值	>	—	30	SH/T 17476
硅含量(μg/g) 增加值	>	—	30	SH/T 17476

注:①此方法为仲裁方法。执行本标准的发动机技术状况和使用状况正常。

项　　目		换油指标				试验方法
		CC	CD、SF、CD	CF-4	CH-4	
100℃运动黏度变化率(%)	>	±25		±20		GB/T 11137 和 GB/T 7067 中 3.2
闪点(闭口)(℃)	<	130				GB/T 261
碱值下降率(%)	>	50[②]				SH/T 0251[③]、 SH/T 0688 和 GB/T 7067 中 3.3
酸值增值(以 KOH 计)(mg/g)	>	2.5				GB/T 7304
正戊烷不溶物(m/m)(%)	>	2.0				GB/T 8926B 法
水分(质量分数)(%)	>	0.2				GB/T 260

项　　目		换油指标				试验方法
		CC	CD、SF、CD	CF-4	CH-4	
铁含量(μg/g)	>	200 100①	150 100①	150		SH/T 0077、 SH/T 17476③ ASTM D6595
铜含量(μg/g)	>	—	—	40		SH/T 17476
铝含量(μg/g)	>	—	—	30		SH/T 17476
硅含量(μg/g) 增加值	>	—	—	30		SH/T 17476

注:①适用于固定式柴油机。

　　②采用统一检测方法。

　　③此方法为仲裁方法。

1. 运动黏度变化率(100℃)

100℃运动黏度变化率用下式表示:

$$\eta = \frac{u_2 - u_1}{u_2} \times 100\%　　　　　　　　(5-5)$$

式中:u_1——新油的运动黏度实测值,mm²/s;

　　　u_2——使用中油的运动黏度实测值,mm²/s。

运动黏度是衡量油品油膜强度、流动性的重要指标,而运动黏度变化率反映了油品的油膜强度、流动性的变化情况。

在用油运动黏度的变化反映了油品发生深度氧化、聚合、轻组分挥发生成油泥以及受燃油稀释、水污染和机械剪切的综合结果。黏度的增长会增加动力消耗,过高的黏度增长甚至会带来泵送困难,从而影响润滑造成事故。黏度的下降则会造成发动机油油膜变薄,润滑性能下降,机件磨损加大,黏度大幅下降往往会造成拉缸的后果。

2. 润滑油稀释

车辆在使用过程中,因种种原因燃料会部分窜入机油油底壳,污染发动机油,甚至会造成拉缸的严重后果。通常只有发动机活塞间隙变大或发生不正常磨损等异常情况发生时,燃油才会大量的进入润滑油中。

3. 闪点(闭口)

汽油机油的闪点反映出油品馏分的组成,是确保油品安全运输、储存的重要数据。润滑油在使用中其闪点如显著下降,可能发生燃油稀释等,需引起重视。由于在用油中不可避免存在燃油稀释,采用闭口杯法能更有效地检测燃油稀释对油品闪点的影响。

4. 水分

发动机在做功过程中,燃料燃烧生成的水汽以及通过油箱呼吸孔吸入的水汽,会进入发动机抽中带来污染。油中的水分会导致油品乳化变质,并造成发动机零部件表面的锈蚀、腐蚀。由于在工作中发动机油始终处于相对较高的温度(>80℃)下,正常情况下油中的水含量均较低。

5. 酸—碱值的变化

油品在使用中受温度、水分或其他因素的影响,油品会逐渐老化变质。随着油品老化程度增加,产生较多的酸性物质,使油品酸值增加;较大量的酸性物质对设备造成一定程度的腐蚀,并在金属的催化作用下继续加速油品的老化状况,影响发动机正常运行。

油品的碱值是用于中和燃烧生成的强酸性物质及油品自身氧化产生的有机酸,因此碱值的下降直接反映了油品中添加剂有效组分的消耗、使用性能的下降。碱值下降率可按下式计算:

$$\eta_2 = \frac{x_1 - x_2}{x_1} \times 100\%$$

式中:η_2——碱值下降率,%;

x_1——新油碱值实测值(以 KOH 计),mg/g;

x_2——使用中油碱值实测值(以 KOH 计),mg/g。

6. 戊烷不溶物

正戊烷不溶物是反映油品容污能力的一个指标。在用油正戊烷不溶物含量达到一定值后,油品黏度增大、流动性变差,油品中的不溶物聚集成团,堵塞油路,造成润滑不良等严重后果。

7. 铜、铝磨损金属含量

发动机的主要磨损件为缸套、曲轴、活塞环等,因此油品的抗磨损性能和在行驶过程中机件的磨损情况可通过定期分析试油中 Fe、Cu、Al 等金属含量的变化来评价。

8. 硅含量

在用油中硅元素的来源主要与车辆的行驶环境有关,当车辆行驶于尘土飞扬的恶劣环境中或空气滤清器不正常,都会造成油中硅含量的大量增加,造成发动机零部件的磨料磨损。

三、发动机油质量监控与更换

在正常情况下,发动机油损耗很少,但是,很容易老化和污染,从而失去保护发动机的作用。因此,要根据油品的使用状态和在用油的实际状况监测油品质量,必要时可提前更换。

就汽车发动机而言,对在用发动机油换油周期的确定,目前,国内外多采用定期换油方式。这主要是因为汽车已成为一种非常普遍的交通工具,拥有量大。而每辆汽车的发动机油用量很少,油样化验费用高,定期换油比较经济。在美国,单独测定发动机油黏度的费用相当于小型发动机曲轴箱一次换油的费用,一个油样的常规分析费用相当于全年用发动机油的总费用。

随着对在用发动机油油质分析技术的进步,特别是油质快速分析方法的出现与广泛应用,使原来在用发动机油的定期换油法,倾向于同时采用简易快速在用发动机油分析法作为定期换油合理性的监测手段。

目前,我国多采用滤纸油滴斑点色域迹象试验法和润滑油质量检测仪。

1. 滤纸油滴斑点色域迹象试验法

这是一种简易的润滑油现场检验方法,可以快速判断润滑油的品质。但是,这种方法只是一种经验法,对润滑油的品质测定并不是很精确。按《润滑油现场检验法》(GB/T 8030—

1987)有关规定,获取滤纸斑点并与典型斑点图谱对比分析,从而判断含有清净剂和分散剂的发动机油的清净分散性,以此反映发动机油的清净剂和分散剂作用的丧失程度。

典型斑点形态基本分为 3 个环,如图 5-9 所示。

(1)沉积环。在斑点中心,呈淡灰至黑色,为大颗粒不溶物沉积区。发动机油接近报废时,清净剂和分散剂消失,沉积环直径小,颜色黑。

(2)扩散环。在沉积环外圈呈淡灰色到灰色的环带,它是悬浮在油内的细颗粒杂质向外扩散留下的痕迹。宽度越宽,分散性越好。窄或消失,表示清净剂和分散剂已耗尽。

(3)油环。在扩散环外圈,是颜色由淡黄到棕红色的浸油区。此环可反映发动机油的氧化程度。新油的油环透明,氧化越深,颜色越暗。

测定时注意:油样应在补加新油前,在发动机运转 5min 后采取,并充分搅动;滤纸斑点在室内放置 2~3h 后,再进行判断。

滤纸斑点图谱一般分为 4 级,(图 5-10)。

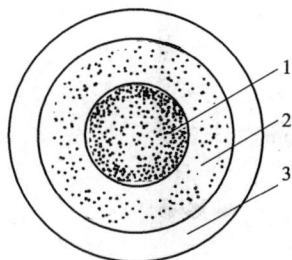

图 5-9　滤纸斑点形态示意图
1-沉积环;2-扩散环;3-油环

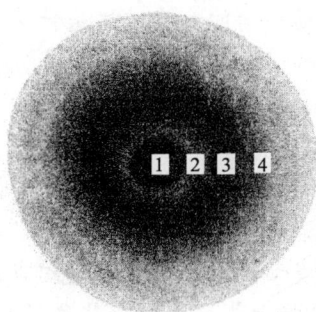

图 5-10　正常发动机油的油滴色域迹象

1 级。油斑的沉积环与扩散环之间没有明显界限,整个油斑颜色均匀,油环色浅而明亮。说明发动机油油质良好。

2 级。沉积环颜色深,扩散环较深,沉积环与扩散环间没有明显界限,油环颜色变黄。说明发动机油已污染,应加强滤清,但可继续使用。

3 级。沉积环呈黑色,扩散环变窄,油环颜色变深。说明发动机油接近报废,应更换新油。

4 级。油斑只有沉积环和油环,无扩散环。沉积环乌黑,稠厚而不易干燥。说明发动机油严重污染,完全报废,应更换新油。

2. 仪器测定

快速测定在用发动机油质量的仪器已在油质监测中应用。这类仪器一般不是直接测定油品的全部质量指标,而是选择有变化规律且能反映油品质量的某些参数作为测定参数。

以前所采用的仪器以测定发动机油中的电介质系数来判断发动机油污染和劣化程度。发动机油劣化时,过氧化物、酸和其他原子团在油粒子上形成,从而引起油粒子极性变化(一端变正,一端变负)。当一些极化了的粒子逐渐增大时,发动机油的介电系数随之增大。也就是说,发动机油污染严重,介电系数越大。通过对新旧发动机油介电系数变化的测定,来分析发动机油的污染程度。

近年来有采用发动机油自动综合监测系统的趋向,这种发动机油综合监测系统是全自动的油液监测及诊断系统,由元素分析子系统、红外光谱分析子系统和黏度分析子系统组成。元素分析子系统用来定量检测发动机油中包含的各种表征设备磨损、油液污染及老化的微量元素的成分及其浓度;红外光谱分析子系统主要用来评定油液的老化状态;黏度分析子系统用来定量检测发动机油的黏度。这种自动监测系统可全面分析发动机磨损及其润滑油的老化和污染情况。检测工作完成后,系统直接生成监测报告和维修建议。

复习思考题

1. 发动机油有何作用?对发动机油的使用性能有哪些要求?
2. 发动机零部件有哪些主要磨损形式?
3. 什么是发动机油的低温运动黏度、倾点、黏度指数、开口闪点和酸值?
4. 发动机油使用性能的评定实验方法有哪些?
5. 我国的发动机油的分类方法是什么?
6. 我国现行的国家标准中汽油机油包括哪些品种?
7. 如何选择发动机油?
8. 已知某型载货汽车装用的柴油机为四冲程、六缸发动机,其最大功率为 103kW (2900r/min);发动机排量为 6.842L;活塞行程为 120mm。试求该型发动机的强化系数,并确定应选择的柴油机油使用性能级别。
9. 确定在用发动机油的换油周期的方法有哪些?
10. 汽油机油换油指标包括哪些项目?
11. 柴油机油换油指标包括哪些项目?

第六章　车辆齿轮油

　　汽车传动机构和转向机构(变速器、转向器、后桥主减速器)中用于齿轮传动的润滑油称为车辆齿轮油(gear oils for vehicles)。车辆齿轮油与发动机油的作用基本相同,只是用于不同的总成,起润滑、冷却、防蚀和缓冲作用。

　　车辆传动机构中的双曲线齿轮具有传动比大、传动平稳、便于总布置,可提高小齿轮强度等优点,但齿面接触压力极高,啮合面间相对滑动速度大,油温高,一般可达 $120 \sim 130\,^{\circ}\!C$,最高可达 $180\,^{\circ}\!C$。双曲线齿轮传动的工作条件最苛刻,对汽车齿轮油使用性能要求更高。由于车辆齿轮油工作条件与发动机油有所不同,因而对车辆齿轮油性能的要求也有所区别。

第一节　车辆齿轮油的使用性能

　　为了保证齿轮等零件的润滑,车辆齿轮油应具有适宜的运动黏度、良好的低温流动性、极压性、热氧化安定性、抗腐蚀性和防锈性能。与其他润滑油相比,其特殊的方面主要是极压性,即承载能力。

一、润滑性和低温操作性

　　由于车辆齿轮油的工作条件比较苛刻,其工作温度范围较宽,齿轮之间传递的作用力较大,经常处于边界润滑状态,因此,要求车辆齿轮油应具有良好的润滑性、低温操作性和极压抗磨性。即在低温条件下应保持必要的流动能力,高温时黏度又不能过低。运动黏度是车辆齿轮油的润滑性和极压抗磨性的评价指标。车辆齿轮油的黏度要合适,黏度过低,难以保证形成油膜,实现良好的液体润滑状态;黏度过高,则流动性变差,运动表面摩擦产生的热量不容易被油迅速地带走,并且在低温条件下难以供油。因此,既要求齿轮油的黏度应该适当,又不能随温度变化较大,即有良好的黏温性。

　　车辆齿轮油的低温操作性和黏温性的评价指标有倾点、成沟点、黏度指数和表观黏度达 $150\mathrm{Pa\cdot s}$ 时的温度等。

　　成沟点是指在规定的试验条件下,试油成沟的最高温度。把装有试验油样的容器,在试验温度下放置18h,然后用钢片把试样刮一条沟,观察试样在10s之内是否流回并完全覆盖容器底部来判断试样的成沟特性。若10s内试油流回并完全覆盖试油容器底部,则报告试样不成沟,反之则试样成沟。

　　车辆齿轮油的表观黏度使用规定的方法模拟低温高剪切条件下的黏度,测定标准是《润滑剂低温黏度的测定勃罗克费尔特黏度计法》(GB/T 11145—2014)。

　　试验证明,对双曲线齿轮式主减速器,齿轮油表观黏度小于 $150\mathrm{Pa\cdot s}$,汽车起步后能在

15s 内流进小齿轮轴承而保证其正常润滑,这个黏度为汽车低温起步的极限黏度,因此,汽车齿轮油规格中均规定了"黏度达 150Pa·s 时的最高温度"这一指标。"黏度达 150Pa·s 时的最高温度"是车辆齿轮油 SAE 黏度分类的依据之一。

二、极压性

车辆齿轮油的极压性是指齿轮油中的极压抗磨剂,在高压或高速、高温的苛刻工作条件下,能在齿面上与金属发生化学反应生成反应膜,防止齿面擦伤或烧结的性质。双曲线车辆齿轮油应具有良好的极压性。一般油性添加剂形成的边界油膜,在极压条件下,从吸附状态变为自由运动状态,从摩擦表面脱附,不再起保护金属表面的作用。因此,提高极压性是依靠极压抗磨剂实现的。

车辆齿轮油极压性采用试验机或台架试验进行评定。

四球法是在四球极压试验机上评定润滑剂承载能力的一种方法。润滑剂承载能力的评定指标是最大无卡咬负荷(P_B)和烧结负荷(P_D)。最大无卡咬负荷是指在试验条件下不发生卡咬的最高负荷;烧结负荷主要是指在试验条件下使钢球发生烧结的最低负荷。极压性测定标准是《润滑剂承载能力测定法(四球法)》(GB/T 12583—1998)。

国际上使用较广泛的评定 GL-5 车辆齿轮油的极压性台架试验方法有两种,即 CRCL-37 和 CRCL-42。其中 CRCL-37 是评价低速、高转矩(相当于汽车满载爬坡的情形)或高速、低转矩时的极压性;CRCL-42 是评价高速和冲击荷载(相当于汽车紧急制动时的情形)下的极压性。我国相应标准是《车辆齿轮油承载能力测定法(L-37 法)》(SH/T 0518—1992)和《车辆齿轮油抗擦伤性能评定法(L-42 法)》(SH/T 0519—1992)。

三、热氧化安定性

车辆齿轮油抵抗高温条件下氧化作用的能力,称为热氧化安定性。车辆齿轮油应具有良好的热氧化安定性。

汽车主减速器使用的齿轮油温度较高,使油的氧化倾向增大,再加上齿轮箱中金属的催化作用,容易使油的使用性能变坏。因此,要求汽车齿轮在较高温度下不易氧化变质。

对车辆齿轮油(GL-5)热氧化安定性的评定试验是采用 CRCL-60 法。我国相应的标准是《车辆齿轮油热氧化安定性评定法(L-60 法)》(SH/T 0520—1992)。

四、抗腐性和防锈性

在车辆齿轮传动装置的工作条件下齿轮油防止齿轮、轴承腐蚀和生锈的能力,称为抗腐性和防锈性。车辆齿轮油应具有良好的抗腐性和防锈性。

齿轮传动装置可能从外界渗入水分,工况变化、冷热交替也可能出现冷凝水分。油内的水分和氧化生成的酸性产物,是齿轮和轴承腐蚀、生锈的主要原因。此外,齿轮油内极压抗磨剂的作用实际上是一种控制性的腐蚀现象,对金属有一定的腐蚀作用。极压抗磨剂的活性越强,腐蚀作用越大。生锈和腐蚀将加速磨损,使材料强度降低。因此,齿轮油应该选择适当的极压抗磨剂和加入抗腐剂及防锈剂。

对普通车辆齿轮油(GL-3)和中负荷车辆齿轮油(GL-4)防锈性试验标准是《加抑制剂矿物油在水存在下防锈性能试验》(GB/T 11143—2008)。对重负荷车辆齿轮油(GL-5)防锈性采用 CBCL-33 法试验进行评定。我国的相应标准是《车辆齿轮油防锈蚀评定法(L-33

法)》(SH/T 0517—1992)。抗腐蚀性采用铜片腐蚀试验方法进行评定,以腐蚀标准色板分级为评定指标。

第二节 车辆齿轮油的分类和规格

一、车辆齿轮油的分类

车辆齿轮油的分类与发动机油一样,大部分国家采用美国 SAE 的车辆齿轮油黏度分类和 API 的车辆齿轮油使用性能分类。

1. SAE 车辆齿轮油黏度分类

SAE 汽车齿轮油黏度分类(SAE J306—2005)见表 6-1。该分类的黏度级号有 9 种,共两组。

SAE 车辆齿轮油黏度分类   表 6-1

SAE 黏度级号	黏度达到 150Pa·s 时的最高温度(℃)	100℃时的运动黏度(mm²/s)	
		最低	最高
70W	−55	4.1	
75W	−40	4.1	
80W	−26	7.0	11.0
85W	−12	11.0	13.5
90	—	13.5	18.5
110	—	18.5	24.0
140	—	24.0	32.5
190	—	32.5	41.0
250	—	41.0	

带有 W 的是冬用齿轮油,是根据齿轮油黏度达到 150Pa·s 时的最高温度和 100℃时的最小运动黏度划分的。低温黏度规定为 150Pa·s,是因为超过这一黏度,驱动桥双曲线齿轮式主减速器主动齿轮轴承的润滑条件恶化,易发生损坏。不带 W 的黏度级号只是根据 100℃的运动黏度范围划分的,为夏用齿轮油。

车辆齿轮油也有多级油,例如 80W/90、85W/90 等。

2. API 车辆齿轮油使用性能分类

API 车辆齿轮油使用性能等级,根据工作条件的苛刻程度划分为 GL-1、GL-2、GL-3、GL-4、GL-5 和 GL-6 等 6 级(表 6-2)。

车辆齿轮油 API 使用性能分类   表 6-2

分　类	使用说明	用　途
GL-1	在低齿面压力、低滑动速度下的汽车螺旋锥齿轮、涡轮轮式驱动桥以及各种手动变速器规定用 GL-1 级齿轮油。直馏矿油能满足这类情况的要求,可以加入抗氧剂、防锈剂和消泡剂改善其性能,但不加摩擦改进剂和极压剂	汽车手动变速器,包括拖拉机和载货汽车手动变速器

分　类	使用说明	用　途
GL-2	汽车涡轮式驱动桥,由于其负荷、温度和滑动速度的状况,用 GL-1 齿轮油不能满足要求,规定用 GL-2 级齿轮油。通常都有加有脂肪类物质	蜗杆传动装置
GL-3	滑动速度和负荷比较苛刻的汽车手动变速器和螺旋锥齿轮的驱动桥规定用级 GL-3 油。这种使用条件要求润滑油的负荷能力比 GL-1 和 2GL-2 级油高,但比 GL-4 级油要低	苛刻条件下手动变速器和螺旋锥齿轮的驱动桥
GL-4	在低速高转矩、高速低转矩下操作的各种齿轮,特别是客车和其他各种车用的双曲线齿轮,规定用 GL-4 级齿轮油。适用于其抗擦性能等于或优于 CRC RGO-105 参考油。该级油已做过各种试验证明具有 1972 年 4 月 ASTM STP 说明的性能水平	手动变速器、螺旋锥齿轮和使用条件不太苛刻的双曲线齿轮
GL-5	在高速冲击负荷、高速低转矩、低速条件下操作的各种齿轮,特别是客车和其他车用的双曲线齿轮,规定用 GL-5 级齿轮油。适用于其抗擦性能等于或优于 CRC RGO-110 参考油。该级油已做过各种试验证明具有 1972 年 4 月 ASTM STP 说明的性能水平	适用于操作备件缓和或苛刻的双曲线齿轮及其他各种齿轮,也可用于手动变速器
GL-6	在高速冲击条件下的轿车和其他车辆的各种齿轮,特别是大偏移距的双曲线齿轮,偏移距大于 50mm 或接近大齿轮直径的 25%,规定用 GL-6 级齿轮油,其抗擦性能等于或优于参考油 L-1 000,该级油已做过各种试验证明具有 1972 年 4 月 ASTM STP 说明的性能水平	

3. 我国车辆齿轮油的分类

《润滑剂和有关产品(L 类)的分类第 7 部分:C 组(齿轮)》(GB/T 7631.7—1995)目前只包括工业齿轮润滑剂,暂不包括内燃机式车辆齿轮润滑剂。目前,我国车辆齿轮油的黏度分类国家标准是《汽车齿轮润滑剂黏度分类》(GB/T 17477—2012),其方法与 SAE J306—2005 车辆齿轮油黏度分类方法相同(表 6-1),而车辆齿轮油按使用性能分为 3 类:即普通车辆齿轮油(GL-3);中负荷车辆齿轮油(GL-4)和重负荷车辆齿轮油(GL-5)。

二、车辆齿轮油的规格

1. 普通车辆齿轮油(GL-3)

普通车辆齿轮油(GL-3)分为 80W/90、85W/90 和 90 号 3 个黏度牌号,规格见表 6-3。

普通车辆齿轮油(GL-3)(SH0350—1992)　　　　　　　　　　表 6-3

项　目	质量指标			试验方法
	80W/90	85W/90	90	
运动黏度(100℃)(mm²/s)	15～19	15～19	15～19	GB/T 265 附录 A
表观黏度 150Pa·s 时的温度　≤	−26	−12		GB/T 1995
黏度指数			90	GB/T 2541
倾点(℃)　≤	−28	−18	−10	GB/T 3535
闪点(开口)(℃)　≥	170	180	190	GB/T 267
水分(%)　≤	痕迹	痕迹	痕迹	GB/T 260
锈蚀试验 15 号钢棒 A 法	无锈	无锈	无锈	GB/T 1143

项　目		质量指标			试验方法
		80W/90	85W/90	90	
起泡性(mL/mL)	≤				GB/T 12579
24℃±0.5℃		100/10	100/10	100/10	
93℃±0.5℃		100/10	100/10	100/10	
后24℃±0.5℃		100/10	100/10	100/10	GB/T 5096
铜片腐蚀试验(100,3h)(级)	≤	1	1	1	
最大无卡咬负荷 P_B(N)	≥	800	800	800	GB/T 3142
糖醛或酚含量(未加剂)		无	无	无	SH/T 0076 或 SH/T 0120
机械杂质(%)	≤	0.05	0.02	0.02	GB/T 511
残炭(未加剂)			报告		GB/T 268
酸值(未加剂,按 KOH 计)(mg/g)			报告		GB/T 4945
氯含量(%)			报告		GB/T 0160
锌含量(%)			报告		GB/T 0226
硫酸盐灰分(%)			报告		GB/T 2433

2. 中负荷车辆齿轮油(GL-4)

中负荷车辆齿轮油(GL-4)分为 80W/90、85W/90 和 90 号 3 个黏度牌号,其安全使用技术条件按《工业闭式齿轮油》(GB5903—2011)要求见表6-4。

中负荷车辆齿轮油安全使用技术条件　　　　　　表6-4

项　目		技术要求			试验方法
		90	85W/90	80W/90	
运动黏度(100℃)(mm²/s)		13.5~24.0	13.5~24.0	13.5~24.0	GB/T 265
黏度指数	≥	75	—	—	GB/T 2541
闪点(开口)(℃)	≥	180	180	165	GB/T 267
倾点(℃)	≤	−10	−15	−30	GB/T 3535
表观黏度150Pa·s 时的温度(℃)	≤	—	−12	−26	GB/T 11145
机械杂质(%)	≤	0.05			GB/T 511
水分		痕迹			GB/T 260
铜片腐蚀(121℃,3h)	≤	3b			GB/T 5096
锈蚀试验(15 号钢棒)		无锈			GB/T 11143A 法
最大无卡咬负荷 P_B(N)	≥	883			GB/T 3142
泡沫倾向性/泡沫稳定性(mL/mL)	≤				
24℃±0.5℃		100/0			GB/T 12579
93℃±0.5℃					
后24℃±0.5℃					
磷含量(%)		报告			SH/T 0296
硫含量(%)		报告			GB/T 3875096
齿轮台架试验		通过			附录

3.重负荷车辆齿轮油(GL-5)

重负荷车辆齿轮油(GL-5)按国家标准《重负荷车辆齿轮油(GL-5)》(GB 13895—1992)分为75W、80W/90、85W/90、85W/140 号 6 个牌号,其规格见表6-5。

重负荷车辆齿轮油(GL-5)(GB 13895—1992)

表6-5

项 目		质 量 指 标						试 验 方 法
黏度等级		75W	80W/90	85W/90	85W/140	90	140	
运动黏度(100℃)(mm²/s)		≥4.1	13.5 ~ <24.0	13.5 ~ <24.0	13.5 ~ <41.0	13.5 ~ <24.0	13.5 ~ <41.0	GB/T 265
倾点(℃)		报告	报告	报告	报告	报告	报告	GB/T 3535
表观黏度150Pa·s时的温度	≤	-40	-26	-12	-12			GB/T 11145
闪点(开)(℃)	≥	150	165	165	180	180	200	GB/T 3536
成沟点(℃)	≤	-45	-35	-20	-20	-17.8	-6.7	SH/T 0030
黏度指数	≥	报告	报告	报告	报告	75	75	GB/T 2541
起泡性(泡沫倾向)(mL) 24℃ 93.5℃ 后24℃	≤ ≤ ≤	20 50 20						GB/T 12579
腐蚀试验(铜片,121℃,3h)(级)	≤	3						GB/T 5096
机械杂质(%)	≤	0.05						GB/T 511
水分	≤	痕迹						GB/T 260
戊烷不溶物(%)		报告						GB/T 8926A 法
硫酸盐灰分(%)		报告						GB/T 2433
硫含量(%)		报告						GB/T 387、 GB/T 388、 GB/T 11140
磷含量(%)		报告						SH/T 0296
氮含量(%)		报告						SH/T 0224
钙含量(%)		报告						SH/T 0270
储存稳定性 液体沉淀物(体积分数)(%) 固体沉淀物(质量分数)(%)	≤ ≤	1 0.25						SH/T 0037
锈蚀试验 盖板锈蚀面积(%) 齿面、轴承及其他部件锈蚀情况	≤	1 无锈						SH/T 0517
抗擦伤试验		通过						SH/T 0519
承载能力试验		通过						SH/T 0518
热氧化稳定性 100℃运动黏度增长(%) 戊烷不溶物(%) 甲苯不溶物(%)	≤ ≤ ≤	100 3 2						SH/T 0520 GB/T 265 GB/T 8926A 法 GB/T 8926A 法

第三节　车辆齿轮油的选择和更换

与发动机油类似,车辆齿轮油规格也要兼顾黏度级别和使用性能级别两方面来选择。

一、车辆齿轮油的选择

1.使用性能级别的选择

车辆齿轮油使用性能级别的选择,主要根据齿面压力、滑动速度和油温等工作条件,而这些工作条件又取决于传动装置的齿轮类型,所以一般可按齿轮类型和传动装置的功能来选择车辆齿轮油的使用性能级别。

一般来说,驱动桥主减速器工作条件苛刻,而双曲线齿轮式主减速器更为苛刻,对齿轮油使用性能要求更高。对双曲线齿轮式主减速器或工作条件苛刻的其他齿轮式主减速器一定要选择 GL-4 以上的齿轮油。

为减少用油级别,在汽车各传动装置对齿轮油使用性能级别要求相差不太大情况下用同一级使用性能的齿轮油。

2.黏度级别的选择

车辆齿轮油黏度级别的选择,主要根据最低气温和最高油温,并考虑车辆齿轮油换油周期较长的因素。

车辆齿轮油的黏度应保证低温下的车辆起步,又能满足油温升高后的润滑要求。如前所述,车辆齿轮油以表观黏度 150Pa·s 作为低温流动性极限,所以在 SAE 黏度分类中表观黏度达 150Pa·s 时的最高温度,就是保证低温操作性能的最低温度。由此可知,黏度级为 75W、80W 和 85W 的双曲线齿轮油的最低使用温度分别是 $-40℃$、$-26℃$ 和 $-12℃$。也就是说,车辆使用地区的最低温度不应低于所选齿轮油上述各温度。当传动装置不是双曲线齿轮时,使用最低气温可比上述相应温度低些。

黏度选择应同时考虑高温时的润滑要求。

馏分型汽车齿轮油换油周期较长,一般在 2.4×10^4km 以上。为避免季节换油造成浪费,汽车齿轮油黏度的选择还要考虑冬夏通用。

二、车辆齿轮油的更换

车辆齿轮油在使用中同样存在着质量变差问题,对齿轮油的更换多采用定期换油。例如:某汽车变速器和主减速器的换油周期为 2.4×10^4km。同时,按质换油也是确定在用车辆齿轮油更换周期的发展方向。目前我国只有普通车辆齿轮油(GL-3)的换油标准(表6-6)。

普通车辆齿轮油 GL-3 的换油指标(SH/T 0475—1992)　　　　　表6-6

项　　目		换油指标	试验方法
100℃运动黏度变化率(%)	>	20 ~ -10	GB/T 265
水分(%)	>	1.0	GB/T 260
酸值增加值(mgKOH/g)	>	0.5	GB/T 8030
戊烷不溶物(%)	>	2.0	GB/T 8296
硫含量(%)	>	0.5	GB/T 0197

1. 概述车辆齿轮油的作用。

2. 车辆齿轮油的使用性能有哪些？

3. 简述我国车辆齿轮油的分类。

4. 我国车辆齿轮油按使用性能可分成哪三类,分别对应 API 中的什么级别？

5. 冬天用齿轮油和夏天用齿轮油的划分原则是什么？表示方法有什么不同？

6. 按 API 车辆齿轮油分类等级中工作条件最苛刻的级号是什么？

7. 车辆齿轮油的选择和更换应注意哪些事项？

第七章　汽车润滑脂

　　润滑脂(俗称机用黄油),是将稠化剂分散于液体润滑剂中所组成的一种稳定的固体或半固体产品,其中可以加入旨在改善润滑脂某种特性的添加剂及填料。润滑脂在常温下可附着于垂直表面不流失,并能在敞开或密封不良的摩擦部位工作,具有其他润滑剂所不可替代的特点。因此,在汽车上的许多部位都使用润滑脂作为润滑材料。

　　润滑脂与润滑油比较有以下优点:

　　(1)与润滑油相比,润滑脂具有更高的承载能力和更好的阻尼减振能力。

　　(2)由于稠化剂结构体系的吸收作用,润滑脂在金属表面具有良好的黏附性和较低的蒸发速度。因此,在少油脂润滑状态下,特别是在高温和长周期运行中,润滑脂具有更好的特性。

　　(3)由于稠化剂结构的毛细管作用,与可比黏度的润滑油相比,润滑脂的基础油不易流失,在不易密封的部位使用,可简化润滑装置的结构。

　　(4)润滑脂能形成具有一定密封作用的脂圈,可防止固体或流体污染物的侵入,具有更好的密封和防护作用,有利于在潮湿和多尘环境中使用。

　　(5)润滑脂能牢固地黏附在被润滑表面上,即使在倾斜甚至垂直表面上也不流失。在外力作用下,它产生形变,能够像油一样流动;一旦去掉外力,它又恢复到原始状态,停止流动。因此,润滑脂能在敞开的或密封不良的摩擦部件上工作。

　　(6)润滑脂黏附性好,不易流失,使用温度范围较宽,所以在停机后再起动仍可保持满意的润滑状态。

　　(7)用润滑脂润滑通常用量少,可大大节约油品的需求量。

　　正是由于润滑脂的优点较多,润滑脂润滑越来越受到人们的重视。所以,车辆上不宜用润滑油的部位,如轮毂轴承、各拉杆球节、发电机轴、水泵轴承、离合器分离轴承和传动轴花键等,均使用润滑脂润滑。但是,润滑脂也有缺点,主要是冷却散热性能差,内摩擦阻力较大,加注和换脂不如润滑油方便,因而其应用也受到一定限制。

第一节　汽车润滑脂的结构特点和组成

　　润滑脂由基础油(80%～90%)、稠化剂(8%～15%)、添加物(5%添加剂和填料)组成。

　　润滑脂是以增稠剂吸附液态基础油而形成,其结构是润滑脂的稠化剂和基础油组分颗粒的物理排列形式。基础油是润滑脂分散体系中的分散介质,稠化剂粒子或纤维构成润滑脂的"骨架",即分散相,将基础油保持在"骨架"中。润滑脂加热到滴点以上会融化,冷却后无法恢复半固态,因为滴点是增稠剂的永久失效温度。

一、基础油

基础油是润滑脂分散体系中的分散介质,它对润滑脂的性能有较大影响。一般润滑脂多采用中等黏度及高黏度的石油润滑油作为基础油,也有一些为适应在苛刻条件下工作的机械润滑及密封的需要,采用合成润滑油作为基础油,如酯类油、硅油、聚泣—烯烃油等。

润滑脂的基础油分为矿物油和合成油两大类。以矿物油为基础油的润滑脂优点是:润滑性能好;黏度范围宽。但是,一般矿物油不能兼备高低温性能,而以合成油为基础油可制备特殊润滑脂。例如7014-1高温润滑脂(使用温度为 $-40 \sim 200℃$)的基础油为合成油。在合成油中有合成烃类油、酯类油、硅油等。

二、稠化剂

稠化剂是润滑脂的重要组分,润滑脂的抗水性及耐热性主要由稠化剂所决定。用于制备润滑脂稠化剂的有皂基稠化剂(即脂肪酸金属盐)和非皂基稠化剂(烃类、无机类和有机类)。皂基稠化剂分为单皂基(如钙基脂)、混合皂基(如钙钠基脂)、复合皂基(如复合钙基脂)三种。90%的润滑脂是用皂基稠化剂制成的。

1. 皂基稠化剂

汽车润滑脂稠化剂用的金属皂主要是钙皂和锂皂,分别制成钙基润滑脂、无水钙基润滑脂和锂基润滑脂。

(1)普通钙皂稠化剂。以天然皂或合成脂肪酸制成。普通钙皂要求在基础油中必须有适量水分作稳定剂才能成脂。高温时失去水分,油皂分离。钙基润滑脂适用温度范围为 $-10 \sim 60℃$。

(2)无水钙皂稠化剂。无水钙皂稠化剂为12-羟基碳酸钙皂,不需加水,构成的严寒地区汽车通用无水钙基润滑脂(A型)的适用温度范围为 $-50 \sim 110℃$。

(3)锂皂。以脂肪酸锂皂和高级脂肪酸锂皂作为锂基润滑脂的稠化剂,构成的润滑脂具有温度范围宽和良好的机械安定性、胶体安定性和抗水性,是多用途多性能润滑剂,适用温度范围为 $-30 \sim 120℃$。

2. 烃基稠化剂

主要是地蜡、石蜡以及石油脂,常用来制作保护润滑脂。

汽车蓄电池接线柱用的工业凡士林保护脂的稠化剂是烃基稠化剂,具体是石油脂。

3. 有机稠化剂

有机稠化剂是有稠化作用的有机物,例如:7022通用汽车润滑脂的稠化剂为合成脂肪酸酰胺钠盐;7026低温润滑脂的稠化剂为有机酰胺盐;7041-1高温润滑脂稠化剂为对苯二甲酸酰胺钠。

4. 无机稠化剂

车用润滑脂中的无机稠化剂主要是膨润土,由氧化硅、二氧化铝和水等构成,膨润土润滑脂适用温度范围为 $-45 \sim 150℃$,适用于转向驱动桥等角速万向节的润滑。

三、添加剂

润滑脂添加剂是添加到润滑脂中以改进其使用性能的物质,可以改进基础油本身固有的性质或增加其原来不具有的性质,含量占润滑脂质量的 5% 以下。

一类添加剂是润滑脂的胶溶剂,它使油皂结合更加稳定,如甘油与水等。钙基润滑脂中一旦失去水,其结构就完全被破坏,不能成脂,如甘油在钠基润滑脂中可以调节脂的稠度。另一类添加剂和润滑油中的一样,如抗氧、抗磨和防锈剂等,但用量一般较润滑油中为多。

润滑脂添加剂的主要种类有稳定剂、抗氧剂、金属纯化剂、防锈剂、抗腐剂和极压抗磨剂等。

四、填料

填料是润滑脂中的固体添加剂,大部分填料本身可作为固体润滑剂。常用的填料有石墨、二硫化钼等。石墨钙基润滑脂含 10% 的鳞片石墨填料,起极压添加剂作用。

第二节　汽车润滑脂的使用性能

润滑脂的使用范围广泛,工作条件差异也很大。汽车各总成的工作条件不同,对润滑脂性能的要求也存在不同。润滑脂的性能是润滑脂能够适应工作条件起到良好润滑作用的关键。根据汽车各部位的具体情况,对润滑脂性能的基本要求是:适当的稠度,良好的高低温性能,良好的极压性、抗磨性、抗水、防腐、防锈性和良好的安定性等。

一、稠度

在规定的剪切力或剪切速下,测定润滑脂结构体系变形程度以表达体系的结构性,即为润滑脂的稠度。它是反映润滑脂在所润滑部位上的保持能力、密封性能,是与润滑脂的泵送和加注方式有关的重要性能指标。不同稠度的润滑脂所适用的机械转速、负荷和环境温度等工作条件不同。

评定润滑脂的稠度指标是锥入度。稠度级号就是按照工作锥入度的范围而划分的,它是润滑脂的选择内容之一。锥入度是在规定的时间和温度条件下,标准锥体沉入润滑脂的深度,以 1/10mm 为单位。

按测定方法不同,锥入度分为多种:

(1)不工作锥入度。将润滑脂试样在尽可能少的搅动下,从试样容器移到润滑脂工作器脂杯中的锥入度,称为不工作锥入度。

(2)工作锥入度。指将润滑脂试样在标准工作器脂杯中,经受往复工作 60 次后,立即测定的锥入度。

(3)延长工作锥入度。指将润滑脂试样在标准工作器脂杯中,经受往复工作超过 60 次后,立即测定的锥入度。

润滑脂锥入度测定标准是《润滑脂和石油脂锥入度测定法》(GB/T 269—1991),测定仪器是锥入度计。

润滑脂锥入度测定方法概要:在 25℃ 条件下将锥体组合件从锥入计上释放,使锥体沉入试样 5s 的深度来分别测定润滑脂的上述 3 种锥入度。

锥入度反映了润滑脂在低剪切速率条件下变形与流动性能。锥入度值越高,润滑脂越软,即稠度越小,越易变形和流动;锥入度值越低,则润滑脂越硬,即稠度越大,越不易变形和流动。由此可见,锥入度可有效地表示润滑脂的稠度,是选用润滑脂的重要依据。我国用锥入度范围来划分润滑脂的稠度牌号,润滑脂稠度级号的划分见表 7-1。

NLGI 级号	000	00	0	1	2	3	4	5	6
工作锥入度范围 （25℃） （1/10mm）	455~475	400~430	355~385	310~340	265~295	220~250	175~205	130~160	85~115
状态	液状	几乎 呈液状	极软	非常软	软	中	硬	非常硬	极硬 或固体

二、高温性能

温度对于润滑脂的流动性具有很大影响,温度升高,润滑脂变软,使得润滑脂附着性能降低而易于流失。在较高温度条件下还容易使润滑脂的蒸发损失增大,氧化变质与凝缩分油现象严重,加速润滑脂失效。高温性能好的润滑脂可以在较高的使用温度下保持其附着性能,其变质失效过程也较缓慢。润滑脂的高温性能可用滴点、蒸发度和轴承漏失量等指标进行评定。

润滑脂的滴点是指其在规定条件下达到一定流动性时的最低温度,以℃表示。

润滑脂的滴点主要取决于稠化剂的种类与含量,润滑脂的滴点可大致反映其使用温度的上限。显然,润滑脂达到滴点时其已丧失对金属表面的黏附能力。一般地说,润滑脂应在滴点以下20~30℃或更低的温度条件下使用。润滑脂滴点测定标准是《润滑脂滴点测定法》(GB/T 4929—1985)。

方法概要:将润滑脂装入滴点计的脂杯中,在规定的标准条件下,记录润滑脂在试验过程中达到规定流动性时的温度。润滑脂滴点常用来粗略估计最高使用温度。例如:2号钙基润滑脂滴点为85℃,适用最高温度为60℃;汽车通用锂基润滑脂滴点为180℃,适用最高温度为120℃。

润滑脂的蒸发度是指在规定条件下蒸发后,润滑脂的损失量所占的质量百分数。润滑脂的蒸发度主要取决于所采用的基础油的种类、馏分组成和分子量。高温、宽温度条件下使用的润滑脂,其蒸发度的测定尤为重要,蒸发度可以定性地表示润滑脂上限使用温度。润滑脂基础油蒸发损失,就会使润滑脂中的皂基稠化剂含量相对增大,导致脂的稠度发生变化,使用中会造成内摩擦增大,影响润滑脂的使用寿命。因而,蒸发度指标可以从一定程度上表明润滑脂的高温使用性能。

润滑脂蒸发度测定标准是《润滑脂蒸发度测定法》(SH/T 0337—1992)和《润滑脂和润滑油蒸发损失测定法》(GB/T 7325—1987)。

方法概要:把放在蒸发器里的润滑脂试样,置于规定温度的恒温浴中,热空气通过试样表面22h,根据试样失重计算蒸发损失。

轴承漏失量通常是通过模拟试验测得的。测试是在高温轴承寿命试验机上进行,可以模拟润滑脂在一定的高温、负荷、转速条件下的工作性能,因此,测得的结果对实际使用具有一定的参考价值。一般是在试验机上观测,当润滑脂达到使用寿命时,润滑脂膜破坏,出现破坏力矩的峰值,试验自动停车,还会伴随出现轴承温升记录指示值剧升和干摩擦噪声,若经反复起动仍不能转动,则表示润滑脂膜已遭破坏,试验结束,试验所进行的时间就是润滑脂的高温轴承寿命。一般而言,润滑脂的轴承寿命越长,表示其使用期也越长。轴承漏失量测定标准是《高温下润滑脂在抗磨轴承中工作性能测定法》(SH/T 0428—1992)和《汽车轮轴承润滑脂漏失量测定法》(SH/T 0326—1992)。

方法概要:取试样装入经过修改的前轮轮毂及轴组合件内,轮毂在 660r/min ± 30r/min 转速,轴承逐渐升温至 104.5℃ ±1.5℃ 条件下共运转 360min ± 5min。测定润滑脂或油的漏失量,并在试验结束时注意观察轴承的表面状况。显然,漏失量越大说明润滑脂的高温工作性能越差。

三、低温性能

在寒冷地区使用的汽车,要求润滑脂在低温条件下仍能保持良好的润滑性能,而且运转阻力不至于过大。这取决于润滑脂低温条件下的相似黏度和低温转矩。

相似黏度是评定润滑脂流变性能的指标。简单地说,流变性能是指液体在流动中剪应力与剪切速率的关系。因为润滑脂具有胶体分散体系,属于塑性流体,所以流变性能较为复杂(图 7-1)。

当对体系施加的剪应力低于极限静剪应力 τ_1 时,不产生流动,即极限静剪应力,它是塑性流体从不流动到流动的极限剪应力。流动后,如剪应力增大,剪切速率也相应增大,但起初两者不呈直线函数关系,以后才符合牛顿液体变为剪应力与剪切速率成正比。图 7-1 中直线段 QP 延长线与横坐标交点处的虚拟剪应力 τ_2 称为极限动剪应力。曲线段与直线的交点 P 到横坐标垂线得到的剪应力 τ_3 称为极限高剪应力。因此,如同润滑脂这样的塑性体有 3 种极限剪应力。

图 7-1 塑性流体流变曲线

润滑脂不是牛顿液体,但仍按牛顿液体的黏度概念表示,在一定温度和一定剪切速率下,将润滑脂流动时的剪应力与剪切速率的比值,称为润滑脂的相似黏度。由于润滑脂的相似黏度以温度和剪切速率两个固定条件为前提,则对相似黏度要注明这两个前提条件。例如,汽车通用润滑脂规格中相似黏度表示为"相似黏度($-20℃$,$D = 10s^{-1}$),Pa·s"。

润滑脂相似黏度测定标准是《润滑脂相似黏度测定法》(SH/T 0048—1991),其方法概要是用毛细管黏度计测出一定压力下润滑脂通过毛细管的流量,然后利用有关公式计算出相似黏度。

低温转矩是表示润滑脂在低温条件下使用时阻滞低速度轴承转动的程度。低温转矩可以表示润滑脂的低温使用性能。方法概要:用 9.8N·cm 转矩测出使轴承在 1min 内转动一周时的最低温度,作为润滑脂的最低使用温度。

四、极压性与抗磨性

涂在相互接触的金属表面间的润滑脂所形成的脂膜,能承受来自轴向与径向的负荷,脂膜具有的承受负荷的特性就称作润滑脂的极压性。一般地,在基础油中添加了皂基稠化剂后,润滑脂的极压性就增强了。在苛刻条件下使用的润滑脂,常添加极压剂,以增强其极压性。目前,普遍采用四球试验机来测定润滑脂的脂膜强度。《润滑脂极压性能测定法(四球机法)》(SH/T 0202—1992)规定了润滑脂极压性能的测定方法,该方法用综合磨损值和烧结点来表示。

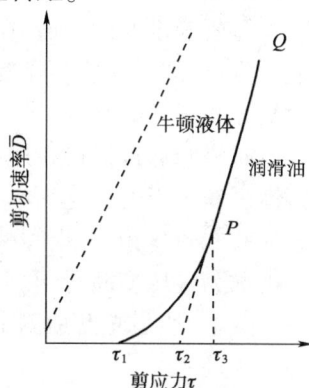

综合磨损值也称负荷—磨损指数,是用四球法测定润滑剂极压性能时,在规定条件下得到的若干次修正负荷的平均值。烧结点也称烧结负荷,指在规定条件下使钢球发生烧结的最低负荷(N)。《润滑脂极压性能测定法　梯姆肯试验机法》(SH/T 0203—2014)用 OK 值(即最大合用值)来表示润滑脂的极压性能。所谓 OK 值是指在用梯姆肯法测定润滑剂承压能力的过程中,出现刮伤或卡咬现象时所加负荷的最小值(N)。梯姆肯试验机主要用来做各种润滑油和脂在滑动摩擦状态下的承载能力、擦特性、OK 值,刮伤值的试验用来确定润滑油的极压性能。极压性能的测定标准是《润滑脂抗磨性能测定法(四球机法)》(SH/T 0204—1992)规定了润滑脂抗磨性能的测定方法。

方法概要:在开始试验前,试样需预热到 $37.8℃ ±2.8℃$。试验时,一个钢制试环紧贴着一个钢制试块转动。转动速度为 $123.71m/min ± 0.77m/min$,此速度相当于轴速 $800r/min ±5r/min$。

需要确定的两个值:在旋转的试环和固定的试块之间的油膜破裂而引起卡咬或刮伤的最小质量,即刮伤值。在旋转的试环和固定的试块之间的油膜不破裂而不引起卡咬或刮伤的最大质量,即 OK 值。

润滑脂通过保持在运动部件表面间的油,防止金属对金属相接触而磨损的能力称为抗磨性。润滑脂的稠化剂本身就是油性剂,具有较好的抗磨性。在苛刻条件下使用的润滑脂,添加有二硫化钼、石墨等减摩剂和极压剂,因而具有比普通润滑脂更强的抗磨性,这种润滑脂被称为极压型润滑脂。

《润滑脂齿轮磨损测定法》(SH/T 0427—1992)是用齿轮磨损试验机测定润滑脂抗磨性的方法。

五、防腐性

防腐性是润滑脂阻止与其相接触金属被腐蚀的能力。润滑脂的稠化剂和基础油本身是不会腐蚀金属的,使润滑脂产生腐蚀性的原因很多,主要是由于氧化产生酸性物质所致。过多的游离有机酸、碱都会引起腐蚀。腐蚀试验就是检测润滑脂是否对金属有腐蚀作用,测定的方法通常铜片试验。通过观察铜片上的变色或产生斑点等现象来判断润滑脂腐蚀性的大小。《润滑脂腐蚀试验法》(SH/T 0331—1992),采用 $100℃$、3h、铜片、钢片进行测定。《润滑脂铜片腐蚀试验》(GB/T 7326—1987)规定了润滑脂对铜部件酌腐蚀性测定方法,采用 $100℃$、24h、铜片进行测定,分甲法与乙法。甲法是将试验铜片与铜片腐蚀标准色板进行比较,确定腐蚀级别;乙法是检查试验铜片有无变色。

《润滑脂防腐蚀性试验法》(GB/T 5018—2008)规定了润滑脂防腐蚀性能的试验方法。方法概要:将涂有试样的新轴承,在轻的推力负荷下运转60s,使润滑脂像使用情况那样分布。轴承在 $52℃ ±1℃$,100X 相对湿度条件下存放48h,然后清洗并检查轴承外圈滚道的腐蚀迹象。该方法中的腐蚀是指轴承外圈滚道的任何表面损坏(包括麻点、刻蚀、锈蚀等)或黑色污渍。该方法可以评定在潮湿条件下润滑脂阻止与其相接触金属产生锈蚀及其他形式腐蚀的能力。

六、胶体安定性

胶体安定性是指润滑脂在储存和使用时避免胶体分解,防止液体润滑油析出的能力。润滑脂发生皂、油分离的倾向性大体说明其胶体安定性不好,将直接导致润滑脂稠度改变。

评定润滑脂胶体安定性可采用分油试验。

《润滑脂压力分油测定法》(GB/T 392—1977)通过测定润滑脂的分油量来评定润滑脂的胶体安定性。方法概要:用加压分油器将油从润滑脂中压出,然后测定压出的油量。《润滑脂漏斗分油测定法》(SH/T 0321—1992),规定了用漏斗分油法测定润滑脂的分油量的方法。《润滑脂分油的测定法 锥网法》(NB/SH/T 0324—2010),规定了用锥网分油法测定润滑脂分油量的方法,适用于测定润滑脂在温度升高条件下的分油倾向。

七、氧化安定性

氧化安定性是指润滑脂在储存和使用中抵抗氧化的能力。润滑脂应具有良好的氧化安定性。

润滑脂氧化后,外观、理化指标和结构都发生不同程度的改变。表现为:游离酸增加,滴点下降,颜色变深,锥入度、极限剪应力和相似黏度降低,生成腐蚀性产物和破坏润滑脂结构的产物,产生油脂分离等。

八、机械安定性

机械安定性是指润滑脂在机械工作条件下抵抗稠度变化的能力。机械安定性差的润滑脂,使用中容易变稀甚至流失,影响润滑脂的寿命。机械安定性又称剪切安定性,《润滑脂滚筒安定性测定法》(SH/T 0122—1992),规定了润滑脂机械安定性的测定方法。

方法概要:用50g试样,在室温(21～38℃)条件下,在滚筒试验机上工作2h后,测定试验前后润滑脂的工作锥入度。

九、抗水性和防锈性

防锈性能是用来评价润滑脂在有水或水蒸气的条件下对轴承的防护性。对于在潮湿环境中使用的润滑脂有重要的意义。测定润滑脂防锈性的标准是《润滑脂防锈性测定》(SH/T 0700—2000)。

方法概要:在特制的工作台上,规定条件下,8h周期安装了涂覆有待测脂样轴承的轴台运转3次,结束后,检查轴台中轴承外滚道,用刻度盘测量锈蚀度。

近年来国外常用动态防锈试验法(即Emcor试验法):将轴承装脂,后一半浸入蒸馏水或海水中,运转8h,停16h,连续7天后观察轴承的锈蚀情况,以确定润滑脂的防锈性能级别。这种方法比静态防锈试验条件更苛刻,用于评价对抗水、抗海水要求严格的润滑脂。

润滑脂的抗水性主要取决于稠化剂的抗水性。烃基稠化剂既不吸水,又不乳化,因此,烃基稠化剂抗水性最好。皂基稠化剂除钠皂和钙钠皂外,其他金属皂的抗水性都较好。图7-2为几种国产皂基润滑脂的吸水量与稠度的关系。

由图7-2中可看出,钠基润滑脂抗水性最差,钙钠基润滑脂次之,钙基、锂基润滑脂抗水性都较好。

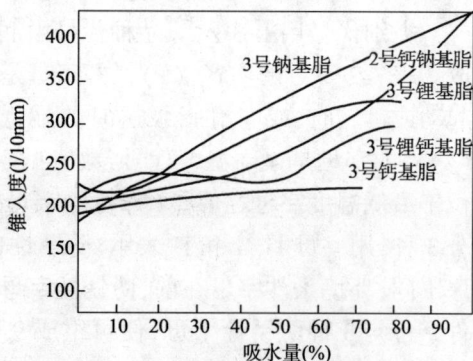

图7-2 几种润滑脂锥入度与吸水量的关系

第三节 汽车润滑脂的分类和规格

一、汽车润滑脂的分类和产品标记

《润滑剂和有关产品(L类)的分类第8部分:X组(润滑脂)》(GB/T 7631.8—1990)是根据润滑脂的操作条件(温度、水污染及负荷等)对车用润滑脂进行分类的(表7-2)。

润滑脂按操作条件的分类　　　　　　　　表7-2

操作温度				水 污 染					负荷条件	
最低温度(℃)	字母	最高温度(℃)	字母	环境条件		防锈性		综合性字母	字母及备注	
				字母	备注	字母	备注			
0	A	60	A	L	L-干燥环境	L	L-不防锈	A	A:非极压型脂	
−20	B	90	B	L		M	M-淡水存在下的防锈性	B	B:极压型脂	
−30	C	120	C	L		H	H-盐水存在下的防锈性	C		
−40	D	140	D	M	M-静态潮湿环境	L		D		
< −40	E	160	E	M		M		E		
		180	F	M		H		F		
		>180	G	H	H-水洗	L		G		
				H		H		H		
				H		H		I		
(1)		(2)						(3)	(4)	

注:(1)、(2)……为文中叙述方便编写的字母序号。

该分类体系的产品也采用《润滑剂和有关产品(L类)的分类第1部分:总分组》(GB 7631.1—1987)的原则进行标记,具体是:类—品种　数字。

类别代号用L表示。品种代号由润滑脂组别代号X和4个表示操作条件的字母所组成。表7-2下方的注释:(1)栏的字母是最低温度代号,数值见左栏,表示润滑脂适用的设备起动或运转时,或润滑脂泵送时的最低温度,该类字母位于润滑脂组别代号X号之后。(2)栏的字母是最高温度代号,数值见左栏,表示润滑脂适用零部件的最高温度,该类字母位于最低温度字母之后。(3)栏的字母表示在水污染条件下的抗水性和防锈性,环境条件分3种,用字母L、M和H表示;防锈性也分3种,同样用字母L、M和H表示。但是它们排序不同,环境条件字母在前,防锈性字母在后,字母含义也不一样(表7-2)。由3种环境条件字母与3种防锈性字母,便可组成9种抗水性及防锈性,用A、B、C、D、E、P、C、H及I表示,是对在水污染条件下的抗水性及防锈性的综合评价,该类字母位于最高温度字母之后。前两种字母(L、M和H)仅是确定抗水性及防锈性的条件,在润滑脂产品代号中不出现。例如一种润滑脂的环境条件经受水洗,则在表7-2的"环境条件"一栏中的字母为H;又要求该种润滑脂在淡水存在下能防锈,则在表7-2中"防锈性"一栏的字母为M。将H、M字母横向搭配一起,便得到表示抗水性及防锈性的字母为H,含义是经受水洗、在淡水存在下能防锈。(4)栏的字母表示润滑脂适用的负荷条件,它是指在高负荷或低负荷下润滑脂的润滑性及极压性。普通非极压润滑脂用A表示;适用重负荷的极压润滑脂用B表示。

在润滑脂的产品代号中,只有字母按规定的顺序标记时才有特定含义,而且表示操作条件的字母单独存在时无意义。

润滑脂产品代号的最后数字是按工作锥入度(25℃,工作60次,单位为1/10mm)范围划分的润滑脂稠度等级号。

润滑脂代号的构成和标记识别举例如下:

$$L\text{-}X\ C\ C\ H\ A\ 2$$

其中:L——类别(润滑剂);

X——组别(润滑脂);

C——最低温度(−30℃);

C——最高温度(120℃);

H——水污染(经受水洗,淡水能防锈);

A——极压性(非极压型脂);

2——数字(稠度等级,2号)。

本润滑脂相当于汽车通用锂基润滑脂(GB/T 5671—1995)。

二、汽车润滑脂的规格

汽车用润滑脂的规格有:《钙基润滑脂》(GB 491—2008)(表7-3)、《汽车通用锂基润滑脂》(GB/T 7324—1995)(表7-4)、《石墨钙基润滑脂》(SH 0369—1992)(表7-5)、《通用锂基润滑脂》(GB 7324—2010)(表7-6)。

钙基润滑脂(GB 491—2008)　　　　　　　　　　　　　　　　　　表7-3

项　　目	质量指标				实验方法
	1号	2号	3号	4号	
外观	浅黄色至暗褐色均匀油膏				目测
工作锥入度(1/10mm)　　≥	310~340	265~295	220~250	175~205	GB/T 269
滴点(℃)	80	85	90	95	GB/T 4929
腐蚀(T₂铜片,室温,24h)	铜片上没有绿色或黑色变化				GB/T 7326 乙法
水分(%)　　≤	1.5	2.0	2.5	3.0	GB/T 512
灰分(%)　　≤	3.0	3.5	4.0	4.5	SH/T 0327
钢网分油量(60℃、24h)(%)　　≤		12	8	6	GB/T 0324
延长工作锥入度,1万次与工作锥入度差值(0.1mm)　　≤		30	35	40	SH/T 269
水淋流失量(38℃,1h)(%)　　≤		10	10	10	GB/T 0109①

注:①水淋后轴承烘干条件为77℃,16h。

汽车通用锂基润滑脂（GB/T 5671—1995）　　　　表 7-4

项　　目		质量指标	试验方法
工作锥入度(0.1mm)		265～295	GB/T 269
滴点(℃)	≥	180	GB/T 4929
钢网分油(100℃,30h)(%)	≤	5	SH/T 0324
相似黏度(-20℃,10s^{-1})(Pa·s)	≤	1500	SH/T 0048
游离碱,(NaOH)(%)	≤	0.15	SH/T 0329
腐蚀(T_2 铜片,100℃,24h)		铜片无绿色或黑色变化	GB/T 7326 乙法
蒸发量(99℃,22h)(%)	≤	2.0	GB/T 7325
漏失量(104℃,6h)(%)	≤	5.0	SH/T 0326
水淋流失量(79℃,1h)(%)	≤	10	SH/T 0109
氧化定性(99℃,100h,0.77MPa),压力降(MPa)	≤	0.070	SH/T 0335
防腐蚀性(52℃,48h,相对湿度100%)(级)	≤	1	GB/T 5018
杂质(个/cm³)			SH/T 0336
10μm 以上	≤	5000	
25μm 以上	≤	3000	
75μm 以上	≤	500	
125μm 以上	≤	0	

石墨钙基润滑脂（SH 0369—1992）　　　　表 7-5

项　　目		质量指标	试验方法
外观		黑色均匀滑膏	目测
滴点(℃)	≥	80	GB/T 249
腐蚀(钢片,100℃,3h)		合格	GB/T 7326
安定性		合格	
水分(%)	≤	2	GB/T 512

通用锂基润滑脂（GB/T 7324—2010）　　　　表 7-6

项　　目		质量指标			试验方法
		1 号	2 号	3 号	
外观		浅黄色至褐色光滑油膏			目测
工作锥入度(0.1mm)		310～340	265～295	220～250	GB/T 269
滴点(℃)	≥	170	175	180	GB/T 4929
腐蚀(T_3 铜片,100℃,24h)		铜片无绿色或黑色变化			GB/T 7326 乙法
钢网分油量(100℃、24h)(%)	≤	10	5		GB/T 4929
蒸发量(99℃,22h)(质量分数)(%)	≤	2.0			GB/T 7325
杂质(显微镜法)(个/cm³)					
10μm 以上	≤	5000	5000	5000	
25μm 以上	≤	3000	3000	3000	SH/T 0336
75μm 以上	≤	500	500	500	
125μm 以上	≤	0	0	0	

项 目		质 量 指 标			试 验 方 法
		1号	2号	3号	
氧化定性(99℃,100h,0.76MPa) 压力降(MPa)	≤	0.070			SH/T 0325
相似黏度(-15℃,10s^{-1})(Pa·s)	≤	800	1000	1500	SH/T 0048
延长工作锥入度(100000)(0.1mm)	≤	380	350	320	GB/T 269
水淋流失量(38℃,1h)(质量分数)(%)	≤	10	8		SH/T 0109
防腐蚀性(52℃,48h)		合格			GB/T 5018

复习思考题

1. 什么是润滑脂？与润滑油比,润滑脂有哪些特点？

2. 试述汽车润滑脂的组成与分类。

3. 对汽车润滑脂的使用性能有何要求？

4. 什么是润滑脂的锥入度、滴点、蒸发度、相似黏度？

5. 什么是润滑脂的极压性、防腐性和防锈性？

6. 什么是润滑脂的胶体安定性、氧化安定性、机械安定性？

7. 解释 L-X C C H A 2 的含义。

第八章　汽车制动液

《机动车辆制动液》(GB 12981—2003)明确了汽车制动液(brake fluid)的概念。汽车制动液是机动车液压制动系统所采用的传递压力的工作介质。

过去,我国将汽车制动液大致分为矿油型、醇型和合成型 3 类。但由于矿油型制动液对天然橡胶有溶胀作用,必须使用耐油橡胶皮碗,实际难以满足,在 GB 10830—1998 中强调制动液应是非矿油型的。醇型制动液由蓖麻油与醇类制成,沸点低,仅有 80℃左右,吸湿性大,易产生气阻,1991 年 12 月 31 日国家技术监督局已宣布停止使用这类制动液。所以,现代汽车使用制动液主要是合成型制动液。合成型制动液以有机溶剂中的醇、醚和脂为基础,再加入添加剂调制而成,是世界上目前广泛使用的汽车制动液。《机动车辆制动液》(GB 12981—2003)规定了合成制动液的技术条件和试验方法。

第一节　汽车制动液的使用性能

汽车制动液的使用性能对于汽车的行驶安全性有直接的影响。汽车制动液的使用性能主要有:高温抗气阻性、与橡胶的配伍性、抗腐蚀性、防锈性、低温流动性、溶水性、稳定性和抗氧化性。

一、高温抗气阻性

现代汽车的车速越来越高,在平坦道路上行驶时,制动液的温度一般为 100～130℃,最高可达 150℃。行驶于多坡道山间公路的汽车,由于制动频繁,制动液温度更高。因此,防止因高温气阻造成制动失灵是对制动液使用性能的主要要求之一。

评定汽车制动液高温抗气阻性的指标是平衡回流沸点和湿平衡回流沸点。

平衡回流沸点(ERBP)与馏分沸点不同,是表示在冷凝回流系统内与大气平衡条件下,试样沸腾的温度。《制动液平衡回流沸点试验方法》(SH/T 0430—1992)的要点是:主要仪器是 100mL 的双口圆底烧瓶,瓶口上安装直型冷凝管和温度计。取 60mL 试样,在 100mL 烧瓶内与大气平衡,以一定的回流速度(每秒 1～2 滴)加热至沸腾,将在一定时间内(2min)所测出的平均沸腾温度校准到标准大气压下的温度作为平衡回流沸点。

湿平衡回流沸点(wet equilibrium reflux boiling point, WERBP)是在制动液的试样中按一定的方法增湿后测得的该溶液的平衡回流沸点,以评定制动液吸水后平衡回流沸点的下降趋势。《附表 C 制动液湿平衡回流沸点测定法》(GB 12981—2003)规定了汽车制动液的平衡回流沸点的测定方法。

实验指导如下。

1. 实验所用仪器

（1）沸点测定仪：沸点测定仪，如图 8-1 所示。

（2）烧瓶：100mL 圆底双口短颈耐热玻璃烧瓶。

（3）冷凝管：冷凝管夹套长为 200mm，下端有一 19 号标准磨塞，端面为倾斜空的直形内芯冷凝管。

（4）沸石：每次测定用 3~4 颗直径为 2~3mm 的碳化硅颗粒（或无釉陶瓷颗粒），粒度为 8 号。

（5）温度计：校正合格的 3 号滴点温度计，符合《石油产品实验用液体温度计技术条件》（GB 514）。

（6）电加热器：能满足实验步骤（1）所规定的加热要求。

2. 实验用样品

试样不少于 200mL。

3. 实验方法和步骤

（1）一切准备就绪后，先开冷却水，再用电加热器先迅速加热，使试样在 10min ± 2min 内沸腾，要求回流速度在 1~5 滴/s，然后立即调整加热，使回流速度达到 1~2 滴/s，在此回流速度下，保持 5min ± 2min 后，每隔 30s 连续读取 4 个温度值（读准到 0.3℃），取其平均值作为读数结果。

（2）记录实验条件下的大气压力。

4. 实验结果

取重复测定的两个结果的算术平均值，作为试样测定的结果。

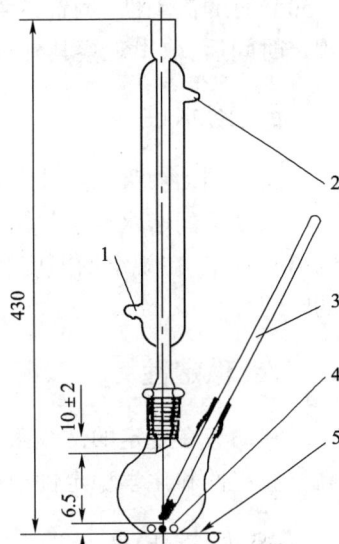

图 8-1 沸点测定装置图（单位：mm）
1-进水口；2-出水口；3-温度计；4-沸石；5-石棉金属网

二、与橡胶的配伍性

汽车液压制动系有皮碗、软管等橡胶件，要求制动液对橡胶零件不会造成显著的溶胀、软化或硬化等不良影响。

制动液与橡胶的配伍性通过橡胶皮碗试验评定，即在规定的试验条件下（皮碗规格、材料、试验温度和时间），将皮碗浸入制动液中，然后观察外观、测定根径增值和硬度下降值。皮碗材料为丁苯胶（SBR）等，直径为 28.25mm。试验条件有两种：120℃、70h 和 70℃、70h 分别进行。

三、抗腐蚀性和防锈性

汽车液压制动系的缸体、活塞、弹簧、导管和阀等主要使用铸铁、铝、铜和钢等材料制成，要求制动液不引起金属腐蚀。另外，当制动液渗进橡胶分子的间隙中时，会从橡胶中抽出一部分组分，抽出物对金属的腐蚀作用也应限制。

汽车制动液的抗腐蚀性和防锈性用制动液金属叠片腐蚀检验法和制动液防锈性检验法评定。

四、低温流动性

当气温低时，汽车液压制动液黏度会增大，使其流动性变差，影响准确地传递压力。因此为保证制动可靠,要求汽车制动液在低温时黏度增加较小,具有较好的低温流动性。

评定汽车制动液低温流动性和高温黏度的指标有：－40℃、100℃的运动黏度；－40℃、－50℃时的流动性(倒置试管测气泡上升到液面的时间)；－40℃、－50℃的试样外观(放置规定时间后,取出观察其外观变化,如透明度、沉淀、分层等现象)。

五、溶水性

要求制动液吸水后能与水互溶,不产生分离和沉淀。

制动液的溶水性通过溶水性试验来评定。方法是：将增湿后的制动液加入到一定容量的离心管中,在规定的温度和保持时间后,观察试样的外观和离心管倒置时气泡上升到液面的时间。

六、稳定性

制动液在规定的试验条件下,加热后和与相容液体混合后,平衡回流沸点变化要小,即高温稳定性和化学稳定性要好。

七、抗氧化性

腐蚀往往是氧化引起的,为了防止腐蚀,制动液应在高温下具有抗氧化性。

制动液抗氧化性通过抗氧化性试验来评定。方法是：用过氧化苯甲酰、蒸馏水和制动液配成试验用混合液,并放入 1/8 个橡胶皮碗和铝、铸铁试片组。在 70℃烘箱内保持 168h 后,取出试片检查有无坑蚀、粗糙不平等腐蚀现象,并计算试片的质量变化。

第二节　汽车制动液的规格

一、国外汽车制动液的规格

国外汽车制动液典型规格有 3 个系列。

1. 美国联邦机动车辆安全标准(FMVSS)

具体是 FMVSSNo. 116DOT-3、DOT-4、DOT-5(表 8-1)。这是世界公认的通用标准。

SAE 和 DOT 系列汽车制动液规格标准　　　　　表 8-1

项　　目		SAE 系列		DOT 系列		
		J1703e	J1703f	DOT-3	DOT-4	DOT-5
平衡回流沸点(℃)　＞	干沸点 湿沸点	190	205	205 140	230 155	260 180
运动黏度(mm²/s)	－40℃ 100℃	1800 以下 1.5 以上	1800 以下 1.5 以上	1500 以下 1.5 以上	1800 以下 1.5 以上	900 以下 1.5 以上
pH 值		7.0～11.5				
稳定性(沸点变化,℃)	185,2h 化学稳定性	3 以下				

120

项　目			SAE 系列		DOT 系列		
			J1703e	J1703f	DOT-3	DOT-4	DOT-5
金属腐蚀性（100℃，120h）	金属试验片	质量变化（mg/cm²）<	马口铁		±0.2		
			钢		±0.2		
			铝		±0.1		
			铸铁		±0.2		
			黄铜		±0.4		
			纯铜		±0.4		
		外观			无点蚀		
	液体性状	外观			不生成胶状或结晶性物质		
		pH 值			7.0～11.5		
		沉淀(%)(体)			0.10 以下		
	橡胶皮碗状态	根部直径增加值(mm)			1.4 以下		
		硬度变化(HS)			0～-15		
		外观			无鼓泡,不析出炭黑,形状和表面无显著变化		
耐寒性		-40℃,144h			透明,不分层,不沉淀,气泡上升时间 10s 以下		
		-50℃,60h			透明,不分层,不沉淀,气泡上升时间 35s 以下		
溶水性(DOT-5 仅吸湿试验)		-40℃,120h			容器倒置,气泡上升时间在 10s 以下		
		60℃,24h,沉淀外观			小于 0.05%（体积）		
					透明,不分层		
蒸发性100℃,7 昼夜		蒸发减量,质量(%)			<80		
	残留物	外观倾点(℃)			无沙砾磨料性沉淀 -5 以下		
液体相容性		-40℃,24h			透明,不分层,无沉淀,(DOT-5 允许分层)		
		60℃,24h			不分层,沉淀 0.05%（体积）以下(DOT-5 允许分层)		
抗氧化性	质量变化（mg/cm²）	铝			0.05 以下		
		铸铁			0.3 以下		
	外观				无点蚀,不粗糙,无胶状附着物		
橡胶相容性(SBR 橡胶)	70℃ 70h	根部直径增加值(mm)			0.15～1.4		
		硬度变化(HS)			0～-10		
		外观			橡胶形状和表面无显著变化		
	120℃ 70h	根部直径增加值(mm)			0.15～1.4		
		硬度变化(HS)			0～15		
		外观			橡胶形状和表面无显著变化		
台架实验,120℃,85000 行程					通过		

2. 美国汽车工程师协会标准(SAE)

具体是 SAEJ1703e、SAEJ1703f 等（表8-1）。

3. 国际标准化组织标准 (ISO)

具体规格是《道路车辆—用非石油基制动液》(ISO 4925—2005)规范,它是参照 FMVSSNo.116DOT-3 制定的,100℃的运动黏度不小于 $1.5mm^2/s$,平衡回流沸点不低于 205℃;湿平衡回流沸点不低于 140℃,见表 8-2。

道路车辆—用非石油基制动液(ISO 4925—2005)　　　　　　表 8-2

项　目		质量指标			
		等级 3	等级 4	等级 5.1	等级 6
外观		清澈透明,无悬浮物、杂质及沉淀物			
运动黏度/(mm²/s)					
−40℃	≤	1500	1500	900	750
100℃	≥	1.5	1.5	1.5	1.5
平衡回流沸点(ERBP)(℃)	≥	205	230	260	250
湿平衡回流沸点(WERBP)(℃)	≥	140	155	180	165
pH 值		7.0 ~ 11.5			
液体稳定性(ERBP)变化(℃)	≤				
高温稳定性(185℃ ±2℃,120min ±5min)		±5			
化学稳定性		±5			
腐蚀性(100℃ ±2℃,120h ±2h)					
试验后金属片质量变化(mg/cm²)					
镀锡铁皮		−0.2 ~ +0.2			
钢		−0.2 ~ +0.2			
铸铁		−0.2 ~ +0.2			
铝		−0.1 ~ +0.1			
黄铜		−0.4 ~ +0.4			
纯铜		−0.4 ~ +0.4			
锌		−0.4 ~ +0.4			
外观		无蚀斑或表面粗糙不平			
脱色/色斑		允许			
试验后试液性能					
外观		无结晶状物质			
pH 值		7.0 ~ 11.5			
沉淀物(体积分数)(%)	≤	0.10			
试验后橡胶皮碗状态					
鼓泡、炭黑析出		无			
硬度降低值	≤	15			
根径增值(mm)	≤	1.4			
体积增值(%)	≤	16			

项　目		质 量 指 标			
		等级 3	等级 4	等级 5.1	等级 6
低温流动性和外观 　-40℃±2℃,144h±2h 　外观		清晰均匀液体			
气泡上浮至液面的时间(s)	≤	10			
沉积物(%)		无			
-50℃±2℃,6h±0.2h 　外观		清晰均匀液体			
气泡上浮至液面的时间(s)	≤	35			
沉积物(%)		无			
溶水性 （-40℃,22h) 　外观		清亮透明均匀			
气泡上浮至液面的时间(s)	≤	10			
沉积物(%)		无			
（-60℃,22h) 　外观		清晰均匀液体			
沉积物(%)	≤	0.05			
与 ISO 4925 液体相容性(22h±2h) （-40℃,22h) 　外观		清晰均匀液体			
沉积物(%)		无			
（-60℃,22h) 　外观		清晰均匀液体			
沉积物(%)	≤	0.05			
抗氧化性 金属片外观 脱色/色斑		无蚀斑或表面粗糙不平,允许痕量胶质沉淀 允许			
铝质量变化(mg/cm²)	≤	-0.05 ~ +0.05			
铸铁质量变化(mg/cm²)	≤	-0.3 ~ +0.3			
橡胶适应性(120℃,70h) 丁苯橡胶(SBR)皮碗					
根径增值(mm)		0.15 ~ 1.40			
硬度降低(IRHD)		-15 ~ 0			
体积增加值(%)		1 ~ 16			
鼓泡、炭黑析出		无			
三元乙丙橡胶(EPDM)试件					
硬度降低(IRHD)		-15 ~ 0			
体积增加值(%)		0 ~ 10			
鼓泡、炭黑析出		无			

二、国内汽车制动液规格

国内汽车制动液的规范标准是《机动车辆制动液》(GB 12981—2012),该标准涉及机动车液压制动和液压离合器系统用非石油基型制动液一个产品系列,产品系列名为 HZY。HZY 三个字母分别代表"合成""制动""液体"。按产品使用工况和黏度级别要求的不同分为 HZY3、HZY4、HZY5、HZY6 四个级别,分别对应国际标准化 ISO 4925—2005 中 Class3、Class4、Class5、Class6,其中 HZY3、HZY4、HZY5 对应于美国交通运输部制动液类型 DOT3、DOT4、DOT5.1。

机动车辆制动液的技术要求和试验方法见表 8-3 和表 8-4。

机动车辆制动液的技术要求　　　　　　　　　　　　　　　　　　表 8-3

项　目		质量指标				试验方法
		HZY3	HZY4	HZY5	HZY6	
外观		清澈透明,无悬浮物、杂质及沉淀物				目测
运动黏度(mm²/s)						GB/T 265
-40℃	≤	1500	1500	900	750	
100℃	≥	1.5	1.5	1.5	1.5	
平衡回流沸点(ERBP)(℃)	≥	205	230	260	250	SH/T 0430
湿平衡回流沸点(WERBP)(℃)	≥	140	155	180	165	附录 C[①]
pH 值		7.0 ~ 11.5				附录 D
液体稳定性(ERBP)变化(℃)	≤					附录 E
高温稳定性(185℃ ±2℃,120min ±5min)		±5				
化学稳定性		±5				
腐蚀性(100℃ ±2℃,120h ±2h)						附录 F
试验后金属片质量变化(mg/cm²)						
镀锡铁皮		-0.2 ~ +0.2				
钢		-0.2 ~ +0.2				
铸铁		-0.2 ~ +0.2				
铝		-0.1 ~ +0.1				
黄铜		-0.4 ~ +0.4				
纯铜		-0.4 ~ +0.4				
锌		-0.4 ~ +0.4				
外观		无肉眼可见腐蚀和表面粗糙不平,允许脱色或色斑				
试验后试液性能						
外观		无凝胶,在金属表面无黏附物				
沉淀物(体积分数)(%)	≤	0.10				
pH 值		7.0 ~ 11.5				
试验后橡胶皮碗状态						
外观		表面不发黏,无炭黑析出				
硬度降低值	≤	15				
根径增值(mm)	≤	1.4				
体积增值(%)	≤	16				

项　目	质量指标				试验方法
	HZY3	HZY4	HZY5	HZY6	
低温流动性和外观 －40℃±2℃,144h±2h 外观 气泡上浮至液面的时间(s)　　≤ －50℃±2℃,6h±0.2h 外观 气泡上浮至液面的时间(s)　　≤ 沉淀	清亮透明均匀 10 清亮透明均匀 35 无				附录F
蒸发性能(100℃±2℃,168h±2h) 蒸发损失质量分数(%)　　≤ 残余物性质 残余物倾点(℃)　　≤	80 用指尖摩擦时,沉淀中不含有颗粒性砂粒和磨蚀物 －5				附录H①
溶水性(22h±2h) －40℃ 外观 气泡上浮至液面的时间(s)　　≤ 沉淀 60℃ 外观 沉淀量(体积分数)(%)　　≤	清亮透明均匀 10 无 清亮透明均匀 0.05				附录H
液体相容性(22h±2h) －40℃ 外观 沉淀 60℃ 外观 沉淀量(体积分数)(%)　　≤	清亮透明均匀 无 清亮透明均匀 0.05				附录I
抗氧化性(70℃±2℃,168h±2h) 金属片外观 金属片质量变化(mg/cm²)　　≤ 铝 铸铁	无可见坑蚀和点蚀,允许痕量胶质沉淀,允许试片脱色 －0.05～+0.05 －0.3～+0.3				附录J
橡胶适应性(120℃±2℃,70h±2h) 丁苯橡胶(SBR)皮碗 根径增值(mm) 硬度降低(IRHD)　　≤ 体积增加值(%) 三元乙丙橡胶(EPDM)试件 硬度降低(IRHD)　　≤ 体积增加值(%) 外观	0.15～1.40 15 1～16 15 0～10 不发黏,无鼓泡,不析出炭黑				附录K

注:①测试结果出现争议时,本标准推荐以A法的测试结果为准。

项 目	质量指标				试验方法
	HZY3	HZY4	HZY5	HZY6	
行程模拟性能(85000 次行程,120℃±5℃,7.0MPa±0.3MPa)	通过				附录 L[①]
防锈性能	合格				附录 M[①]

注:①由供需双方协商确定。

第三节　汽车制动液的选择

我国现行的制动液标准《机动车辆制动液》(GB 12981—2012)为强制性标准,共有 15 项技术指标要求,分别是外观、平衡回流沸点、湿平衡回流沸点、运动黏度(100℃、-40℃)、pH 值、液体稳定性、腐蚀性、低温流动性和外观、蒸发性能、溶水性、液体相溶性、抗氧化性、橡胶相溶性、行程模拟性能和防锈性能。

汽车制动液的选择应坚持两条原则:一是使用合成制动液;二是选择质量等级符合国家标准要求的制动液。

由于制动系中的密封件为橡胶皮腕,长期浸泡在制动液中会发生化学变化,造成皮腕膨胀或收缩,导致皮碗密封不严甚至漏油,从而影响制动性能。因此应选择与橡胶配伍性良好的制动液。

选择制动液时要注意制动液的高温性能,当汽车长时间行驶、在高速或下长坡行驶或频繁制动时,制动器温度会高达数百度。制动液温度随着制动器的温度升高而升高,若制动液沸点不够高,制动液汽化,产生气泡,踩制动踏板时会感到发软,会出现制动滞后,不能保证行车安全。因此,选择制动液时要注意其高温性能,即制动液高温下抗气阻的能力,可通过"平衡回流沸点"这一指标来考察。一种制动液的平衡回流点越高,说明其高温性能越好。

选择制动液时还要注意制动液的低温性能,也就是制动液低温时的流动性能,可通过"-40℃时制动液的运动黏度"来考察。如果制动液的低温流动性不好,低温条件下制动液的黏度就会过高,使制动力传递受阻,使车辆在严寒的冬季出现制动失灵,或发生影响行车安全的现象。

由于汽车制动系统中不少零部件都是金属材料,因此,好的制动液应加入各种防腐蚀的添加剂,这样才能防止制动系统被腐蚀,所以在选择制动液时还要注意制动液的抗氧化性。

另外,制动液长期使用应无沉淀物。制动液长期在高温状态下使用,质量不稳定就会产生热分解,生成沉淀物,同样会影响制动性能。

在选购制动液时,应尽可能购买长期为汽车厂提供配套制动液的生产厂家的产品,确保质量可靠,性能稳定;在种类选择上,应选择合成制动液,尽量不要购买已淘汰的醇型制动液;制动液具有吸水特性,会出现沸点降低、污染及不同程度的氧化变质,长时间不更换会腐蚀制动系统,给行车带来隐患,应及时更换。

1. 什么是汽车制动液？汽车制动液分为哪几类？

2. 汽车制动液使用性能有哪些？

3. 汽车制动液高温抗气阻性的指标是什么？

4. 汽车制动液与橡胶的配伍性、抗腐蚀性和防锈性如何评定？

5. 评定汽车制动液低温流动性和高温黏度的指标有哪些？

6. 国外制动液规格有哪些？并指出其具体内容。

7. 国内车辆制动液的目前使用标准是什么？

8. 汽车的选择原则有哪些？选择制动液应注意什么事项？

9. 了解汽车制动液平衡回流沸点测试实验的基本过程。

第九章　自动变速器油

随着汽车工业的发展,汽车各种新结构新技术不断涌现。汽车采用液力自动变速器,使起步容易且更加平稳,提高发动机和传动系的使用寿命。自动变速器的液力变矩器以自动变速器油传递转矩,使行星齿轮机构进行变速,根据加速踏板位置和车速变化,自动地改变车速。自动变速器油简称 ATF(Automatic Transmission Fluid),是专门用于自动变速器的油液。自动变速器专用油液既是液力变矩器的传动油,又是行星齿轮机构的润滑油和换挡装置的液压油。

第一节　自动变速器油的使用性能

自动变速器油是一种多功能液体,应具备传能、控制、润滑和冷却等多种功能。

一、低温性和黏温性

自动变速器油的使用温度范围很宽,一般为 $-40 \sim 170\text{℃}$。自动变速器的功能对自动变速器油的黏度十分敏感。而组成自动变速器的各部件对自动变速器油的黏度要求不同。从提高液力变矩器的传动效率,控制系统动作的灵敏性角度看,黏度低有利;为满足齿轮和轴承的润滑要求,减少液压控制系统和油泵泄漏,自动变速器油的黏度也不能过低。当黏度偏大时,不仅影响变矩器的效率,而且可能造成低温起动困难;当黏度偏小时,会导致液压系统的泄漏增加。因此,自动变速器油必须兼顾多种功能,具有适当的黏度和良好的低温性、黏温性。

对自动变速器油要求 100℃、-23℃ 和 -40℃ 时的黏度,并要求进行稳定性试验,即测定耐久性试验后的 99℃ 时的黏度。

二、热氧化安定性

自动变速器油的热氧化安定性是使用中一个极为重要的问题,因为自动变速器油的使用温度很高,如热氧化安定性不好,则会生成油泥、漆膜积炭和沉淀物等,少量沉淀物便会使自动变速器压力控制机构的管路和阀门的工作受到影响,油内氧化生成的酸或过氧化物对轴承、橡胶密封材料也有损害。因此,对自动变速器油热氧化安定性要求严格。

各种规格自动变速器油热氧化安定性多采用"氧化试验"来评定。

三、抗磨性或极压抗磨性

为确保自动变速器的行星齿轮机构、轴承、垫圈和油泵等长期正常工作,要求自动变速器油必须润滑良好。变速机构中主要零件的接触面多为钢和钢、钢和青铜等,则自动变速器油应保证对不同材料的摩擦副都应具有良好抗磨性。

自动变速器油的抗磨性是通过四球机磨损试验、梯姆肯磨损试验和叶片泵试验来评定的。

四、对橡胶材料的适应性

自动变速器油不应使自动变速机构中使用的丁腈橡胶、丙烯橡胶和硅橡胶等密封材料过分膨胀、收缩和硬化,否则将会产生漏油和其他危害。

自动变速器油与橡胶密封材料的适应性通过橡胶浸泡试验来评定。

五、摩擦特性

自动液力变速器换挡执行机构的离合器属于湿式多片摩擦离合器,自动变速器油作为摩擦介质,要求有与摩擦片相匹配的静、动摩擦系数,否则会影响换挡性能。

摩擦特性通过台架试验或实车试验进行评定。

六、抗泡沫性

自动变速器油产生泡沫对液力传动系统危害很大,这是由于自动变速器油既是变矩器传递功率的介质,又是变速器自动控制的介质和润滑冷却的介质。泡沫使液力变矩器传递效率下降;泡沫的可压缩性导致液压系统压力波动和油压下降,严重时可使供油中断;泡沫影响自动控制系统的传动准确性;油中混入大量空气,实际是减少了润滑油量,这些泡沫在压缩过程中,温度升高,又加速了油品老化,影响了油品使用寿命,而且会导致机件早期磨损。

自动变速器油的抗泡沫性能通过下列试验评定:GM DTD 泡沫试验器;ASTM D892 程序试验。

第二节 自动变速器油的规格

一、国外自动变速器油的规格

国外自动变速器油的规格多采用美国 ASTM 和 APl 共同提出的 PTF(Power Transmission Fluid)使用分类(表9-1),将 PTF 分为 PTF-1、PTF-2 和 PTF-3 等 3 类。

汽车自动液的使用和分类(2002)   表9-1

分 类	适 用 范 围	相 应 规 格
PTF-1	轿车、轻型货车的自动传动装置	通用汽车公司 Dexron ii D ii E iii 福特汽车公司 Mercon,newmercon
PTF-2	重负荷功率转换器,货车负荷较大的汽车自动传动装置,多级变矩器和液力耦合器	埃列逊公司 AllisonC-3 AllisonC-4
PTF-3	农业和建筑机械的分动箱传动装置,液压、齿轮、制动,和发动机共用的润滑系统	约翰狄尔公司 J-20BJ-14BJDT-303 福特汽车公司 W2C41A

表 9-1 所列的 3 类油,PTF-1 类油主要用于轿车、轻型货车作自动变速器油。此类油对低温黏度要求较高,即要有好的低温起动性。GM DEXRON Ⅱ 的规格有 DEXRON Ⅱ -C 型(不抗银)和 DEXRON Ⅱ -D 型(抗银)之分,这主要考虑油品对自动变速器油冷却器含银件的腐蚀问题。PTF-2 类油与前者最大的不同是负荷高,因此对极压、抗磨要求较高,而对低温黏度要求放宽了。PTF-3 类油主要用在农业和建筑业机械的低速运转的变速器中,对耐负荷性和抗磨性的要求比 PTF-2 类油更严格。

轿车、轻型货车用自动变速器油(液力传动油)的典型规格是通用汽车公司(GM)DEXRON Ⅱ(表 9-2)。

美国 GMD EXRON Ⅱ 汽车液力传动油的规格　　　　　　　　　　表 9-2

项　　目	GMD EXRON Ⅱ 规格
黏度 −23.3℃(mPa·s) −40℃(mPa·s)	4000(最大) 5000(最大)
黏度安定性(耐久试验) 99℃(mm²/s)	5.5(最小)
闪点(℃)	160 最小
铜片腐蚀	变黑,无片状(204℃,3h)
防锈性	无锈
对橡胶密封材料的影响	浸泡试验,观察试验前后体积和硬度的变化
极压抗磨性	动力转向泵试验(7MPa,2950r/min,50h)
热氧化安定性	THM-350 氧化试验(THCT),163℃,300h,空气量 90mL/min
摩擦特性	参看下面的 HEF CAD
传动耐久性试验	(1)THCT、THM-350 135℃,循环后换挡时间 0.35~0.75s; (2)HEF CAD,SAE No.2 摩擦试验机 140℃,100h
换挡试验	用实车试验,和标准具有同等的换挡性能
混合性	合格
臭味	无臭
抗泡性	94 无泡,135 泡沫高度 9.5mm(最大),消泡 23s(最大)

二、国内自动变速器油的规格

目前,我国仅有液力传动油两种企业规格(表 9-3、表 9-4),按 100℃ 运动黏度分为 8 号和 6 号两种,都是采用精制的基础油加入油性剂、抗磨剂、抗氧化剂、黏度指数改进剂和抗泡剂等。其中 6 号液力传动油用于内燃机车或载货汽车的液力变矩器,8 号液力传动油用于各种轿车、轻型客车的液力自动变速器,可以替代国外的同类产品。8 号液力传动油相当于国外 PTF-1 类油中的 GMD EXRON Ⅱ 规格,主要用作轿车的液力传动油。6 号液力传动油相当于国外 PTF-2 类油,主要用于内燃机车、载货汽车以及工程机械的液力传动系统。

国产 8 号液力传动油规格

表 9-3

项　　目		质量指标	试验方法
运动黏度(mm²/s)(100℃)	≥	8	GB/T 265—1988
−20℃	≤	2000	
闪点(开口)(℃)	≥	160	GB/T 267—1988 或 GB/T 3536
凝点(℃)	≤	−55(−25)	GB/T 510—1988
机械杂质(%)	≤	无	GB/T 511—1988
水分(%)	≤	无	GB/T 3142—1988
临界负荷(常温)(N)	≤	800	GB/T 3142—1988
抗泡沫性(93℃,24℃)(mL)	≥	50	GB/T 12579—1990
腐蚀(铜片,100℃,3h)		合格	GB/T 0195—1992

国产 6 号液力传动油规格

表 9-4

项　　目		质量指标	试验方法
运动黏度(50℃)(mm²/s)		18 ~ 24	GB/T 265—1988
酸值(mgKOH/g)	≤	0.08	GB/T 264—1983
闪点(开口)(℃)	≥	160	GB/T 267—1988 或 GB/T 3536
凝点(℃)	≤	−35	GB/T 510—1988
水溶性酸或碱		无	GB/T 295—1988
灰分(%)	≤	0.005	GB/T 508—1985
机械杂质(%)		无	GB/T 511—1988
水分(%)		无	GB/T 260—1988
腐蚀(铜片,100℃,3h)		合格	SH/T 0195—2000
抗氧化安定性:氧化后酸值		0.35	SH/T 0193
氧化后沉淀(%)		0.1	

第三节　自动变速器油的选择

　　自动变速器的工作特点要求自动变速器油必须具有较高的品质,保证其具有适当的黏度和低温流动性、抗磨性、热氧化安定性、抗泡沫性、密封材料适应性、摩擦特性、剪切安定性及防腐性等。

　　自动变速器油的型号很多,各国的用油规定也不同,一般应按汽车使用说明书的规定,选用适当品种的液力传动油。轿车和轻型货车应选用 8 号油,进口轿车要求用 DEXRON Ⅱ 型自动变速器油的均可用 8 号油代替。重型货车、工程机械的液力传动系统则应选用 6 号油。全液压的拖拉机、工程机械应选用拖拉机传动、液压两用油。

　　自动变速器油的型号不同,其摩擦系数也不同。因此,既不能错用,也不能混用,否则会出现自动变速器的离合器、制动器打滑,加速摩擦片的早期磨损。

1. 自动变速器油有何功用？对自动变速器油的使用性能有哪些要求？

2. 为什么对自动变速器油的热氧化安定性要求严格？

3. 为什么对自动变速器油的抗泡沫性要求严格？

4. 国外自动变速器油的规格有哪些？并说明各规格使用范围。

5. 我国自动变速器油的两种企业规格:8号和6号是根据什么划分的？分别相当于国外自动变速器油的什么规格？

第十章 汽车其他工作液

随着汽车技术的不断进步，汽车其他工作液的种类越来越多。目前，汽车其他工作液主要有：汽车发动机冷却液、铅酸蓄电池的电解液、空调制冷剂、减振器油、车用添加剂和清洗液等。

第一节 汽车发动机冷却液

在可燃混合气的燃烧过程中，汽缸内的气体温度可达到 1 700～2 500℃。为保证汽车发动机正常工作，必须对在高温条件下工作的零件进行冷却。目前汽车发动机广泛采用强制循环液冷却系，冷却液（即冷却介质）是发动机冷却系中带走高温零件热量的一种工作介质。

由于发动机性能的逐渐强化，车速不断提高，对汽车冷却系的冷却作用提出了更高的要求，即防止由于冷却液沸腾而使发动机过热。汽车冬季露天停放或长时间停车，发动机温度降至与气温相近，因此发动机冷却液还应具有防冻的功能。此外，还要求发动机冷却液能防腐蚀和防水垢的产生。

一、汽车发动机冷却液的使用性能

为保证汽车发动机正常工作和延长发动机的使用寿命，要求汽车发动机冷却液应具备下列品质。

1. 黏度小，流动性好

汽车发动机冷却液的黏度越小越好，这样有利于流动，散热效果好。

2. 冰点低，沸点高

冰点就是在没有过冷情况下冷却液开始结晶的温度；或者在有过冷情况下结晶开始，短时间内停留不变的最高温度。若汽车在低温条件下停放时间较长，而发动机冷却液的冰点达不到应有的温度，则发动机的冷却水套和散热器就会被冻裂。因此，要求发动机冷却液防冻性好。

沸点是发动机冷却系内部压力在与外界大气压相等的条件下，冷却液开始沸腾的温度。发动机冷却液在较高温度下不沸腾，可保证汽车在满载、高负荷、高速条件下或在山区、热带夏季正常行车。

因此，要求发动机冷却液冬天防冻、夏天防沸。

3. 防腐蚀性好，不损坏汽车有机涂料

发动机冷却液在工作中要接触多种金属材料，如果它对金属有腐蚀性，就会影响发动机的正常工作。为使发动机冷却液有良好的防腐性，要保持冷却液呈碱性状态，要求发动机冷却液的 pH 值在 7.5～11.0 之间，超出范围将对防腐蚀性产生不利的影响。

发动机冷却液是一种化学物质的调合物,在加注中很容易接触到汽车的有机涂料层,这就要求发动机冷却液对汽车有机涂料不能有不良影响,例如剥落、鼓泡和褪色等。

4. 不易产生水垢,抗泡性好

水垢对发动机冷却系的散热强度影响很大。试验表明,水垢的传热系数比铸铁小几十倍,比铝合金小100~300倍。据有关资料介绍,在发动机维修工作中,约有6%是发动机冷却系出现的故障,而故障的常见原因是由于水垢或腐蚀所造成的。

发动机冷却液如果产生过多的泡沫,不仅会降低传热系数、加剧气蚀,而且会造成冷却液溢流。

二、汽车发动机冷却液及其标准

1. 用水做汽车发动机冷却液存在的问题

水的比热容大,黏度小,在常温下的流动性好。因此,长期以来一直在我国作为汽车发动机冷却液。但水不能防冻,在0℃时水结冰,体积增加8.3%,如果体积膨胀受到限制,产生的压强可达230MPa。若用水作汽车发动机冷却液,在0℃下使用时,即会因水结冰而造成缸体、散热器冻裂。为此,寒冷季节在室外停放的车辆,必须将散热器中的水放干净,由此给使用者带来不便。冷却水在工作中还易生成水垢,影响传热系数,加之水达100℃时便沸腾,所以用水作冷却液已不适应汽车使用方便性和现代汽车发动机性能的要求。

目前,国内使用的冷却液按照发动机使用负荷大小可分为轻负荷冷却液和重负荷冷却液两类;按主要原材料可分为乙二醇型、丙二醇型和其他类型三类。

2. 乙二醇、丙二醇的主要性质

1)乙二醇

乙二醇的分子式为$C_2H_6O_2$,结构式为$HOCH_2CH_2OH$。纯乙二醇是微酸性、易吸湿、无色透明的黏稠液体。纯乙二醇可燃,但配制成的冷却液则具有明显的阻燃作用。乙二醇有微毒,按我国现行工业毒物的6级毒性分级方法,其毒性属于5级。乙二醇的主要物理化学性质见表10-1。

乙二醇的主要物理化学性质　　　　　　　　　　　　　　表10-1

项　　目	数　据	项　　目	数　据
分子量	62.07	闪点(开口)(℃)	115.6
相对密度(单位 d_{20}^{20})	1.1155	黏度(50℃)(Pa·s)	20.93×10^{-3}
沸点(℃)	197.8	燃点(℃)	121.0
冰点(℃)	-13.0	自燃温度(℃)	412.8
比热容(kJ/kg·℃)	2.40	密度(g/cm³)	0.9302
蒸气压(20℃)(kPa)	0.027		

乙二醇可以与水以一定比例互溶,对降低冰点效果好(图10-1)。当乙二醇浓度为58%(体积比)时发动机冷却液的冰点为-48℃。当乙二醇的浓度在58%~80%时,没有明显的冰点,不仅不能改善防冻性能,反而会引起低温黏度增加。

2)丙二醇

丙二醇学名"1,2-丙二醇"。分子式为$C_3H_8O_2$,化学式为$CH_3CHOHCH_2OH$。丙二醇是无色或灰黄色黏稠稳定的吸水性液体,几乎无味无臭,或略有辣味。混溶于水、丙酮、醋酸乙酯和氯仿,溶于乙醚。可溶解于许多精油,但与石油醚、石蜡和油脂不能混溶。对热、光较稳定,低温时更稳定。丙二醇在高温时能被氧化成丙醛、乳酸、丙酮酸与醋酸。

丙二醇为二元醇,具有一般醇的性质。与有机酸及无机酸反应,可生成单酯或双酯。与环氧丙烷反应,生成醚。与卤化氢反应,生成卤代醇。与乙醛反应,生成甲基二氧戊环。丙二醇溶解性能好,毒性和刺激性较小,是比甘油更好的溶剂。常温下极稳定,但在高温下(280℃以上)敞开放置被氧化;与95%的乙醇或水混合后,具有化学稳定性。

丙二醇可燃,遇强氧化剂有着火危险。丙二醇的主要理化性质见表10-2。

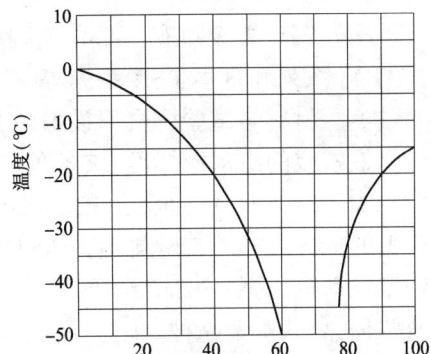

图10-1 乙二醇水深液的结冰温度(体积%)

丙二醇的主要理化性质 表10-2

项 目	数 据	项 目	数 据
分子量	76.09	溶点(℃)	−60
相对密度(单位 d_{20}^{20})	1.04	闪点(℃)	99℃(闭口),107℃(开口)
冰点(℃)	−59	黏度(250℃)(mPa·s)	60.5
沸点(℃)	188.2	燃点(℃)	121.0
比热容(kJ/kg·℃)	2.49	自燃温度(℃)	421.1
蒸气压(20℃)(kPa)	0.0106	密度(25℃)(g/cm³)	1.036

3.发动机冷却液分类及型号

轻负荷发动机是长期在比额定功率低得多的条件下运转的发动机;重负荷发动机是长期在额定功率或接近额定功率条件下运转的发动机,重负荷发动机大多采用湿式缸套。轻负荷冷却液分类及型号见表10-3、重负荷冷却液分类及型号见表10-4。

轻负荷冷却液分类代号及型号 表10-3

产品分类		代 号	型 号
乙二醇型	浓缩液	LEC-Ⅰ	—
	稀释液	LEC-Ⅱ	LEC-Ⅱ-15、LEC-Ⅱ-20、LEC-Ⅱ-25、LEC-Ⅱ-30、LEC-Ⅱ-35、LEC-Ⅱ-40、LEC-Ⅱ-45、LEC-Ⅱ-50
丙二醇型	浓缩液	LPC-Ⅰ	—
	稀释液	LPC-Ⅱ	LPC-Ⅱ-15、LPC-Ⅱ-20、LPC-Ⅱ-25、LPC-Ⅱ-30、LPC-Ⅱ-35、LPC-Ⅱ-40、LPC-Ⅱ-45、LPC-Ⅱ-50
其他类型		LOC	依据冰点标注值

重负荷冷却液分类及型号 表10-4

产品分类		代 号	型 号
乙二醇型	浓缩液	HEC-Ⅰ	—
	稀释液	HEC-Ⅱ	HEC-Ⅱ-15、HEC-Ⅱ-20、HEC-Ⅱ-25、HEC-Ⅱ-30、HEC-Ⅱ-35、HEC-Ⅱ-40、HEC-Ⅱ-45、HEC-Ⅱ-50
丙二醇型	浓缩液	HPC-Ⅰ	—
	稀释液	HPC-Ⅱ	HPC-Ⅱ-15、HPC-Ⅱ-20、HPC-Ⅱ-25、HPC-Ⅱ-30、HPC-Ⅱ-35、HPC-Ⅱ-40、HPC-Ⅱ-45、HPC-Ⅱ-50

4. 发动机冷却液相关标准及技术要求

国外发动机冷却液主要有美国材料与试验协会（ASTM）D 系列、美国汽车工程师协会（SAE）J 系列和日本 JISK 系列等。

美国材料与试验协会下设 D15 发动机冷却液技术委员会，制定冷却液标准 38 个，是世界上最权威的冷却液标准，被各国广泛采用。其中《汽车及轻负荷发动机用二醇基冷却液》（ASTM D3306-09）、《全配方二醇型重负荷发动机冷却液规范》（ASTM D6210-08）、《需预加 SCA 的低硅酸盐乙二醇规范》（ASTM D4985）均为 ASTM D 系列标准。ASTM D3306 适用于轻型发动机，它包含乙二醇型、丙二醇型两大类型冷却液，每一类又分为浓缩液和 50% 稀释液两种，总共 4 个品种。

ASTM D6210 适用于重型发动机，分类与技术要求方面等同于 D3306，不同的是针对重负荷发动机冷却液的特殊要求，增加了强制性附录，对化学组分提出要求。

ASTM D4985 也是重负荷发动机冷却液规范，该标准对需要预添加补充添加剂（SCA）的重负荷发动机冷却液提出要求，即浓缩液硅含量低于 250×10^{-6}，质量指标基本等同于 ASTM D3306。

SAE J814—2007 出自美国工程师协会（SAE）J 系列。

《不冻液》（JIS K2234—2006）是日本的冷却液工业规范，标准将发动机冷却液分为供冬季使用的 AF 型和全年通用的 LLC 型两大类。

美国标准和日本标准在控制发动机冷却液防腐性能方面各有侧重。美国标准侧重于控制铸铝合金传热腐蚀，指标要求为 $\leqslant 1.0\mathrm{mg/cm^2}$，日本标准仅为"报告"，没有具体指标。而日本标准对玻璃器皿腐蚀及模拟使用腐蚀的要求较高。增加了试验后溶液的性能变化和试验部件的状况的变化内容。2014 年 ASTM 重新修订，将原有的 ASTM D3306 和 ASTM 5216D 合并为《汽车及轻负荷车辆二元醇型发动机冷却液规范》（ASTM D3306），规定了四种类型的冷却液技术要求，见表 10-5。

在美国，关于发动机冷却液的标准，还有美国联邦标准（FED·SPEC·OA-5480）、美国军用标准（MIL-A-11755C、MIL-A-46135B）。

汽车及轻型设备用（乙二醇基）发动机冷却剂技术要求（ASTM D3306—2014）　表 10-5

项　　目		质 量 指 标	试 验 方 法
相对密度		1.110～1.145	ASTM D1122
冰点（℃），50%（体积分数）水溶液		-37 或更低	ASTM D1177
沸点（℃），50%（体积分数）水溶液		107.8	ASTM D1120
对汽车有机涂料的影响		无	ASTM D1882
灰（%）（质量分数）	≤	5	ASTM D1119
pH 值，50%（体积分数）水溶液		7.5～11.0	ASTM D1287
储备碱度	≥	10	ASTM D1121
水分含量（%）（质量分数）	≤	5	ASTM D1123
泡沫最大体积（mL），破裂时间（s）		150,5 以下	ASTM D1881
颜色		便于分辨	
气味		无刺激性气味	
对非金属影响		无	
储存稳定性		1 年以上	
玻璃器皿腐蚀试验			ASTM D1384

项　目	质量指标	试验方法
金属片质量损失(mg/片)30%	纯铜20,焊锅60	
(体积分数)水溶液,88℃,336h	黄铜10	
	钢10,铸铁10	
模拟使用腐蚀试验		
金属试片质量损失(mg/片)	纯铜20,焊锅60,黄铜10	
	钢10,铸铁10,铸铝60	
铸铝热喷射表面腐蚀试验		ASTM D2807
质量损失(mg/片)	10	
穴蚀试验	语言描述	
行车腐蚀试验	语言描述	ASTM D2847

冷却液是以防冻剂和缓蚀剂为原材料复合配制而成的,在发动机冷却系统中应起到冷却、防腐、防冻的作用。对发动机冷却液应有相关的技术标准和实验要求,以保证冷却液的功能。中国相关的标准有:行业标准《乙二醇型和丙二醇型发动机冷却液》(NB/SH/T 0521—2010)和国家标准《机动车发动机冷却液》(GB 29743—2013)。《乙二醇型和丙二醇型发动机冷却液》(NB/SH/T 0521—2010)的检测项目和标准要求见表10-6。国家标准《机动车发动机冷却液》(GB 29743—2013)对冷却液的通用标准和试验要求见表10-7,对乙二醇型冷却液理化性能要求和试验方法见表10-8,对丙二醇型冷却液理化性能要求和试验方法见表10-9;其他类型的冷却液理化性能要求和试验方法见表10-10;对冷却液使用性能要求表10-11。

乙二醇型和丙二醇型发动机冷却液的检测项目和标准　　表10-6

检测项目	检测标准	推荐的仪器
密度20℃	GB/T 1884 原油和液体石油产品密度实验室测定法(密度计法)	DA-640 石油产品数字式密度计
冰点	SH/T 0090 发动机冷却液冰点测定法	
沸点	SH/T 0089 发动机冷却液沸点测定法	
灰分	GB/T 508 石油产品灰分测定法	
pH值	SH/T 0069 发动机防冻剂、防锈剂和冷却液pH值测定法	
水分	SH/T 0086 发动机冷却液的浓缩液中水含量测定法(卡尔费休法)	容量法 MKS-520 卡尔费休水分测定仪(容量法)
储备碱度	SH/T 0091 发动机冷却液和防锈剂储备碱度测定法	AT-510 石油产品自动电位滴定仪
泡沫倾向	SH/T 0066 发动机冷却液泡沫倾向测定法(玻璃器皿法)	LF-1型润滑油泡沫特性试验仪
对汽车有机涂料影响	SH/T 0084 冷却系统化学溶液对汽车上有机涂料影响的试验方法	
腐蚀试验(玻璃器皿)	SH/T 0085 发动机冷却液腐蚀测定法(玻璃器皿法)	

冷却液的通用标准和试验要求　　表10-7

项　目	技术要求	试验方法
外观①	无沉淀及悬浮物、清澈透明液体	目测
颜色	有醒目颜色	目测
气味	无刺激性异味	嗅觉

注:①浓缩液允许有少量的沉淀,稀释后应清亮透明。

表 10-8

乙二醇型冷却液理化性能要求和试验方法

项　目	性能要求 LEC-I HEC-I	LEC-II-15 HEC-II-15	LEC-II-20 HEC-II-20	LEC-II-25 HEC-II-25	LEC-II-30 HEC-II-30	LEC-II-35 HEC-II-35	LEC-II-40 HEC-II-40	LEC-II-45 HEC-II-45	LEC-II-50 HEC-II-50	试验方法
其他二元醇含量①（质量分数）（%）	≤15	—								GB/T 14571.2
密度（20℃）（g/cm³）	1.108～1.144	≥1.036	≥1.044	≥1.05	≥1.055	≥1.06	≥1.065	≥1.07	≥1.076	SH/T 0068
冰点（℃）原液	≤-36.4									SH/T 0090
冰点（℃）50%体积稀释液		≤-15.0	≤-20.0	≤-25.0	≤-30.0	≤-35.0	≤-40.0	≤-45.0	≤-50.0	SH/T 0090
沸点（℃）原液	≥163.0									SH/T 0089
沸点（℃）50%体积稀释液	≥108.0	≥105.5	≥106.0	≥106.5	≥107.0	≥107.5	≥108.0	≥108.5	≥109.0	SH/T 0089
灰分（质量分数）（%）	≤5.0			≤2.5				≤3.0		SH/T 0067
pH值 原液	—				7.5～11.0					SH/T 0069
pH值 50%体积稀释液	7.5～11.0									SH/T 0069
氯含量（mg/kg）					≤60					SH/T 0621
水分（质量分数）（%）	≤5.0									SH/T 0086
储备碱度（mL）					报告值					SH/T 0091
对汽车有机涂料的影响					无影响					SH/T 0084

注：①其他二元醇包含：二乙二醇、三乙二醇、四乙二醇、丙二醇、二丙二醇、三丙二醇和1,3-丙二醇等。

表 10-9

丙二醇型冷却液理化性能要求和试验方法

项目	性能要求									试验方法
	LPC-I HPC-I	LPC-II-15 HPC-II-15	LPC-II-20 HPC-II-20	LPC-II-25 HPC-II-25	LPC-II-30 HPC-II-30	LPC-II-35 HPC-II-35	LPC-II-40 HPC-II-40	LPC-II-45 HPC-II-45	LPC-II-50 HPC-II-50	
其他二元醇含量①（质量分数）（%）	≤1	—								GB/T 14571.2
密度（20℃）（g/cm³）	1.028~1.063	≥1.015	≥1.018	≥1.020	≥1.022	≥1.024	≥1.025	≥1.027	≥1.028	SH/T 0068
冰点（℃） 原液	—	≤-15.0	≤-20.0	≤-25.0	≤-30.0	≤-35.0	≤-40.0	≤-45.0	≤-50.0	SH/T 0090
冰点（℃） 50%体积稀释液	≤-31	—								SH/T 0090
沸点（℃） 原液	≥152.0	≥102.0	≥102.5	≥103.0	≥103.5	≥104.0	≥104.5	≥105.0	≥105.5	SH/T 0089
沸点（℃） 50%体积稀释液	≥104.0	—								SH/T 0089
灰分（质量分数）（%）	≤5.0	≤2.5					≤3.0			SH/T 0067
pH值 原液	—	—								SH/T 0069
pH值 50%体积稀释液	7.5~11.0	7.5~11.0								SH/T 0069
氯含量（mg/kg）	≤60									SH/T 0621
水分（质量分数）（%）	≤5.0	—								SH/T 0086
储备碱度（mL）	报告值									SH/T 0091
对汽车有机涂料的影响	无影响									SH/T 0084

注：①其他二元醇包含：二乙二醇、三乙二醇、四乙二醇、丙二醇、二丙二醇、三丙二醇和1,3丙二醇等。

其他类型的冷却液理化性能要求和试验方法　　表 10-10

项　目	技术要求	试验方法
	LOC	
冰点(℃)	≤标注值	SH/T 0090
沸点(℃)	≥102.0	SH/T 0089
灰分(质量分数)(%)	≤3.0	SH/T 0067
pH 值	7.5～11.0	SH/T 0069
氯含量(mg/kg)	≤60	SH/T 0621
储备碱度(mL)	报告	SH/T 0091
对汽车有机涂料的影响	无影响	SH/T 0084

冷却液使用性能要求　　表 10-11

项　目			技术要求	试验方法①
玻璃器皿腐蚀 (88℃±2℃, 336h±2h)	质量变化(mg/试片)	纯铜	±10	SH/T 0085
		黄铜	±10	
		钢	±10	
		铸铁	±10	
		焊锡	±30	
		铸铝	±30	
模拟使用腐蚀 (88℃±3℃, 1064h±2h)	质量变化(mg/试片)	纯铜	±20	SH/T 0088
		黄铜	±20	
		钢	±20	
		铸铁	±20	
		焊锡	±60	
		铸铝	±60	
泡沫倾斜	泡沫体积(mL)		≤150	SH/T 0066②
	泡沫消失时间(s)		≤5.0	
铸铝合金传热腐蚀(135℃±1℃,108h±2h)			±1.0	SH/T 0620
铝泵气穴腐蚀(113℃±1℃,103kPa±3kPa,100h)(级)			≥8.0	SH/T 0087

注:①试验溶液按附录 A 配制。
　　②泡沫倾斜试验参比液附录 B 配制。

三、汽车发动机冷却液的选择

1.汽车发动机冷却液的选择

针对乙二醇型发动机冷却液,汽车发动机冷却液的选择主要包括发动机冷却液防冻性的选择和产品质量选择。

汽车发动机冷却液防冻性的选择原则是汽车发动机冷却液的冰点要低于环境最低温度10℃左右,以确保在特殊情况下冷却液不冻结。《汽车发动机冷却液安全使用技术条件》(JT 225—1996)推荐的使用范围见表 10-12。

牌　号	推 荐 使 用 范 围
-25 号	在我国一般地区如长江以北、华北环境最低气温在 -15℃以上地区均可使用
-35 号	在东北、西北大部分地区和华北环境最低气温在 -25℃以上的寒冷地区使用
-45 号	在东北、西北和华北等环境最低气温在 -35℃以上的严寒地区使用

发动机冷却液的冰点除极易受外界环境温度影响外，在一定浓度条件下，与冷却液中所加防冻剂的类型和用量有很大关系。所以，不同厂家生产的冷却液，虽然乙二醇浓度一样，但冰点可能有所不同。不同浓度的乙二醇、丙二醇冷却液的冰点见表 10-13、表 10-14。

乙二醇水溶液冰点数据　　　　　　　　　　　　　　　　　　表 10-13

冰点(℃)	调配浓度(体积分数)(%)		冰点(℃)	调配浓度(体积分数)(%)	
	G11	蒸馏水		G11	蒸馏水
-4.1	10	90	-22.9	40	60
-7.5	20	80	-33.0	50	50
-14.1	30	70	-50.0	60	40

丙二醇水溶液冰点数据　　　　　　　　　　　　　　　　　　表 10-14

冰点(℃)	调配浓度(体积分数)(%)		冰点(℃)	调配浓度(体积分数)(%)	
	G11	蒸馏水		G11	蒸馏水
-3	9	91	-30	50	50
-6	19	81	-36	54	45
-9	24	76	-42	58	42
-12	30	70	-48	61	39
-15	34	66	<54	70	30
-18	38	62	<57	80	20
-20	41	59	<59	90	10
-27	47	53			

汽车发动机冷却液产品的选择，应以汽车制造厂家推荐为准。轿车与载货汽车、汽油车与柴油车以及不同型号的同类汽车，发动机的技术特性、热负荷情况、冷却系的材料均有不同。由于目前国内外的汽车发动机冷却液配方很多，产品的性能指标和试验方法水平不一，所以，汽车发动机冷却液的选择要区别发动机的类型、性能的强化程度和冷却系材料的种类，除了保证发动机冷却液能降温、防冻外，还要考虑防沸、防腐蚀和防水垢等问题。另外，要注意区别是浓缩液还是已调配好的发动机冷却液，是一级品还是合格品。对铝质散热器发动机冷却液的选择，应特别注意对铝金属的防腐蚀性。

2. 汽车发动机冷却液的正确使用

以水以外的发动机冷却液代替冷却水是汽车使用的发展趋势。汽车发动机冷却液的正确使用，除以上介绍的合理选择原则外，还应注意以下事项：

（1）稀释浓缩液要使用蒸馏水或去离子水。

（2）加强发动机冷却系密封性检查，避免冷却液漏失。

（3）由水换成乙二醇型发动机冷却液时，要彻底清洗冷却系。

（4）注意检查冷却液液面高度，视情正确补充。

（5）不同厂家、不同牌号的发动机冷却液不能混用。

（6）对浓缩液用水稀释时，要控制乙二醇浓度（体积比）的下限值和上限值。

（7）对发动机冷却液的更换易采用其品质简易监测的定期更换。

第二节　铅酸蓄电池电解液

普通汽车用蓄电池（不包括电动汽车动力电池）是指铅酸蓄电池。蓄电池分为：传统蓄电池（湿式铅酸蓄电池）、干荷蓄电池和免维护蓄电池。

铅酸蓄电池是由正负极板、隔板、壳体、电解液和接线桩等组成，其放电的化学反应是依靠正极板活性物质和负极板活性物质在电解液（稀硫酸溶液）的作用下，进行氧化还原反应放出电能。在蓄电池内用填满海绵状铅的铅板作负极，填满二氧化铅的铅板作正极，并用22% ~28%的稀硫酸作为电解质。在充电时，电能转化为化学能，放电时化学能又转化为电能。电池在放电时，金属铅是负极，发生氧化反应，被氧化为硫酸铅；二氧化铅是正极，发生还原反应，被还原为硫酸铅。电池在用直流电充电时，两极分别生成铅和二氧化铅。移去电源后，它又恢复到放电前的状态，组成化学电池。

这种蓄电池由于极板的栅架是用铅锑合金制造的，栅架上的锑会污染负极板上的铅，造成水的过度分解，大量氧气和氢气分别从正负极板上逸出，使电解液减少。蓄电池的主要优点是电压稳定、价格便宜；缺点是比能低（即每千克蓄电池存储的电能）、使用寿命短和日常维护频繁。

干荷蓄电池的全称是干式荷电铅酸蓄电池，它的主要特点是负极板有较高的储电能力，在完全干燥状态下，能在两年内保存所得到的电量，使用时，只需加入电解液，等过 20 ~ 30min 就可使用。通常，蓄电池干荷式蓄电池的外壳上标有 QA 字母。

免维护蓄电池是用铅钙合金制造蓄电池的栅架，所以充电时产生的水分解量少，水分蒸发量也低，加上外壳采用密封结构，释放出来的硫酸气体也很少，在使用寿命内基本不需要补充蒸馏水。电解液对接线桩头、导线和车身腐蚀少，抗过充电能力强，起动电流大，电量储存时间长，耐振、耐高温、体积小、自放电小，使用寿命长等优点，近年来很受青睐。

铅酸蓄电池的电解液是稀硫酸溶液，用水加浓硫酸配制而成。电解液的质量优劣对蓄电池的使用寿命、容量等等影响很大，因此必须掌握正确的配制方法。

铅酸蓄电池的电解液，必须用蓄电池的专用硫酸，要澄清透明、无色、无嗅，铁、砷、锰、氯、氮化物等含量不能超标（符合"HGB 1008—1959"规范）。配制电解液的水采用纯水、蒸馏水或饮用纯净水（不能用矿泉水、自来水或井水）。

配制铅酸蓄电池的电解液时，注意其浓度和黏度。各种不同类型的蓄电池，对电解液浓度的要求也各不相同，要从电池供电特性、电池结构、工作环境等各方面考虑，必须考虑下面几种情况：

（1）移动工作的蓄电池要适应野外工作，防止冻结，体积与质量都有一些限制，不允许有大量的电解液。要保证足够的容量，需要用浓度较高的电解液，固定工作的蓄电池体积与质量没有太大限制，一般多在室内使用。

（2）在一定范围内，电解液浓度越大，极板活性物质内硫酸浓度越大。活性物质利用率高，容量也会增加。但是电解液浓度过高，溶液电阻增加，黏度也增加，渗透速度低，同时自放电加快，电池容量反而下降。电解液浓度过高，隔板腐蚀也相应加快，会缩短蓄电池的使用寿命。

（3）选择电解液浓度时，还要考虑蓄电池的工作环境温度。工作在寒冷温度下，电解液浓度应高一点，在炎热的气温下，电解液浓度可低一点。

一般情况下，在25℃（电解液温度）时密度为1.28，在其他温度下可按下式计算：

$$D_a = D_t + 0.0007(t - 25)$$

式中：D_a——25℃时的密度，g/cm^3；

D_t——实际温度时的密度，g/cm^3；

t——测定时电解液的温度，℃。

配制电解液时应注意：硫酸是强氧化剂，它与水有亲和作用，溶于水时放出大量的热量，因此，操作人员要戴上护目镜、耐酸手套，穿胶鞋或靴子，围好橡皮围裙。盛装电解液的容器，必须用耐酸、耐温的塑料、玻璃、陶瓷、铅质等器皿。

配制前，要将容器清洗干净，为防酸液溅到皮肤上，先准备好5%氢氧化铵或碳酸钠溶液，以及一些清水，以防万一溅上酸液时，可迅速用所述的溶液擦洗，再用清水冲洗。

配制时，先计算好浓硫酸和水的需要量，把水先倒入容器内，然后将浓硫酸缓缓倒入水中，并不断搅拌溶液。

刚配制好的溶液温度很高，不可马上注入蓄电池内，要等温度降到40℃以下，再测量溶液浓度并进行调整至标准值，再加入蓄电池内。

警告：只能是把浓硫酸沿着容器的内壁流下去！千万不能直接把水往硫酸里加，水会沸腾，溅起来伤人。

第三节 汽车空调制冷剂

汽车空调制冷系统由压缩机、冷凝器、储液干燥器、膨胀阀、蒸发器和鼓风机等组成。各部件之间采用管路连接成一个密闭系统。制冷系统工作时，制冷剂以不同的状态在这个密闭系统内循环流动，每个循环有四个基本过程。

（1）压缩过程：压缩机吸入蒸发器出口处的低温低压的制冷剂气体，把它压缩成高温高压的气体排出压缩机。

（2）散热过程：高温高压的过热制冷剂气体进入冷凝器，由于压力及温度的降低，制冷剂气体冷凝成液体，并排出大量的热量。

（3）节流过程：温度和压力较高的制冷剂液体通过膨胀装置后体积变大，压力和温度急剧下降，以雾状（细小液滴）排出膨胀装置。

（4）吸热过程：雾状制冷剂液体进入蒸发器，此时制冷剂沸点远低于蒸发器内温度，故制冷剂液体蒸发成气体。在蒸发过程中大量吸收周围的热量，而后低温低压的制冷剂蒸气又进入压缩机。

上述过程周而复始的进行，不断降低蒸发器周围空气的温度，达到降低车内温度的作用。制冷剂作为制冷过程中完成制冷循环的工作物质，不仅能够制冷，还应该具有安全、无毒、对环境无污染或污染少等性能。

一、汽车空调制冷剂的使用性能

汽车空调包括冷气、暖气、去湿和通风等装置。冷却装置是使车内的空气或抽入车内的外部新鲜空气变冷或去湿，从而令人舒服的设备。制冷剂是在制冷装置的功能部件中循环的物质，通过膨胀和蒸发吸收热量，从而产生制冷效应。

汽车空调制冷剂应具备以下使用性能：

（1）无毒，无味。

（2）不易燃，不爆炸。

（3）易于改变吸热和散热的状态，有很强的重复变态能力。

（4）化学性质稳定，无腐蚀性。

（5）与润滑油无亲和作用，可与冷冻机油以任意比例相容。

（6）有利于环境保护。

二、汽车空调制冷剂的品种和使用

汽车空调制冷剂最广泛使用的是 R134a（HFC - 134a），其中的 R 是 Refrigrant（制冷剂）的第一字母。其配方有两种。

配方 1

R134a（四氯代乙烷）	40%
R125（五氯代乙烷）	40%
R220（一氯二氟代甲烷）	20%

配方 2

R134s（四氯代乙烷）	20%
R125（五氯代乙烷）	70%
R22（一氯二氟代甲烷）	10%

R134a 制冷剂的理化特性见表 10-15。

R134a 制冷剂的理化特性　　　　　　　　　表 10-15

项　目	R134a	项　目	R134a
学名	四氯乙烷	临界压力（MPa）	4.065
分子式	CH_2FCF_3	临界密度（kg/cm³）	511
分子量	102.03	0℃蒸发潜热（kJ/kg）	197.5
沸点（℃）	-26.19	燃烧性	不燃
临界温度（℃）	101.14	臭氧破坏系数	0

R134a 在大气压下的沸点为 - 26.19℃。在 98kPa 压力下的沸点为 - 10.6℃（水在 98kPa 压力下的沸点为 121℃）。如果在正常室温及大气压下，将 R134a 暴露并释放到空气中，R134a 会立即从周围空气中吸收热量并立即沸腾，从而转化为气体。同时 R134a 很容易在加压状态下冷凝而回复液态。

图 10-2 表明 R134a 与温度及压力之间关系的特性曲线，图中表明了在各种温度和压力条件下 R134s 的沸点。在该图中，曲线以上的部分为气态 R134a，曲线以下的部分为液态 R134a。通过提高压力而不改变温度，或降低温度而不改变压力两种方法，均可使气态的制冷剂转化为液态的制冷剂（见图 10-2 中①、②部分的数字）。相反，通过

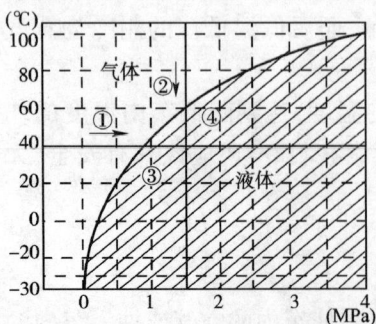

图 10-2　R134a 蒸气压力曲线

降低压力而不改变温度,或升高温度而不改变压力的方法,便可将液态制冷剂转化为气态的制冷剂(见图10-2中③、④部分的数字)。

第四节　减振器油

液压阻尼式后减振器的结构同吸入式泵基本相似,不同之处是液压减振器有3层缸筒套装在一起,缸筒上下端封闭且分别与车架和车桥相连,缸筒中上下有阀门,其上留有油液流通的小孔。当车轮遇到突起路面的冲击时,活塞在内缸筒里向下移动,缸筒变短。此时,活塞阀门被冲开,内缸筒腔内活塞下侧的油流向活塞上侧,这样就有效地衰减了路面对车辆的冲击负荷。而当车轮越过凸起地面往下落时,缸筒也会随着往下运动,活塞就会相对于缸筒向上移动,此时油冲开底部的阀门流向内缸筒,同时内缸筒活塞上侧的油经活塞阀门上的小孔流向下侧,缸筒变长。此时当油液流过小孔过程中,会受到很大的阻力,这样就产生了较好的阻尼作用,起到了减振的目的。

减振器油是汽车减振器的工作介质,它是通过液压能来传递作用在车轮和车架之间的作用力,同时,通过减振器内小孔的节流作用,起到阻尼、减振的作用。因此,减振器油不仅要有良好的低温流动性,起到传力的作用;还应有良好的黏温特性,在高温下依然能保持适当的黏度,起到阻尼和减振的作用;同时,减振器油作为工作介质,还应该具有抗磨、系统润滑、防腐、防锈、冷却等作用。

对减振器油有以下要求:

(1)有良好的黏温性能,工作温度变化时,黏度变化小。

(2)凝点低,低温时也不失去流动性。

(3)汽化少,尽量减少汽化损失。

(4)具有良好的抗氧化安定性和抗油气混合安定性。

(5)无腐蚀,不易变质,不腐蚀金属,有良好的防锈性及减摩作用,可长期保存和使用。

(6)减振器油按基础油的不同可分为矿油型和硅油型两种,质量指标大体相似。目前,我国汽车减振器油尚无国家标准,表10-16是企业减振器油的规格,其特点是凝点很低,有良好的黏温性,适合在寒区使用。

减振器油规格(Q/XJ2009—1987)　　　　　　　　　　　表10-16

项　　目		质量指标	试验方法
运动黏度(50℃)(mm²/s)	≥	8	GB 265
运动黏度比(30℃,50℃)	≤	200	GB 265
闪点(开口)(℃)		150	GB 275
凝点(℃)	≤	-55	GB 516
水分		无	GB 260
机械杂质		无	GB 511
酸值(未加剂,按KOH计)(mg/g)		0.1	GB 264
水溶性酸或碱(未加剂)		无	GB 259
腐蚀试验(T₂,铜片,100℃,3h)		合格	ZBF 24013

使用中要注意保持减振器密封良好,无渗漏现象,在40 000~50 000km定期维护时拆检减振器,同时更换减振器油,油量不能过多或过少,如东风EQl092型汽车为0.44L(每个),解放CA1091型汽车为0.37L(每个)。

第五节　车用添加剂与清洗液

汽车的燃料、润滑油、清洗液等存在着各种各样的添加剂。有生产过程中为了改善性能而添加的添加剂或稳定剂，有车辆使用过程中为了延缓老化变质，清除使用过程中的有害物质，提高使用性能和使用寿命而添加的添加剂，这里的车用添加剂与清洗液指的是后者。

一、燃油添加剂

燃油添加剂一般包括汽油添加剂和柴油添加剂，是为了弥补燃油自身存在的质量问题和汽车机械制造极限存在的不足。对于汽油机来说能够克服激冷效应、缝隙效应，清除进、排气门、喷油器、活塞顶等处的积炭。对柴油机来说能够改善喷油器更加细碎的雾化质量，改善喷油阀关闭后滴漏的残油燃烧的问题，达到改善发动机的燃烧状况，使燃油燃烧更加完全，从而减少或清除积炭、降低排放、增强动力性。

汽车发动机随着车辆的持续运行，会不知不觉的在发动机内部产生胶质和积炭等物质，使发动机的动力性下降，燃油经济性变坏，有害排放物质增加，甚至还可能导致一系列的发动机故障。

发动机运转时，喷油器的工作温度在100℃左右，进气门的温度在200～300℃。在这样的温度下，燃油中的不稳定成分，极易产生氧化缩合反应，生成胶质和积炭，沉淀在与其接触的气门和喷油器上。堆积在气门上的沉积物，会造成气通道截面积减少，进、排气效率降低，功率下降，严重时会使气门动作迟缓或关闭不严。喷油器积炭，会使喷油不畅，燃油雾化质量不好，导致燃油进入燃烧室后，难以完全燃烧，造成发动机起动困难，怠速不稳，以及油耗加大，排气污染加剧，特别是在冬天，这些状况更加明显。

发动机燃油添加剂的作用是：

(1) 改善和恢复发动机的动力性能。

(2) 改善燃油雾化和燃烧状况。

(3) 防腐、防锈、润滑，保护发动机。

(4) 降低噪声，减少磨损，延长发动机使用寿命。

(5) 消除积炭，减少排放黑烟和污染。

根据燃油添加剂的组成和功能的不同，燃油添加剂可分为两类：一是保洁型燃油添加剂，二是清洗型燃油添加剂，其主要成分、作用和使用方式见表10-17。

燃油添加剂的分类和使用方式　　　　　　　　　　　表10-17

项　目	类　型	
	清洗型	保洁型
主要成分	聚醚胺（PEA）	聚异丁烯胺（PIBA）
主要作用	快速清洗汽车发动机燃油进气系统中聚集的沉积物	抑制汽车发动机燃油进气系统沉积物的产生
使用方式	阶段性使用	长期连续使用

保洁型燃油添加剂能改善燃油中的不稳定成分，在高温下产生的氧化缩合反应，形成积炭微粒。保洁型添加剂能把这些炭微粒从四面八方进行包围，形成一个个油溶性胶束，利用胶束间的静电相斥和立体障碍，阻止其聚集变大，使其无法沉积在金属表面，从而避免形成积炭。

清洗型燃油添加剂的作用原理是当积炭已经聚集在喷油器和气门表面时,清洗型燃油添加剂内有很强的表面活性剂,使其对积炭微粒进行分割包围,并逐渐把这些积炭微粒从金属表面溶解下来,与燃油一起高温燃烧后通过尾气排出,达到清理积炭的目的。

保洁型添加剂加剂量小,在燃油中的浓度低,成本低,通常价格在 50 元以内,需长期连续使用。它能较好地抑制汽车发动机燃油进气系统产生的沉积物。其保洁作用显著而清洗效果弱。

清洗型添加剂使用剂量大,在燃油中的浓度高,成本高,清洗作用强,见效快,只需要阶段性使用。保洁型添加剂使用剂量小,可以长期使用。保洁型与清洁型要联合使用能达到优势互补,相得益彰,为燃油系统长期地保持在一个清洁状态。

此外,近年来还出现了动力燃油催化剂和柴油抗冻剂。

动力燃油催化剂是由美国进入中国的新产品,其含有分散剂、活性剂、杀虫剂、耐腐蚀剂、抑制剂、润滑剂、积炭表面活性剂、燃烧表面活性剂等多种成分,从而成为一种复合功能的高效率燃油催化剂。

动力燃油催化剂,多数情况下以固体的形态使用,能快速、完全溶解于燃油中,使普通燃油经过再次催化变为更高品质的动力燃油。动力燃油燃烧速度更快、燃烧更加充分,同时,可以适应更高压缩比的发动机。

动力燃油催化剂适用于所有使用汽油、柴油的活塞式发动机。经过再次催化后的动力燃油可全面提升发动机的性能,降低油耗,使发动机运转平稳,减少有害气体排放等。

柴油抗冻剂为液态制剂,也是市场上新出现的产品,主要功效是防止柴油中的蜡在低温状态下结晶,从而保障在严寒情况下发动机依然能够正常工作。依据添加量,可以形成不同的结晶温度,最高浓度情况下,可以保护发动机在 $-55℃$ 依然正常工作。

二、发动机油添加剂

发动机油添加剂又称发动机保护剂和机油添加剂,是专门针对发动机设计的专业添加剂。发动机油添加剂可以有效润滑发动机,增强机油品质和耐久度,从而达到保护发动机的目的。

发动机油添加剂的主要作用是:冷起动保护、清除润滑系统中沉积物、护理金属表面等。

冷起动保护就是能在发动机冷起动过程中改善其润滑状况,降低磨损,提高发动机起动的可靠性、延长其寿命。

发动机高温高压的苛刻条件下,仍然能对暂时处于边界润滑状态(即缺油状态)的机件提供强效保护,减少摩擦阻力,从而显著提高机件的可靠性和使用寿命。

有效清除润滑系统中沉积物、提高其清洁度,显著降低噪声、减少振动,使机件运转灵活,延长换油期。

发动机油添加剂的特点是:

(1)发动机油添加剂能减小摩擦以提升发动机的动力性能,同时能降低燃料损耗,使发动机运行平稳。

(2)发动机油添加剂能有效地护理金属表面。它的摩擦系数低,油膜耐压能力强,防锈,防腐蚀,与任何机油相容、匹配,无阻塞现象。

(3)无毒害,自然降解,对环境很安全。它能降低发动机磨损,对汽油、柴油发动机均适用等优点。

发动机油添加剂相关理化指标见表10-18。

发动机油添加剂理化指标　　　　　　　　　　　　　　表10-18

项　目	指　标	项　目	指　标
倾点	−29℃	颜色	白色半透明
摩擦系数	<0.068	分离系数	0

好的发动机油添加剂不对任何润滑油添加剂、处理剂、稳定剂或减摩剂等产生作用，只是在零件金属表面自动形成一层保护膜，从而降低机件间的摩擦。因此，在选择发动机油添加剂时要注意添加剂成分和理化指标。

三、汽车玻璃清洗液

汽车车窗的风窗玻璃，经常会有灰尘、脏污和油渍等痕迹，特别是在冬季容易结雾、上霜甚至结冰；夏天，经常会有雨渍、虫胶等附着，影响驾驶人的视线，给行车安全带来隐患，需要及时清洁。汽车玻璃清洗液是目前清洁汽车车窗的风窗玻璃的主要产品。

1. 对汽车玻璃清洗液的要求

对汽车玻璃清洗液的一般要求如下。

（1）清洗作用。清洗液是多种表面活性剂、助洗剂和溶剂复合配制而成，从而起到对各种不同类型的污垢的清洗作用。经过清洁的车窗应该透明清晰，不应出现光斑、条纹和垢迹。

（2）防冻作用。清洗液中含有低分子醇类，能显著降低液体的冰点，从而起到防冻作用，并能很快溶解冰霜，干后不留痕迹。

（3）防雾作用。清洗液中的表面活性剂在玻璃表面会形成一层单分子保护层，通过形成雾滴，保证风窗玻璃清澈透明，视野清晰。

（4）抗静电作用。风窗玻璃经清洗液清洁后，表面活性分子吸附在玻璃表面，能消除玻璃表面的电荷，起到防尘和抵抗静电的作用。

（5）润滑作用。清洗液中含有醇类化合物，黏度较大，可以起到润滑作用，减少刮水器与玻璃之间的摩擦，防止产生划痕。

汽车玻璃清洗液的理化指标和技术要求应满足《汽车风窗玻璃清洗液》（GB/T 23436—2009）规定，具体指标见表10-19。

汽车玻璃清洗液的技术要求和试验方法　　　　　　　　　　　　　表10-19

项　目			技 术 要 求		试 验 方 法
			水基型	疏水型	
			普通型	低温型	
冰点（℃）			≤0	≤−20	SH/T 0090
pH 值	原液		6.5～10.0	4.0～10.0	SH/T 0069
	最低使用浓度溶液				
外观			无分层、沉淀现象		附录 A
最低使用浓度下的洗净力			试后玻璃的明净程度应与标准液相同或更佳		附录 B

项　目			技术要求			试验方法
			水基型		疏水型	
			普通型	低温型		
相容性			无分层、沉淀现象		—	附录C
金属腐蚀性 （最低使用浓度溶液） （50℃±2℃,40h）	金属试片/ 质量变化 （mg/cm³）	铝片	±0.30			附录D
		黄铜片	±0.15			
		镀锌钢板	±0.80			
	试验后金属试片外观		除连接处外,无肉眼可见坑蚀 或表面粗糙现象			
对橡胶的影响（原液） （50℃±2℃,120h）	质量变化(%)	天然橡胶	±1.5			附录E
		氯丁橡胶	±3			
	硬度变化（IRHD）	天然橡胶	±5			
		氯丁橡胶	±5			
	试验后橡胶试片外观		无发黏、发泡、炭黑析出现象			
对塑料的影响（原液） （50℃±2℃,120h）	塑料试片/质量变化 （mg/cm³）	聚乙烯树脂	±1.0			附录F
		聚丙烯树脂	±1.0			
		ABS树脂	±4.0			
		软质聚氯乙烯树脂	±3.0			
		聚甲醛树脂	±3.0			
	试验后塑料试片外观		无严重变形			
对汽车有机涂膜的 影响（原液） （50℃±2℃,6h）	涂膜硬度	丙烯酸树脂烤漆 （蓝色）	≥HB			附录G
		氨基醇树脂漆 （白色或黑色）	≥HB			
	试验后塑料试片外观		漆膜无软化发泡,试验后光泽 颜色无变化			
热稳定性 （50℃±2℃,8h）	pH值	原液	6.5~10.0		4.0~10.0	附录H
		最低使用浓度溶液				
	试验后试样外观		无结晶性沉淀物			
低温稳定性 （50℃±2℃,8h）	试验后试样外观	原液	无结晶性沉淀物			
		最低使用浓度溶液				
抗水性	原液		—		≥65	附录I
	最低使用浓度溶液					

2.汽车玻璃清洗液的使用及主要事项

（1）在加注新的汽车玻璃清洗液之前,需要确保储液罐清洁干净,尤其是储液罐和输液管中有水垢的,要将水垢完全除去。

（2）新的汽车玻璃清洗液与储液罐中的原有清洗液混用时,一定要确保两种清洗液为同一品牌的同一类型号;否则,混用后会改变原来液体的冰点。此外,由于不同产品所用的表面活性剂不同,可能会造成添加剂的沉积。

(3)汽车玻璃清洗液分为夏季型和冬季型,实际的区别也就是冰点不一样。因而,尤其在冬季,选择清洗液时要注意环境温度,选用产品冰点应当低于当地环境温度至少5℃。在夏季也可以使用冬季型玻璃清洗液,但经济性不好。

汽车玻璃清洗液使用注意事项:

(1)车窗清洗液一般不适合于家用。

(2)不同品牌、不同等级的产品不能混用。

(3)不能兑水使用。兑水不仅会降低冰点,也会影响使用性能。

(4)低性能产品换用高性能产品时,要把储液罐排净。

注意:不要使用自来水作为汽车玻璃清洗液。自来水内含有矿物质,用完以后会粘在玻璃上留下坚硬的矿物质颗粒,在刮水器作用时会刮伤玻璃,对刮水器也有害。同时,沉积在输液管和喷嘴上的矿物质颗粒还可能堵塞通道。

复习思考题

1.何谓汽车发动机的冷却介质?对发动机冷却液有何要求?

2.发动机冷却液如何分类?

3.汽车发动机冷却液的选择原则是什么?

4.正确使用发动机冷却液,应注意哪些事项?

5.汽车空调制冷系统的组成有哪些?汽车空调制冷剂应具备哪些使用性能?

6.汽车减速器油有何作用?对减振器油有哪些要求?

7.发动机燃油添加剂有何作用?如何分类?

8.发动机油添加剂有什么作用?机油添加剂的特点有哪些?

9.使用汽车玻璃清洗液应注意哪些事项?

第十一章　汽车轮胎

轮胎是汽车行驶系的主要组成部分之一,轮胎的合理使用关系到汽车安全行驶、节约能源和汽车运输成本的降低。轮胎费用占汽车成本的 10% 以上,轮胎的技术状况可使油耗在 10%～15% 范围内变化。我国对汽车轮胎的技术状况、管理和使用都有标准要求。

轮胎对汽车的性能有很大的影响。轮胎安装在轮辋上,直接与路面接触,它的作用是:

(1)与汽车悬架共同起到缓和汽车行驶时所受冲击力,衰减由此而产生的振动的作用,以保证汽车有良好的乘坐舒适性和行驶平顺性。

(2)保证车轮和路面有良好的附着性,以提高汽车的动力性、制动性和通过性。

(3)承受汽车的荷载。

因此,轮胎必须有适宜的弹性和承受荷载的能力。同时,在其与路面直接接触的胎面部分,具有一定深度用以增强附着作用的花纹。

第一节　汽车轮胎的使用性能

一、承载性能

汽车轮胎装在轮辋上,与轮毂一起构成车轮,安装在车桥上,直接与路面接触,通过悬架与车身相连,承受着整个车体的质量,成为汽车行驶系统的重要组成部分。车轮接受来自发动机的驱动力矩,通过与地面作用产生驱动力矩,使汽车行走。接受并传递来自路面的各种作用力、力矩和冲击荷载。轮胎的承载能力与轮胎的气压、结构、尺寸和轮胎的性能等因素有关。

轮胎气压的影响。目前使用的轮胎按胎内空气压力的大小,可分为高压胎、低压胎和超低压胎。一般气压在 0.5～0.7MPa 为高压胎,0.15～0.45MPa 为低压胎,0.15MPa 以下为超低压胎;但由于制造轮胎所用原材料的不断发展,轮胎负荷能力大幅度提高,相应的气压有所提高,而轮胎的缓冲性能仍在某种程度上保持了原来同规格轮胎的性能。

目前,乘用车和普通货车几乎全都采用低压胎。因为低压胎弹性好,缓和道路冲击的能力强,壁薄而散热性能良好,这些特点提高了汽车行驶平顺性和稳定性,轮胎的使用寿命也得以延长。高压轮胎强度高,适用于重载货车,但在轻载时会颠簸。不管使用哪种类型的轮胎,使用中轮胎的充气压力都应该严格按照使用说明书要求,不可过高或过低,否则会造成胎面部分与地面接触不良,影响了行车安全、动力性和经济性,使轮胎磨损异常,降低轮胎使用寿命。

轮胎结构的影响。从轮胎结构方面看,轮胎有两种结构,即子午线轮胎和斜交轮胎。一般地,子午线轮胎承载后变形小,比斜交轮胎有更大的承载能力。轮胎的帘线层数对承载能力也有影响,同样的轮胎类型情况下,帘线层数越多,承载能力也越强。帘线的材料对承载能力也有影响,棉帘线、人造丝帘线、尼龙帘线、钢丝帘线轮胎的承载能力是逐渐增强的。另外,橡胶的品质与承载能力也有关系,橡胶的品质好,耐拉压、抗老化的能力强,轮胎的承载能力也越强。

轮胎规格的影响。轮胎的尺寸越大,轮胎的断面宽度越宽,承载能力越强。

二、附着性及安全性

作用在汽车上的各种外力,除了高速时的空气阻力以外,其余几乎全部经由路面与轮胎的附着能力而作用在汽车上。可见,附着性能既是保证汽车正常行驶的基本条件,同时也是制约汽车运行状态的主要因素。驱动轮的附着能力是指汽车驱动轮在不滑转的情况下充分发挥汽车驱动力作用而行驶的能力。受轮胎与地面的附着性能影响的主要有驱动能力、制动能力和操纵稳定性。评价汽车附着能力的指标是附着力。附着力取决于地面与车轮间的附着系数和地面作用于驱动轮上的法向反作用力的乘积。附着力系数主要取决于地面种类、状况和轮胎结构、花纹及胎压等。

轮胎结构类型对附着性能的影响。对于子午线轮胎和斜交轮胎来说,子午线轮胎的胎体帘线各层间排列是相互平行呈径向排列,与轮胎中性面成90°夹角。子午线轮胎带束层的作用是束缚胎体周向变形的。由于带束层帘线几乎呈周向排列,在汽车行驶过程中其长度几乎保持不变,因此,带束层可决定轮胎形状及轮胎部件中由内压引起的初始应力。承受应力为60%～75%,子午线轮胎带束层帘线由内压引起的应力,在带束层宽度范围内分布是不均匀的,随着带束层对胎体箍紧程度的增大,胎体帘线应力减少,冠中心最小。因此,子午线轮胎接地面积大,行驶时胎冠变形小,附着性能好,胎面滑移小,对地面单位压力也小,因而滚动阻力小,使用寿命长。

轮胎花纹的影响。纵向花纹具有较好的行驶导向性,不容易横向滑移,一般适用于路况较好的路面,如高速公路或城市路面等,适宜于高速行驶。而且纵向轮胎排水性能优异,在湿滑路面不易打滑,行驶中的噪声也较小。缺点是纵向花纹轮胎的制动性能显得相对较差,而且驱动力也不如其他花纹的轮胎,不适合在路况较差的道路上行驶。

横向花纹的轮胎与地面接触面积增大,无论是制动力、驱动力都较好,较大地弥补了纵向花纹轮胎的不足,适用于无路地带、工地等恶劣路况使用。缺点是排水性差,轮胎散热效果不好。而且横向花纹轮胎在增大地面接触面积的同时,也增大了噪声。在车辆操控灵活性方面不如纵向花纹轮胎。

纵横混合花纹轮胎排水性能好、噪声小,同时兼顾了横向花纹和纵向花纹的优点,轮胎的适应能力强,应用范围广泛,它既适用于不同的硬路面,路况差的道路也可以应付,适用于乘用车和商用车。其缺点是会产生异常磨损。

越野花纹具有纵横混合的大块、深沟槽的花纹,排水、排泥性能好,附着能力最强,适合于各种干、湿、崎岖山路,泥泞、松软土路和无路地带行驶。越野花纹分为无向和有向花纹两种,其中有向花纹使用时具有方向性。越野花纹轮胎的缺点是:由于花纹的接触压力大,滚动阻力大,所以不适合在良好硬路面上长时间行驶。否则,将加重轮胎磨损,增加燃油消耗,汽车行驶振动也比较厉害。

足够的附着系数不仅是汽车的驱动力、制动力得以充分发挥,而且能够获得可靠的行驶安全性。此外,轮胎的速度级别和行驶时的车速,也能够决定行驶安全性。如果汽车行驶时的车速接近或超过轮胎的速度符号所规定的最高车速,轮胎就会产生驻波现象,轮胎边缘出现波动并且变形较大,很容易使胎冠与胎体脱离剥落,出现爆胎现象。另外,汽车行驶速度与轮胎负荷的变化是车速越高,轮胎负荷能力越低,因此,要选择合适速度级别的轮胎。

三、操纵稳定性

汽车操纵稳定性,是指在驾驶人不感觉过分紧张、疲劳的条件下,汽车能按照驾驶人通过转向系及转向车轮给定的方向(直线或转弯)行驶;且当受到外界干扰(路不平、侧风、货物或乘客偏载)时,汽车能抵抗干扰而保持稳定行驶的性能。

汽车操纵稳定性的影响因素很多,轮胎是影响汽车操纵稳定性的一个重要因素。由于弹性轮胎存在侧偏特性,在侧偏力的作用下,轮胎会产生侧偏角,使车轮不能按照驾驶人给定的方向行驶(图 11-1)。侧偏角的大小与作用在车轮上的侧偏力的大小及轮胎的侧偏刚度有关。

轮胎结构参数、轮胎的类型、工作条件、尺寸、气压等对其侧偏刚度有显著影响。轮胎尺寸小,侧偏刚度也小,尺寸较大的轮胎有更大的侧偏刚度;子午线轮胎与斜交轮胎相比,有较宽的接地面积,一般侧偏刚度较大。钢丝材料的轮胎帘线比尼龙材料的侧偏刚度要大。轮胎的扁平程度,对轮胎的侧偏刚度也有较大影响。轮胎的扁平程度通常用扁平率表示,扁平率越小,侧偏刚度越大,轿车采用扁平率小的宽轮胎是提高侧偏刚度的主要措施。轮胎的充气压力对侧偏刚度也有影响。随着胎压增加,侧偏刚度会逐渐增大,但气压过高时侧偏刚度不再变化。如果汽车在转向过程中轮胎发生侧偏时,还会产生回正力矩。轮胎的侧偏刚度越大,回正力矩越小。

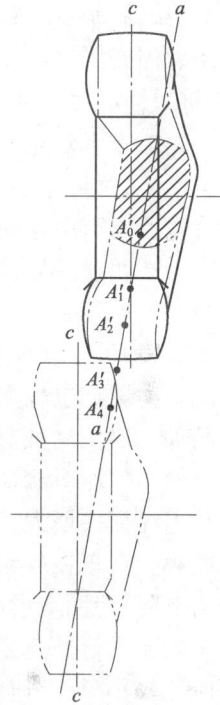

图 11-1 弹性轮胎侧偏现象

四、经济性

汽车行驶时,车轮与地面在接触区域的法向、切向和侧向均产生相互作用力,轮胎与地面亦存在相应的变形。无论是轮胎还是地面,其变形过程必伴随着一定的能量损失。这些能量损失导致车轮转动时产生滚动阻力,如图 11-2 所示。

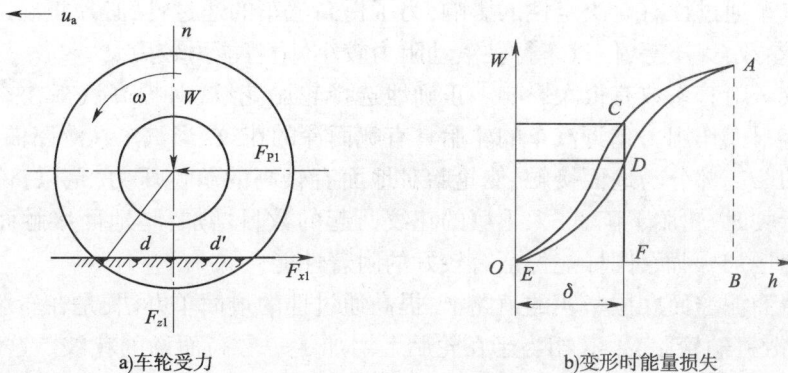

a)车轮受力

b)变形时能量损失

图 11-2 车轮径向变形与轮胎受力

弹性车轮在径向加载后卸载过程中形成弹性迟滞损失，如图中面积 *OCABO* 为加载过程中对轮胎所做的功；面积 *ADEBA* 为卸载过程中，轮胎恢复变形时释放的功。两面积之差 *OCADEO* 即为加载与卸载过程的能量损失。这部分能量消耗在轮胎各组成部分相互间的摩擦，以及橡胶、帘线等物质分子间的摩擦，形成滚动阻力，最后转化为热能消失在大气中。轮胎的弹性迟滞损失越大，滚动阻力越大，汽车行驶中消耗的功越多，燃油经济性就越差。轮胎的结构、帘线和橡胶的品种对滚动阻力系数都有影响。

影响轮胎滚动阻力的因素较多，包括轮胎的材料、轮胎结构、外部使用条件等。从轮胎结构方面看，子午线轮胎的滚阻低于斜交轮胎。改善轮胎帘线的性能，减小轮胎帘线层的厚度，可以使胎体减薄，从而降低滚动阻力系数。

轮辋直径对轮胎滚动阻力的影响主要表现在轮辋直径增大，轮胎滚动阻力降低，随着速度的增大，这种差别基本保持不变。

轮胎材料对轮胎滚动阻力的影响主要表现在同一规格的轮胎使用不同胎体材料，其滚动阻力有明显差异；选择带束层采用高模量的材料用作帘线，使带束层的伸张最小，可有效地控制轮胎的变形，以降低轮胎滚动阻力；因此，采用高强力粘胶帘布、合成纤维帘布或钢丝帘布等，均可在保证轮胎强度的条件下减少帘布层数，提高经济性。胎面橡胶的材质对轮胎滚动阻力影响也较大，通常由胎面产生的滚动阻力占轮胎滚动阻力的 50%。研究表明，橡胶品种和炭黑品种对胎面胶的滚动阻力起决定作用。

轮胎气压对滚动阻力系数的影响也比较大，在硬路面上，汽车轮胎气压低时，变形较大，滚动迟滞损失增大，滚动阻力系数也增大。随着轮胎气压增高，硬路面上的滚动阻力系数逐渐减小。汽车在软路面上行驶，气压低，轮胎变形大，使轮胎与地面接触面积增大，单位面积压力下降，地面变形小，使滚动阻力系数相应减小。

轮胎的行驶速度对其滚动阻力的影响较复杂，在中低速度下行驶时，轮胎对滚动阻力的影响比较小，行驶速度增大可使轮胎的下沉量和损耗因子减小，从而使轮胎滚动阻力下降。当车速到达某一临界值以上时滚阻增加较快，此时，滚动阻力迅速增加的原因主要是轮胎产生"驻波"现象，轮胎周缘不再是圆形，而呈明显的波浪状，使滚动阻力急剧增加。

轮胎花纹的对滚动阻力的影响，主要表现在轮胎的滚动阻力随着胎面花纹沟数和沟槽的深度增加而增加，这是因为沟槽的存在，使轮胎胎面变形增加，散热加快。

五、通过性

车轮对汽车通过性有着决定性的影响，为了提高汽车的通过性，必须正确选择轮胎的花纹尺寸、结构参数、气压等，使汽车行驶滚动阻力较小，附着能力较大。

轮胎花纹对附着系数有很大影响。正确地选择轮胎花纹、对提高汽车在一定类型地面上的通过性有很大作用。越野汽车的轮胎具有宽而深的花纹；当汽车在湿路面上行驶时，由于只有花纹的凸起部分与地面接触，使轮胎对地面有较高的单位压力，足以挤出水层；而在松软地面上行驶时，轮胎下陷，嵌入土壤的花纹凸起的数目增加，与地面接触面积及土壤剪切面积都迅速增加，因而，同样能保证有较好的附着性能。

在表面滑溜泥泞而底层坚实的道路上，提高通过性的最简单办法，是在轮胎上套防滑链（或使用带防滑钉的轮胎）。它相当于在轮胎上增加了一层高而稀的花纹。这时，防滑链能挤出表面的水层，直接与地面接触，有的还会增加土壤剪切面积，从而提高附着能力。

轮胎直径和宽度的影响。增大轮胎直径和宽度，都能降低轮胎的接地比压。用增加车轮直径的方法来减小接地比压,增加接触面积以减少土壤阻力和减少滑转,要比增加宽度更为有效。但增大轮胎直径会使惯性增大,汽车质心升高,轮胎成本增加,并要采用大传动比的传动系统。因此,大直径轮胎的推广使用受到了限制。加大轮胎宽度不仅直接降低了轮胎的接地面比压,而且轮胎较宽,允许胎体有较大的变形,而不降低其使用寿命,因而可使轮胎气压取得低些,使汽车在沙漠、雪地、沼泽地面上行驶时,具有良好的通过性。但这种专用于松软地面的特种轮胎,由于花纹较大,气压过低,不应在硬路面上工作,否则将过早损坏和迅速磨损。

轮胎的气压的影响。在松软地面上行驶的汽车,应相应降低轮胎的气压,以增大轮胎与地面的接触面积,降低接地比压,提高土壤推力。轮胎气压降低时,虽然土壤的压实阻力随着减小,但轮胎本身的迟滞损失却逐渐增加。为了提高越野汽车通过松软地面的能力;在硬路面上行驶时又不致引起过大的滚动阻力和影响轮胎寿命,可装用轮胎的中央充气系统,使驾驶人能根据道路情况,随时调节轮胎气压。

六、噪声与行驶舒适性

1. 轮胎噪声

轮胎噪声是由行驶车辆的轮胎与路面相互作用、轮胎与空气相互作用以及轮胎的变形而产生的噪声,它是汽车噪声的两个主要来源之一。

研究表明,在干燥路面上,当汽车行驶速度达到 70km/h 时,载货汽车轮胎噪声成为汽车主要噪声源,而对于轿车和轻型载货汽车,当车速高于 45~55km/h 时,轮胎噪声就成为主要因素;在湿路面上,即使车速慢,轮胎与路面水的作用也会使噪声超过其他噪声。一般情况下,车速越快、负荷越大,轮胎噪声的能量级就越高,在汽车行驶噪声中所占的比例也就越大。

轮胎噪声是轮胎与路表面接触时发出的声响,轮胎噪声产生的原因和机理都比较复杂,尽管产生噪声激励源的因素众多,但是所有轮胎/路面噪声均源自于轮胎与道路的相互接触、轮胎的变形以及轮胎与空气的相互作用。照其产生的机理主要可以分为空气噪声、振动噪声和摩擦噪声。

1)空气噪声

当轮胎转动时,轮胎周围的空气因相互流动和扰动而引起的噪声称为空气噪声。主要有以下几部分:

(1)空气泵气噪声。车辆行驶时,轮胎胎面花纹沟槽与地面耦合形成多个半封闭的空腔。当轮胎与路面接触时,空腔内的空气被压缩而向花纹沟槽侧面开口处流动,形成喷射气流;当轮胎离开路面时,受挤压的胎面花纹沟槽恢复原状,导致空腔容积迅速恢复而使得空腔内气体压强过小,具有一定的真空度,而外界空气受压力差的影响而被吸入花纹沟槽空腔内,这个过程即为轮胎的泵气效应。

因为轮胎的泵气效应是以一定的周期重复出现的,从而形成疏密不同的空气波,以轮胎为中心向外界辐射,即形成了噪声。由轮胎花纹的空气泵气效应产生的噪声,被称为轮胎的泵气噪声,它是轮胎噪声的重要声源之一。路面凹凸不平处,会由于泵气效应而引发泵气噪声。

各种不同花纹的轮胎泵气噪声的声强是不同的,横向花纹沟槽容易形成封闭空腔,产生的空气喷射流压强也较大,而纵向花纹沟槽中空气流动较为顺畅,受压时容易排出,不会产生较大的空气压差,因而引起的噪声也较小。

(2)空气共鸣噪声。车辆行驶过程中,轮胎受外界激励产生振动,导致花纹沟槽中流动的气体在某一特定的频率下发生共振,由此引起的噪声称为空气共鸣噪声,这个特定的频率不受轮胎外形结构的影响,而一般固定出现在 1~2kHz 范围之内。

(3)空气扰动噪声。轮胎转动时会带动周围的空气流动,形成湍流,湍流中空气压力起伏变化引起的噪声称为空气扰动噪声。这种噪声的声能不强,在轮胎噪声中所占的比重较小,只有车速超过 200km/h,才对轮胎噪声级有所影响。

2)振动噪声

轮胎胎面和胎侧在外界激励下产生振动引起的噪声称为振动噪声,它也是轮胎噪声的最重要声源之一。

(1)冲击振动噪声。当轮胎与路面接触时存在一个冲击力,该冲击力使得轮胎胎面和胎侧发生一定的形变,而该形变与恢复过程中产生的噪声称为轮胎冲击振动噪声。

(2)滑移振动噪声。轮胎胎面与路面耦合时,接触面上的橡胶花纹块与路面之间在位移上产生了一定的偏移,而偏移过程中花纹块在摩擦力作用下引起振动而产生的噪声称为滑移振动噪声。

(3)复原振动噪声。轮胎转动过程中,受压部位离开接触面后变形恢复,而形变复原过程中产生的振动噪声称为复原振动噪声。

(4)路面振动噪声。车辆行驶过程中轮胎受凹凸不平的路面激励所引起的噪声称为路面振动噪声。

3)振鸣噪声

汽车在路面上起步、急制动或急转向时,轮胎和地面接触面发生局部自激振动而产生的噪声称为振鸣噪声,其频率一般为 0.5~1kHz。

使用因素包括车辆行驶速度、路面状况以及轮胎荷载和气压等。一般情况下,车速越快,轮胎噪声越大;路面的粗糙度以及干湿程度能影响轮胎噪声大小;而轮胎的新旧程度也对轮胎噪声有一定影响,相同型号的轮胎磨损后要比新轮胎噪声增加 2~4dB;负荷越大,噪声越大,因此,载重汽车轮胎噪声一般比轿车轮胎噪声高 3~5dB。

另外,提高轮胎的均匀性和动平衡可以降低轮胎的噪声。

2. 轮胎的舒适性

轮胎的舒适性是决定车辆舒适性的因素之一,现在市场上的轮胎按功能性可以分为很多种,有注重附着力的,有注重静音的,也有防爆胎的等。轮胎影响车辆舒适性的主要因素就是轮胎的刚度和振动。与轮胎刚度相关的因素主要有轮胎的结构、材料、胎压;与振动相关的是车轮的动平衡等因素。

轮胎的气压越高,轮胎的刚度越大,地面冲击了越容易引起振动,舒适性越差。轮胎的直径越大,接地比压越小,地面对轮胎的作用力越小,舒适性越好。影响轮胎舒适性的还有轮胎的结构,子午线轮胎的胎冠厚,轮胎的弹性更好。轮胎材料对轮胎舒适性的影响是由于采用高强力粘胶帘布、合成纤维帘布或钢丝帘布等,可以在保证轮胎强度的条件下减少使帘布层数减少,轮胎厚度变小,胎体减薄,从而使轮胎的弹性更好,提高了舒适性。

第二节　汽车轮胎的分类和组成

一、汽车轮胎分类

汽车轮胎分类按《轿车轮胎规格、尺寸、气压与负荷》(GB/T 2978—2014)和《载重汽车轮胎规格、尺寸、气压与负荷》(GB/T 2977—2016)分类,可分为轿车轮胎和载重汽车轮胎。而载重汽车轮胎,又分为微型、轻型和重型载重汽车轮胎。

汽车轮胎按胎体结构不同可分为充气轮胎和实心轮胎。现代汽车绝大多数采用充气轮胎。

充气轮胎按组成结构不同,又分为有内胎轮胎和无内胎轮胎两种。

充气轮胎按胎体中帘线排列的方向不同,还可分为普通斜交轮胎和子午线轮胎。

二、汽车轮胎组成

1. 有内胎的充气轮胎

这种轮胎由外胎1、内胎2和垫带3组成,如图11-3所示。内胎中充满着压缩空气;外胎是用以保护内胎使不受外来损害的强度高而富有弹性的外壳;垫带放在内胎与轮辋之间,防止内胎被轮辋及外胎的胎圈擦伤和磨损。轮胎外胎的一般构造和各部位名称,如图11-3b)所示。

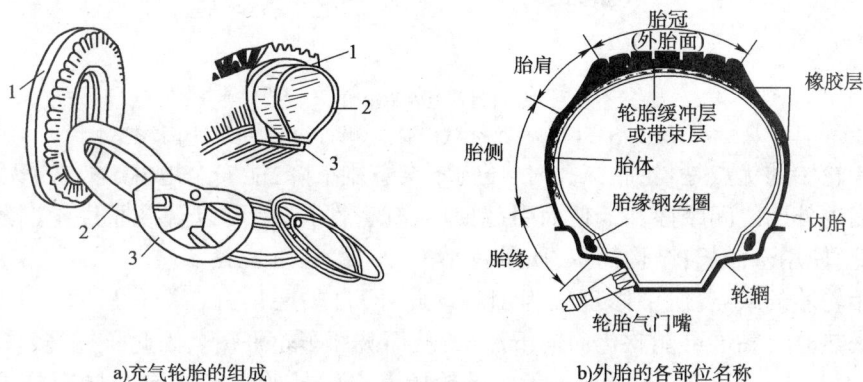

a)充气轮胎的组成　　　　　　　　　b)外胎的各部位名称

图11-3　充气轮胎的组成及各部位名称

1-外胎;2-内胎;3-垫带

轮胎与地面的接触部分为外胎面,也称胎冠,是轮胎的主要工作部分。胎冠与胎侧的过渡部分为胎肩。轮胎与轮辋相接触部分称为胎缘。胎缘内部有钢丝圈。外胎内侧为胎体,也称帘布层。胎体与胎冠之间为缓冲层,也称带束层。

按胎内的空气压力大小,充气轮胎可分为高压胎,低压胎和超低压胎三种。过去,一般气压在 0.5 ~ 0.7MPa 为高压胎,0.15 ~ 0.45MPa 为低压胎,0.15MPa 以下者为超低压胎;但由于制造轮胎用的原材料的不断发展,轮胎负荷能力大幅度提高,相应的气压也提高了,而轮胎的缓冲性能仍在某种程度上保持了原来同规格"低压胎"的性能,因此,按过去标准来讲,属于高压胎气压范围者,现在国内外还是将其归于"低压胎"这一类。如国产规格为 9.00 ~ 20 的14 层级尼龙胎,荷载容量为 22300N,气压为 0.67MPa,仍属低压胎。

目前,轿车、货车几乎全都采用低压胎。因为低压胎弹性好,断面宽,与道路接触面积大,壁薄而散热性良好。这些特点提高了汽车行驶平顺性、转向操纵的稳定性。此外道路和轮胎本身的寿命也得以延长。

目前,普通斜交轮胎和子午线轮胎在汽车上得到广泛应用。特别是子午线轮胎应用最广泛。

2. 无内胎的充气轮胎

无内胎充气轮胎近年来在轿车和一些货车上的使用日益广泛。它没有内胎,空气被直接压入外胎中,因此要求外胎和轮辋之间有很好的密封性。

无内胎轮胎在外观上和结构上与有内胎轮胎近似，所不同的是无内胎轮胎的外胎内壁上附加了一层厚度为 2～3mm 的专门用来封气的橡胶密封层1，如图 11-4 所示，它是用硫化的方法黏附上去的。在密封层正对着胎面下面贴着一层用未硫化橡胶的特殊混合物制成的自黏层2。当轮胎穿孔时，自黏层能自行将刺穿的孔黏合，故称为有自黏层的无内胎轮胎。

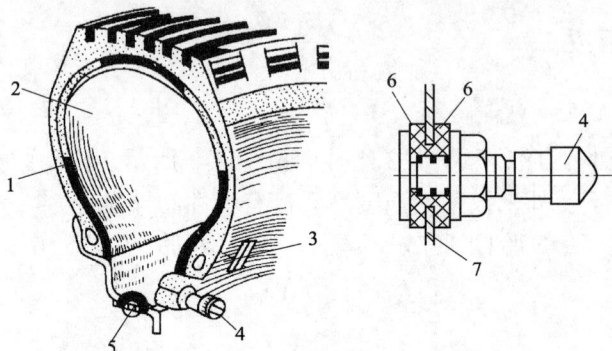

图 11-4　无内胎轮胎

1-橡胶密封层；2-自黏层；3-槽纹；4-气门嘴；5-铆钉；6-橡胶密封衬垫；7-轮辋

无内胎轮胎的优点是：轮胎穿孔时，压力不会急剧下降，能安全地继续行驶；无内胎轮胎中不存在因内外胎之间摩擦和卡住而引起损坏；气密性较好，可以直接通过轮辋散热，所以工作温度低，使用寿命长；结构简单，质量较小。

无内胎轮胎的缺点：途中修理较为困难。此外，自黏层只有在穿孔尺寸不大时方能黏合。天气炎热时自黏层可能软化而向下流动，从而破坏车轮平衡。因此，一般多采用无自黏层的无内胎轮胎。它的外胎内壁只有一层密封层，当轮胎穿孔后，由于其本身处于压缩状态而紧裹着穿刺物，故能长期不漏气。即使将穿刺物拔出，无内胎轮胎只有在轮胎爆破时才会失效。

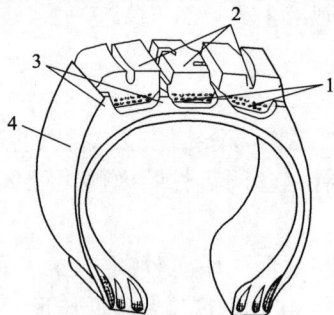

图 11-5　活胎面轮胎

1-钢丝纤维；2-胎面环；3-凸缘；4-胎体

3. 活胎面轮胎

有些车辆装用了活胎面轮胎，如图 11-5 所示。

活胎面轮胎的最大优点是在花纹严重磨损或磨光后，可以单独更换胎面。也可以根据不同使用条件更换不同花纹的胎面。其缺点是质量较大，使用中可能出现胎体和胎面环之间磨损，胎面环橡胶与钢丝体脱层。

第三节　汽车轮胎规格的表示方法

一、基本术语

1. 轮胎的主要尺寸

轮胎的主要尺寸（图 11-6）是轮胎断面宽度（B）、轮辋名义直径（d）、轮胎断面高度（H）、轮胎外直径（D）、负荷下静力半径和滚动半径等。

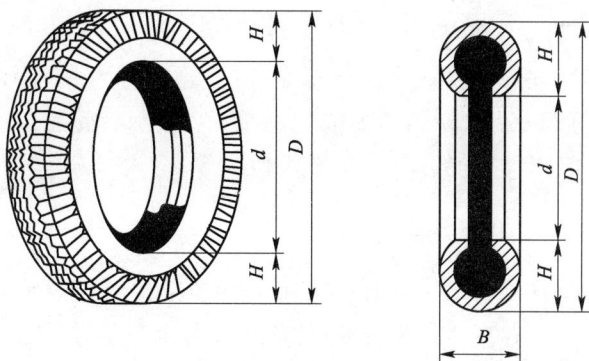

图 11-6　轮胎主要尺寸

（1）轮胎断面宽度。是指轮胎按规定气压充气后,轮胎外侧面间的距离。

（2）轮辋名义直径。是指轮辋规格中直径大小的代号,与轮胎规格中相对应的直径一致。

（3）轮胎断面高度。是指轮胎按规定气压充气后,轮胎外直径与轮辋名义直径之差的一半。

（4）轮胎外直径。是指轮胎按规定气压充气后,在无负荷状态下胎面最外表的直径。

（5）负荷下静力半径。是指轮胎在静止状态下只承受法向负荷作用时,由轮轴中心到支承平面的垂直距离。

（6）轮胎滚动半径。是指车轮旋转运动与平移运动的折算半径。滚动半径 r 按下式计算:

$$r = \frac{S}{2\pi n_{\mathrm{w}}}$$

式中:S——车轮移动的距离;

n_{w}——车轮转过的圈数。

2. 轮胎的高宽比和轮胎系列

轮胎的高宽比是指轮胎的断面高度(H)与轮胎断面宽度(B)的比值,表示为 H/B。轮胎系列是用轮胎的高宽比乘以 100 来表示的,例如"80"系列、"75"系列其高宽比分别为 0.80 和 0.75。

3. 轮胎的层级

轮胎的层级是指轮胎橡胶层内帘布的公称层数,与实际帘布层数不完全一致,是轮胎承载能力的相对指数,主要用于区别尺寸相同但结构和承载能力不同的轮胎。轮胎的层级数与轮胎帘布层的实际层数没有直接关系,就是说轮胎的层级不代表轮胎帘布层的实际层数。轮胎层级常用 PR(PLY RATING)表示。

4. 轮胎最高速度和速度级别

轮胎最高速度是指在规定条件下(路面级别、轮辋名义直径)下(持续行驶最长时间为 1h)内,允许使用的最高速度。

轮胎的速度级别是指在规定条件使用时轮胎的最高速度。将轮胎最高速度(km/h)分为若干级,用字母表示,称为速度级别符号,由字母 A 至 Z 分别代表轮胎 4.8 ~ 300km/h 的认证速度等级。

5.轮胎负荷指数和轮胎负荷能力

轮胎负荷指数是指在规定条件下(轮胎最高速度、最大充气压等)轮胎负荷能力的数字符号。轮胎负荷指数用 LI 表示,轮胎负荷能力用 TLCC 表示。轮胎负荷指数目前有 0～279 共 280 个,轮胎负荷指数和负荷能力有一定的对应关系。

二、轮胎规格及其表示方法

按照《载重汽车轮胎规格、尺寸、气压》(GB/T 2977—2016)和《轿车轮胎规格、尺寸、气压》(GB/T 2978—2014)规定,介绍汽车轮胎的规格代号及其表示方法。

1.微型、轻型载重汽车轮胎

以下是微型、轻型载重汽车轮胎规格标志及使用说明示例。

【例 11-1】

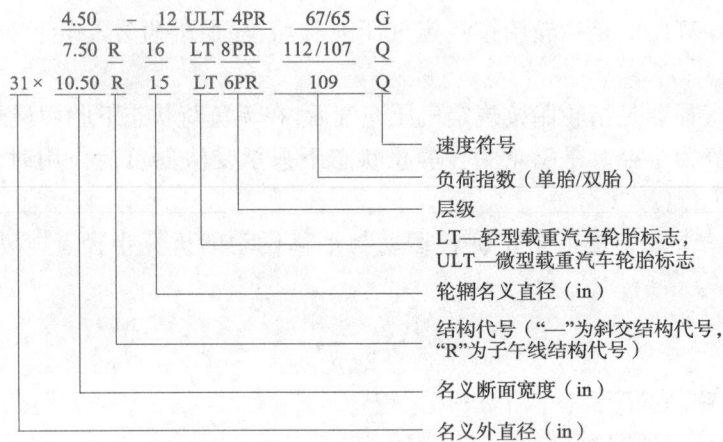

【例 11-2】

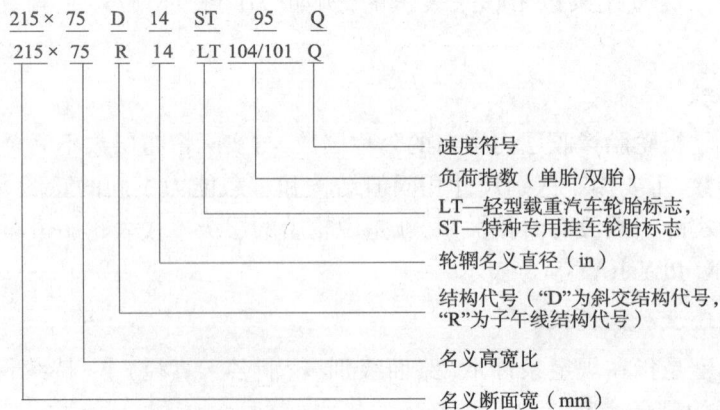

2.重型载重汽车轮胎

以下是重型载重汽车轮胎规格标志及使用说明示例。

【例11-3】

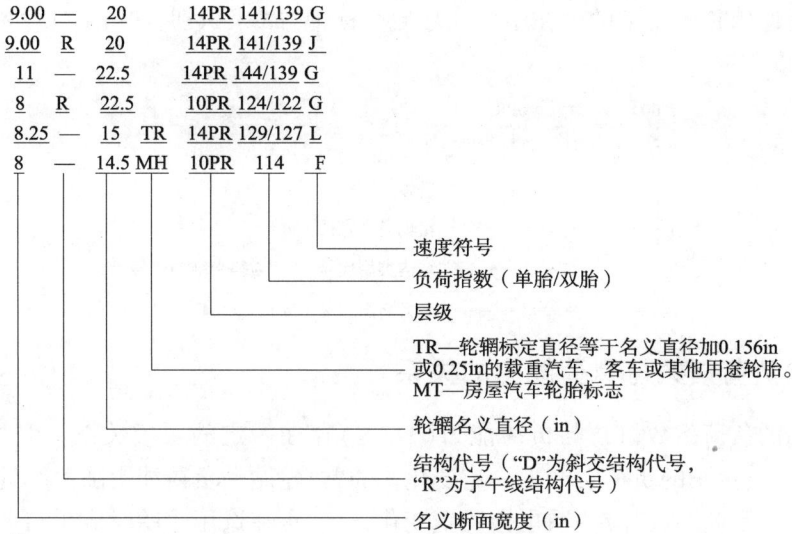

9.00	—	20		14PR	141/139	G
9.00	R	20		14PR	141/139	J
11	—	22.5		14PR	144/139	G
8	R	22.5		10PR	124/122	G
8.25	—	15	TR	14PR	129/127	L
8	—	14.5	MH	10PR	114	F

速度符号
负荷指数（单胎/双胎）
层级
TR—轮辋标定直径等于名义直径加0.156in
或0.25in的载重汽车、客车或其他用途轮胎。
MT—房屋汽车轮胎标志
轮辋名义直径（in）
结构代号（"D"为斜交结构代号，
"R"为子午线结构代号）
名义断面宽度（in）

【例11-4】

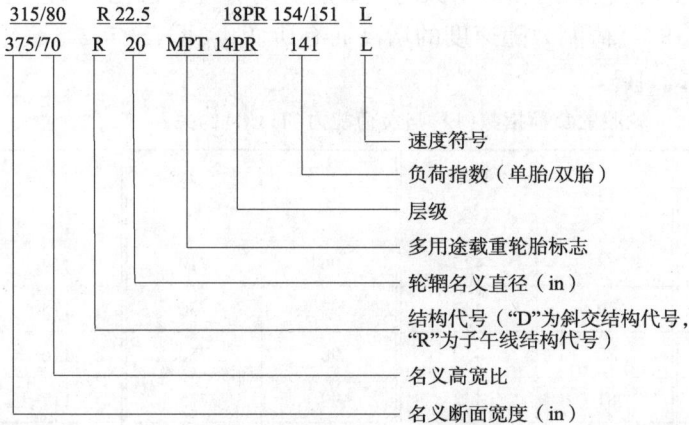

| 315/80 | R | 22.5 | | 18PR | 154/151 | L |
| 375/70 | R | 20 | MPT | 14PR | 141 | L |

速度符号
负荷指数（单胎/双胎）
层级
多用途载重轮胎标志
轮辋名义直径（in）
结构代号（"D"为斜交结构代号，
"R"为子午线结构代号）
名义高宽比
名义断面宽度（in）

3. 轿车轮胎

【例11-5】

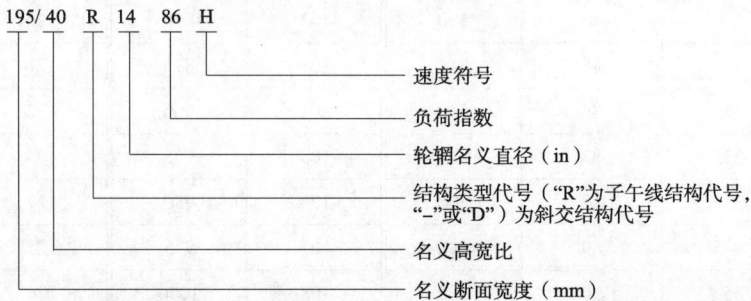

| 195/ | 40 | R | 14 | 86 | H |

速度符号
负荷指数
轮辋名义直径（in）
结构类型代号（"R"为子午线结构代号，
"–"或"D"为斜交结构代号）
名义高宽比
名义断面宽度（mm）

增强型轮胎应增加负荷识别标志"EXTRALOAD（或 XL）"或"REINFORCED（或 REINF）"。

T 性临时使用的备用轮胎应增加规格附加标志"T"，如 T135/90D16。

最高车速超过 240km/h 的轮胎，结构类型代号可用"ZR"代替"R"。

对于速度超过 300km/h 的轮胎，结构类型代号可用"ZR"代替"R"，在括号内由速度符号"Y"和相应的负荷指数组成使用说明，如 245/45 ZR17（95 Y）。

轮胎实际最大负荷能力和速度能力应在轮胎制造商的技术文件说明书上予以声明。符合缺气保用轮胎要求的可在结构代号后面标记"F"来识别,如"RF"或"ZRF"。

【例11-6】

```
5.60 - 13 6PR
         │  │  │
         │  │  └── 层级
         │  └───── 轮辋名义直径（in）
         └──────── 结构类型代号，"–"为斜交结构代号
─────────────── 名义断面宽度（in）
```

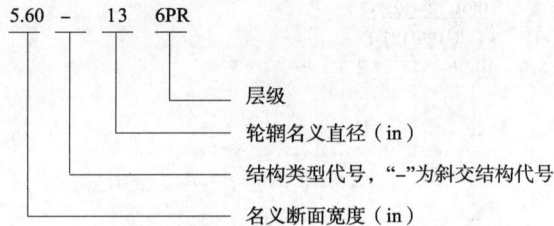

三、轮胎负荷指数与负荷能力的关系

汽车轮胎的负荷指数(LI)与负荷能力(TLCC)存在一定的对应关系。但是,随着汽车的行驶速度不同,汽车的负荷会产生一定变化。通常,轮胎的负荷能力随汽车的行驶速度增高而有所降低。因此,其对应关系也会发生变化,这一点在选用轮胎时应予与考虑。汽车行驶速度在210km/h以下时,轮胎的负荷指数与负荷能力的对应关系见表11-1。当行驶速度超过210km/h时,轮胎的负荷能力随速度的增高而有所变化,见表11-2。载重汽车行驶速度与轮胎负荷变化见表11-3。

轮胎的负荷指数(LI)与负荷能力(TLCC)的关系　　　　　　　　表11-1

LI	TLCC (kg)	LI	TLCC (kg)	LI	TLCC (kg)	LI	TLCC (kg)
60	250	78	425	96	710	114	1180
61	257	79	437	97	730	115	1215
62	265	80	450	98	750	116	1250
63	272	81	462	99	775	117	1285
64	280	82	475	100	800	118	1320
65	290	83	487	101	825	119	1360
66	300	84	500	102	850	120	1400
67	307	85	515	103	875	121	1450
68	315	86	530	104	900	122	1500
69	325	87	545	105	925	123	1550
70	335	88	560	106	950	124	1600
71	345	89	580	107	975	125	1650
72	355	90	600	108	1000	126	1700
73	365	91	615	109	1030	127	1750
74	375	92	630	110	1060	128	1800
75	387	93	650	111	1090	129	1850
76	400	94	670	112	1120	130	1900
77	412	95	690	113	1150	131	1950

LI	TLCC (kg)	LI	TLCC (kg)	LI	TLCC (kg)	LI	TLCC (kg)
132	2000	149	3250	166	5300	183	8750
133	2060	150	3350	167	5450	184	9000
134	2120	151	3450	168	5600	185	9250
135	2180	152	3550	169	5800	186	9500
136	2240	153	3650	170	6000	187	9750
137	2300	154	3750	171	6150	188	10000
138	2360	155	3875	172	6300	189	10300
139	2430	156	4000	173	6500	190	10600
140	2500	157	4125	174	6700	191	10900
141	2570	158	4250	175	6900	192	11200
142	2650	159	4375	176	7100	193	11500
143	2725	160	4500	177	7300	194	11800
144	2800	161	4625	178	7500	195	12150
145	2900	162	4750	179	7750	196	12500
146	3000	163	4875	180	8000	197	12850
147	3075	164	5000	181	8250	198	13200
148	3150	165	5150	182	8500	199	13600

行驶速度超过 210km/h 时轿车轮胎的负荷能力变化率　　　　表 11-2

行驶速度 (km/h)	不同速度符号的轿车轮胎基于不同行驶速度负荷能力变化率(%)			
	H	V	W	Y
210	100	100	100	100
220	—	97	100	100
230	—	94	100	100
240	—	91	100	100
250	—	—	95	100
260	—	—	90	100
270	—	—	85	100
280	—	—	—	95
290	—	—	—	90
300	—	—	—	85

载重汽车行驶速度与轮胎负荷变化对应表　　　　表 11-3

行驶速度 (km/h)	负荷变化率(%)			
	微型、轻型载重汽车轮胎		重型载重汽车轮胎	
	斜交轮胎	子午线轮胎	斜交轮胎	子午线轮胎
40	+15.0	+25.0	+12.5	+15.0
50	+12.5	+20.0	+10.0	+12.0

行驶速度	负荷变化率(%)			
（km/h）	微型、轻型载重汽车轮胎		重型载重汽车轮胎	
	斜交轮胎	子午线轮胎	斜交轮胎	子午线轮胎
60	+10.0	+15.0	+7.5	+10.0
70	+7.5	+12.5	+5.0	+7.0
80	+5.0	+10.0	+2.5	+4.0
90	+2.5	+7.5	0	+2.0
100	0	+5.0	0	0
110	0	+2.5	0	0
≥120	0	0	0	0

注：表中的负荷变化是相对于轮胎规格、尺寸、气压与负荷表中规定的负荷能力增加的。

四、轮胎速度符号与最高行驶速度的关系

汽车轮胎速度符号与最高行驶速度的对应关系见表11-4，不同轮辋名义直径的轿车轮胎最高速度见表11-5。

轮胎速度级别符号与最高行驶速度   表11-4

轮胎速度级别序号	轮胎最高行驶速度（km/h）	轮胎速度级别序号	轮胎最高行驶速度（km/h）
C	60	Q	160
D	65	R	170
E	70	S	180
F	80	T	190
G	90	U	200
J	100	H	210
K	110	V	240
L	120	W	270
M	130	Y	300
N	140	ZR	240 以上
P	150		

不同轮辋名义直径的轿车轮胎最高速度（摘录）   表11-5

轮胎速度级别符号	轮胎最高行驶速度（km/h）		
	轮辋名义直径 10in	轮辋名义直径 12in	轮辋名义直径 ≥13in
R	135	145	160
S	150	165	180
T	165	175	190
H		195	210

五、轮胎规格、层级、气压与负荷

轮胎规格、层级、复合指数、测量轮辋、新胎充气后断面宽度和外直径、允许充气压力、允许使用轮辋符合表11-6的规定要求；轮胎最大使用尺寸、静负荷半径、最小双胎间距、允许使用轮辋应符合表11-7～表11-11的规定要求。

表 11-6

微型载货汽车普通断面斜交胎（5°轮辋）

轮胎规格	层级	复合层数 单胎	复合层数 双胎	测量轮辋	新胎设计尺寸(mm) 断面宽度	新胎设计尺寸(mm) 外直径 公路型	轮胎最大使用尺寸(mm) 总宽度	轮胎最大使用尺寸(mm) 外直径 公路型	静负荷半径(mm)	负荷能力(kg) 单胎	负荷能力(kg) 双胎	充气压力(kPa)	最小双胎间距(mm)	允许使用轮辋	气门嘴型号
4.5-12ULT	4	67	65	3.0B	127	545	137	558	254	307	290	240	146	3.0D,3.5B	CF1
4.5-12ULT	6	72	70	3.0B	127	545	137	558	254	355	300	300	146	3.0D,3.5B	CF1
4.5-12ULT	8	77	76	3.0B	127	545	137	558	254	412	400	400	146	3.0D,3.5B	CF1
5.0-10ULT	4	69	67	3.5B	143	517	154	530	240	325	240	240	164	3.0D	CF1
5.0-10ULT	6	73	71	3.5B	143	517	154	530	240	365	300	300	164	3.0D	CF1
5.0-10ULT	8	79	77	3.5B	143	517	154	530	240	437	400	400	164	3.0D	CF1
5.0－12ULT	4	73	71	3.5B	143	568	154	582	265	365	240	240	164	3.0D,3.5B,4.0B	CF1
5.0－12ULT	6	78	76	3.5B	143	568	154	582	265	425	300	300	164	3.0D,3.5B,4.0B	CF1
5.0－12ULT	8	83	81	3.5B	143	568	154	582	265	487	400	400	164	3.0D,3.5B,4.0B	CF1
5.0－12ULT	10	88	86	3.5B	143	568	154	582	265	560	500	500	164	3.0D,3.5B,4.0B	CF1

新胎最大总宽度＝新胎设计断面宽度×1.07；

新胎最小总宽度＝新胎设计断面宽度×0.96；

新胎最大外直径＝2×新胎设计断面宽度×1.07＋轮辋名义直径；

新胎最小外直径＝2×新胎设计断面宽度×0.96＋轮辋名义直径；

新胎最大最小外缘尺寸计算及修约应符合 GB/T 2977—2016 附录 D 的要求。

表 11-6 中的注也适合于表 11-7。

注：静负荷半径和轮胎最大使用尺寸为使用参考数据。本表中的静负荷半径为公路型花纹单胎负荷下的静负荷半径，双胎静负荷半径、双胎负荷下静负荷半径为表中数值＋1mm。

若要求采用其他型号气门嘴，使用方法与制造商协商解决。

表中未包括的新开发生产的轮胎规格参加《中国轮胎气门嘴标准年鉴》。

轻型载货汽车普通断面斜交胎（5°轮辋）

表11-7

轮胎规格	层级	负荷指数 单胎	负荷指数 双胎	测量轮辋	新胎设计尺寸(mm) 断面宽度	新胎设计尺寸(mm) 外直径 公路型	新胎设计尺寸(mm) 外直径 牵引型	轮胎最大使用尺寸(mm) 总宽度	轮胎最大使用尺寸(mm) 外直径 公路型	轮胎最大使用尺寸(mm) 外直径 牵引型	静负荷半径(mm)	负荷能力(kg) 单胎	负荷能力(kg) 双胎	充气压力(kPa)	最小双胎间距(mm)	允许使用轮辋	气门嘴型号
5.50-13LT	6	82	78	4.0B	160	620	—	173	645	—	295	475	425	320	186	4.0B,4J,4½J	CF1
5.50-13LT	8	88	84	4.0B	160	620	—	173	645	—	295	560	500	420	186	4.0B,4J,4½J	CF1
5.50-13LT	10	92	88	4.0B	160	620	—	173	645	—	295	630	560	530	186	4.0B,4J,4½J	CF1
5.50-14LT	6	84	79	4J	160	645	—	173	671	—	307	500	437	320	186	4½J,5J	CF1
5.50-14LT	8	90	85	4J	160	645	—	173	671	—	307	600	515	420	186	4½J,5J	CF1
6.00-13LT	6	88	83	4.5B	170	655	—	184	681	—	313	560	487	320	197	4.0B,5.0B,4J,4½J,5J	CF1
6.00-13LT	8	93	89	4.5B	170	655	—	184	681	—	313	650	580	420	197	4.0B,5.0B,4J,4½J,5J	CF1
6.00-13LT	10	98	94	4½J	170	655	—	184	681	—	313	750	670	530	197	4.0B,5.0B,4J,4½J,5J	CF1
6.00-14LT	6	89	85	4½J	170	680	691	184	707	718	324	580	515	320	197	4J,5J	CF1
6.00-14LT	8	95	90	4½J	170	680	691	184	707	718	324	690	600	420	197	4J,5J	CF1
6.00-14LT	10	100	96	4.5E	170	680	691	184	707	718	324	800	710	530	197	4J,5J	CF1
6.00-15LT	6	91	87	4.5E	170	705	717	184	733	744	336	615	545	320	197	4½J	CJ01
6.00-15LT	8	97	92	4.5E	170	705	717	184	733	744	336	730	630	420	197	4½J	CJ01
6.00-15LT	10	101	97	4.5E	170	705	717	184	733	744	336	825	730	530	197	4½J	CJ01
6.00-15LT	12	105	100	4.5E	170	705	717	184	733	744	336	925	800	630	197	4½J	CJ01
6.00-16LT	6	92	88	4.5E	170	730	743	184	759	771	348	630	560	320	197	4.00E	CJ01
6.00-16LT	8	98	94	4.5E	170	730	743	184	759	771	348	750	670	420	197	4.00E	CJ01
6.00-16LT	10	102	98	4.5E	170	730	743	184	759	771	348	850	750	530	197	4.00E	CJ01
6.50-14LT	6	94	89	4½J	180	705	717	194	733	746	336	670	580	320	209	5J	CF01
6.50-14LT	8	99	95	4½J	180	705	717	194	733	746	336	775	690	420	209	5J	CF01

轮胎规格	层级	负荷指数		测量轮辋	新胎设计尺寸（mm）			轮胎最大使用尺寸（mm）			负荷能力（kg）		充气压力（kPa）	最小双胎间距（mm）	允许使用轮辋	气门嘴型号
		单胎	双胎		断面宽度	外直径 公路型	外直径 牵引型	总宽度	外直径 公路型	外直径 牵引型	静负荷半径	单胎	双胎				
6.50-14LT	10	104	100	4½J	180	705	717	194	733	746	336	900	800	530	209	5J	CF01
6.50-15LT	6	95	91	4.5E	180	730	742	194	759	771	348	690	615	320	209	5.0E,5.5F	DG04C
6.50-15LT	8	101	97	4.5E	180	730	742	194	759	771	348	825	730	420	209	5.0E,5.5F	DG04C
6.50-15LT	10	106	101	4.5E	180	730	742	194	759	771	348	950	825	530	209	5.0E,5.5F	DG04C
6.50-16LT	6	97	92	5.5F	185	750	761	200	780	791	357	730	630	320	215	5.00E	DG04C
6.50-16LT	8	102	98	5.5F	185	750	761	200	780	791	357	850	750	420	215	5.00E	DG04C
6.50-16LT	10	107	103	5.5F	185	750	761	200	780	791	357	975	875	530	215	5.00E	DG04C
6.50-16LT	12	110	105	5.5F	185	750	761	200	780	791	357	1060	925	630	215	5.00E	DG04C
7.00-14LT	6	95	90	5J	185	715	726	216	744	756	340	690	600	320	215	5½J	CF01
7.00-14LT	8	101	96	5J	185	715	726	216	744	756	340	825	710	420	215	5½J	CF01
7.00-14LT	10	105	101	5J	185	715	726	216	744	756	340	925	828	530	215	5½J	CF01
7.00-15LT	6	99	95	5.5F	200	750	760	216	780	790	357	775	690	320	232	6.00G	DG04C
7.00-15LT	8	104	100	5.5F	200	750	760	216	780	790	357	900	800	420	232	6.00G	DG04C
7.00-15LT	10	109	105	5.5F	200	750	760	216	780	790	357	1030	925	530	232	6.00G	DG04C
7.00-15LT	12	113	109	5.5F	200	750	760	216	780	790	357	1150	1030	630	232	6.00G	DG04C
7.00-16LT	6	101	96	5.5F	200	775	785	216	806	816	369	825	710	320	232	6.00G	DG04C
7.00-16LT	8	107	102	5.5F	200	775	785	216	806	816	369	975	850	420	232	6.00G	DG04C
7.00-16LT	10	111	106	5.5F	200	775	785	216	806	816	369	1090	950	530	232	6.00G	DG04C
7.00-16LT	12	115	110	5.5F	200	775	785	216	806	816	369	1215	1060	630	232	6.00G	DG04C
7.00-16LT	14	118	114	5.5F	200	775	785	216	806	816	369	1320	1180	730	232	6.00G	DG04C

注：若为无内胎轮胎允许使用轮辋可使用相同轮辋宽度的深槽轮辋。

第十一章　汽车轮胎

微型载货汽车普通断面子午线（5°轮辋）

表 11-8

轮胎规格	复合指数			测量轮辋	新胎设计尺寸（mm）		轮胎最大使用尺寸（mm）		静负荷半径（mm）	负荷能力（kg）		充气压力（kPa）	最小双胎间距（mm）	允许使用轮辋	气门嘴型号
	层级	单胎	双胎		断面宽度	外直径 公路型	总宽度	外直径 公路型		单胎	双胎				
4.5R12ULT	6	72	70	3.0B	127	545	137	555	251	355	335	350	150	3.00D,3.50B	CF01
4.5R12ULT	8	77	76	3.0B	127	545	137	555	251	412	400	450	150	3.00D,3.50B	CF01
5.0R12ULT	8	83	81	3.5B	143	545	154	579	260	487	462	450	169	3.00D,3.50B,4.0B	CF01
5.0R12ULT	10	88	86	3.5B	143	517	154	579	260	560	530	550	169	3.00D,3.50B,4.0B	CF01

新胎最大总宽度 = 新胎设计断面宽度 ×1.05；

新胎最小总宽度 = 新胎设计断面宽度 ×.96；

新胎最大设计外直径 = 2 × 新胎设计断面高度 ×1.03 + 轮辋名义直径；

新胎最小外直径 = 2 × 新胎设计断面高度 ×.96 + 轮辋名义直径；

新胎最大最小外缘尺寸计算及修约应符合 GB/T 2977—2016 附录 D 的要求。

注：静负荷半径和轮胎最大使用尺寸为使用参考数据。本表中的静负荷半径为公路型花纹单胎负荷下的静负荷半径，双胎静负荷为双胎负荷下的静负荷半径，双胎负荷半径为公路型花纹单胎负荷下的静负荷半径 +1mm。

表中所列新胎最大使用外直径和轮胎最大使用外径是普通轮胎外径，雪地花纹轮胎、雪泥花纹轮胎最大使用最大外直径和轮胎最大使用最大外直径可增加 1%。

表中未包括新开发生产的新胎轮辋气门嘴规格参加《中国轮胎轮辋气门嘴标准年鉴》。

表 11-9

轻型载货汽车普通断面子午线胎(5°轮辋)

轮胎规格	层级	负荷指数		测量轮辋	新胎设计尺寸(mm)				轮胎最大使用尺寸(mm)		静负荷半径(mm)	负荷能力(kg)		充气压力(kPa)	最小双胎间距(mm)	允许使用轮辋	气门嘴型号
		单胎	双胎		断面宽度	外直径		总宽度	外直径			单胎	双胎				
						公路型	牵引型		公路型	牵引型							
5.50R13LT	6	82	78	4.0B	160	620	—	171	632	—	288	475	425	350	189	4.50B,$4_{1/2}$J	CF01
5.50R13LT	8	88	84	4.0B	160	620	—	171	632	—	288	560	500	460	189	4.50B,$4_{1/2}$J	CF01
6.00R13LT	6	88	83	4.5B	170	655	—	182	669	—	304	560	487	350	201	4.50B,5.0B,4J,$4_{1/2}$J,5J	CF01
6.00R13LT	8	93	89	4.5B	170	655	—	182	669	—	304	560	580	460	201	4.0B,5.0B,4J,$4_{1/2}$J,5J	CF01
6.00R13LT	10	98	94	4.5B	170	655	—	182	669	—	304	750	670	560	201	4.0B,5.0B,4J,$4_{1/2}$J,5J	CF01
6.00R14LT	6	95	90	$4_{1/2}$J	170	680	688	182	693	701	316	690	600	460	201	4J,5J	CF01
6.00R14LT	8	100	96	$4_{1/2}$J	170	680	688	182	693	701	316	800	710	560	201	4J,5J	CF01
6.00R15LT	6	91	86	4.5E	170	705	715	182	718	726	328	615	530	350	201	$4_{1/2}$J	CJ01
6.00R15LT	8	97	92	4.5E	170	705	715	182	718	726	328	730	630	460	201	$4_{1/2}$J	CJ01
6.00R15LT	10	101	97	4.5E	170	705	715	182	718	726	328	825	730	560	201	$4_{1/2}$J	CJ01
6.50R14LT	8	99	89	$4_{1/2}$J	180	705	713	193	720	728	327	775	690	460	212	5J	CF01
6.50R14LT	10	104	95	$4_{1/2}$J	180	705	713	193	720	728	327	900	775	560	212	5J	CF01
6.50R15LT	6	95	91	4.5E	170	730	740	200	744	754	340	690	615	350	220	6.0G	CJ01
6.50R15LT	8	101	97	4.5E	170	730	740	200	744	754	340	825	730	460	220	6.0G	CJ01
6.50R15LT	10	106	101	4.5E	170	730	740	200	744	754	340	950	825	560	220	6.0G	CJ01
6.50R16LT	6	97	92	4.5E	170	730	760	200	770	780	340	730	630	350	220	5.0E,5.0F	CJ01
6.50R16LT	8	102	98	5.5F	185	730	760	200	770	780	340	850	750	460	220	5.0E,5.0F	CJ01

第十一章 汽车轮胎

轮胎规格	层级	负荷指数		测量轮辋	新胎设计尺寸(mm)				轮胎最大使用尺寸(mm)		静负荷半径(mm)	负荷能力(kg)		充气压力(kPa)	最小双胎间距(mm)	允许使用轮辋	气门嘴型号
		单胎	双胎		断面宽度	外直径		总宽度	外直径			单胎	双胎				
						公路型	牵引型		公路型	牵引型							
6.50R16LT	10	107	103	5.5F	185	730	760	200	770	780	340	975	850	560	220	5.0E,5.0F	CJ01
6.50R16LT	12	110	105	5.5F	185	730	760	200	770	780	340	1060	925	670	220	5.0E,5.0F	CJ01
7.00R15LT	6	99	95	5.5F	185	750	760	214	769	779	340	775	690	350	236	6.00G	CJ01
7.00R15LT	8	104	100	5.5F	185	750	760	214	769	779	340	900	800	460	236	6.00G	CJ01
7.00R15LT	10	109	105	5.5F	185	750	760	214	769	779	340	1030	925	560	236	6.00G	CJ01
7.00R15LT	12	113	109	5.5F	185	750	760	214	769	779	340	1150	1030	670	236	6.00G	CJ01
7.00R16LT	6	101	96	5.5F	200	775	785	214	780	810	362	825	710	350	236	6.00G	DG04C
7.00R16LT	8	107	102	5.5F	200	775	785	214	800	810	362	975	850	460	236	6.00G	DG04C
7.00R16LT	10	111	107	5.5F	200	775	785	214	800	810	362	1090	975	560	236	6.00G	DG04C
7.00R16LT	12	115	110	5.5F	200	775	785	214	800	810	362	1215	1060	670	236	6.00G	DG04C
7.00R16LT	14	118	114	5.5F	200	775	785	214	800	810	362	1320	1180	770	236	6.00G	DG04C
7.50R15LT	8	110	105	6.0G	215	780	790	230	800	810	362	1060	925	460	255	5.50F,6.50H	CJ01
7.50R15LT	10	115	110	6.0G	215	780	790	230	800	810	362	1215	1060	560	255	5.50F,6.50H	CJ01
7.50R16LT	6	105	101	6.0G	215	805	815	230	825	835	375	925	825	350	255	5.50F,6.50H	DG04C
7.50R16LT	8	112	107	6.0G	215	805	815	230	825	835	375	1120	975	460	255	5.50F,6.50H	DG04C
7.50R16LT	10	116	111	6.0G	215	805	815	230	825	835	375	1250	1090	560	255	5.50F,6.50H	DG04C

轮胎规格	层级	负荷指数		测量轮辋	断面宽度	新胎设计尺寸(mm) 外直径		总宽度	轮胎最大使用尺寸(mm) 外直径		静负荷半径(mm)	负荷能力(kg)		充气压力(kPa)	最小双胎间距(mm)	允许使用轮辋	气门嘴型号
		单胎	双胎			公路型	牵引型		公路型	牵引型		单胎	双胎				
7.50R16LT	12	120	116	6.0G	215	805	815	230	825	835	375	1400	1250	670	255	5.50F,6.50H	DG04C
7.50R16LT	14	122	118	6.0G	215	805	815	230	825	835	375	1500	1320	770	255	5.50F,6.50H	DG04C
7.50R16LT	16	125	121	0G	215	805	815	230	825	835	375	1650	1450	870	255	5.50F,6.50H	DG04C
8.25R16LT	6	110	105	6.5H	235	855	865	252	876	886	397	1060	925	320	278	6.00G,6.5	DG05C
8.25R16LT	8	115	110	6.5H	235	855	865	252	876	886	397	1215	1060	390	278	6.00G,6.5	DG05C
8.25R16LT	10	119	114	6.5H	235	855	865	252	876	886	397	1360	1180	460	278	6.00G,6.5	DG05C
8.25R16LT	12	123	119	6.5H	235	855	865	252	876	886	397	1550	1360	560	278	6.00G,6.5	DG05C
8.25R16LT	14	126	122	6.5H	235	855	865	252	876	886	397	1770	1500	670	278	6.00G,6.5	DG05C
8.25R16LT	16	128	124	6.5H	235	855	865	252	876	886	397	1800	1600	770	278	6.00G,6.5	DG05C
8.25R16LT	18	132	128	6.5H	235	855	865	252	876	886	397	2000	1800	870	278	6.00G,6.5	DG05C
9.00R16LT	6	115	110	6.5H	255	890	900	273	912	922	416	1215	1060	320	301	6.00G,6.5	DG05C
9.00R16LT	8	120	115	6.5H	255	890	900	273	909	918	409	1360	1215	390	301	6.00G,6.5	DG05C
9.00R16LT	10	123	119	6.5H	255	890	900	273	909	918	409	1500	1320	460	301	6.00G,6.5	DG05C
9.00R16LT	12	127	123	6.5H	255	890	900	273	909	918	409	1750	1550	560	301	6.00G,6.5	DG05C
9.00R16LT	14	131	126	6.5H	255	890	900	273	909	918	409	1950	1700	670	301	6.00G,6.5	DG05C
9.00R16LT	16	134	129	6.5H	255	890	900	273	909	918	409	2120	1850	770	301	6.00G,6.5	DG05C

注:若为无内胎轮胎允许使用轮辋可使用相同轮辋宽度的深槽轮辋。

载重汽车普通断面子午线胎（5°轮辋）

表 11-10

轮胎规格	层级	负荷指数		测量轮辋	新胎设计尺寸（mm）			轮胎最大使用尺寸（mm）			静负荷半径（mm）	负荷能力（kg）		充气压力（kPa）	最小双胎间距（mm）	允许使用轮辋	气门嘴型号
		单胎	双胎		断面宽度	外直径公路型	外直径牵引型	总宽度	外直径公路型	外直径牵引型		单胎	双胎				
7.00R20	8	117	115	5.5	200	904	915	216	920	930	422	1285	1215	550	236	6.6,6.00S	DC06C
7.00R20	10	121	119	5.5	200	904	915	216	920	930	422	1450	1360	660	236	6.6,6.00S	DC06C
7.00R20	12	124	122	5.5	200	904	915	216	920	930	422	1600	1500	760	236	6.6,6.00S	DC06C
7.00R20	14	126	124	5.5	200	904	915	216	920	930	422	1700	1600	830	236	6.6,6.00S	DC06C
7.5R15TR	12	122	120	6.0	215	808	820	232	825	837	372	1500	1400	760	254	5.5,6.50	DC06C
7.5R15TR	14	123	121	6.0	215	808	820	232	825	837	372	1550	1450	830	254	5.5,6.50	DC06C
7.50R20	8	121	119	6.5	215	935	947	232	952	964	435	1450	1360	550	254	6.5,6.5T	DC06C
7.50R20	10	124	122	6.5	215	935	947	232	952	964	435	1600	1500	660	254	6.5,6.5T	DC06C
7.50R20	12	128	126	6.5	215	935	947	232	952	964	435	1800	1700	760	254	6.5,6.5T	DC06C
7.50R20	14	130	128	6.5	215	935	947	232	952	964	435	1900	1800	830	254	6.5,6.5T	DC06C
7.50R20	16	133	131	6.5	215	935	947	232	952	964	435	2060	1950	930	254	6.5,6.5T	DC06C
8.5R15TR	12	126	124	6.5	236	847	853	255	866	872	389	1700	1600	720	278	6.0,7.0	DC06C
8.5R15TR	14	129	127	6.5	236	847	853	255	866	872	389	1850	1750	830	278	6.0,7.0	DC06C
8.250R20	10	129	127	6.5	236	974	986	255	993	1005	452	1850	1750	620	278	6.5T,7.0,7.00T	DC06C
8.250R20	12	133	131	6.5	236	974	986	255	993	1005	452	2060	1950	720	278	6.5T,7.0,7.00T	DC06C
8.250R20	14	136	134	6.5	236	974	986	255	993	1005	452	2240	2120	830	278	6.5T,7.0,7.00T	DC06C
8.250R20	16	139	137	6.5	236	974	986	255	993	1005	452	2430	2300	930	278	6.5T,7.0,7.00T	DC06C

轮胎规格	层级	负荷指数 单胎	负荷指数 双胎	测量轮辋	新胎设计尺寸(mm) 断面宽度	新胎设计尺寸(mm) 外直径 公路型	新胎设计尺寸(mm) 外直径 牵引型	轮胎最大使用尺寸(mm) 总宽度	轮胎最大使用尺寸(mm) 外直径 公路型	轮胎最大使用尺寸(mm) 外直径 牵引型	静负荷半径(mm)	负荷能力(kg) 单胎	负荷能力(kg) 双胎	充气压力(kPa)	最小双胎间距(mm)	允许使用轮辋	气门嘴型号
9.00R20	10	134	132	7.0	259	1019	1030	280	1039	1051	471	2120	2000	590	306	7.00T,7.5	DG07C
9.00R20	12	138	136	7.0	259	1019	1030	280	1039	1051	471	2360	2240	690	306	7.00T,7.5	DG07C
9.00R20	14	141	139	7.0	259	1090	1030	280	1039	1051	471	2570	2430	790	306	7.00T,7.5	DG07C
9.00R20	16	144	142	7.0	259	1090	1030	280	1039	1051	471	2800	2650	900	306	7.00T,7.5	DG07C
10.00R15TR	12	133	131	7.5	278	927	932	300	948	954	423	2060	1950	620	328	7.0,8.0	DG08C
10.00R15TR	14	137	135	7.5	278	-927	932	300	948	954	423	2300	2180	720	328	7.0,8.0	DG08C
10.00R15TR	16	141	139	7.5	278	927	932	300	948	954	423	2575	2430	830	328	7.0,8.0	DG08C
10.00R20	12	140	138	7.5	278	1054	1060	300	1075	1088	486	2500	2360	620	328	7.5V,8.0	DG08C
10.00R20	14	144	142	7.5	278	1054	1060	300	1075	1088	486	2800	2650	720	328	7.5V,8.0	DG08C
10.00R20	16	146	143	7.5	278	1054	1060	300	1075	1088	486	3000	2725	830	328	7.5V,8.0	DG08C
10.00R20	18	149	146	7.5	278	1054	1060	300	1075	1088	486	3250	3000	930	328	7.5V,8.0	DG08C
11.00R20	12	143	141	8.0	239	1085	1090	317	1108	1120	499	2725	2575	620	346	8.00V,8.5	DG09C
11.00R20	14	146	143	8.0	239	1085	1090	317	1108	1120	499	3000	2575	720	346	8.00V,8.5	DG09C
11.00R20	16	150	147	8.0	239	1085	1090	317	1108	1120	499	3350	3075	830	346	8.00V,8.5	DG09C
11.00R20	18	152	149	8.0	239	1085	1090	317	1108	1120	499	3550	3250	930	346	8.00V,8.5	DG09C
11.00R22	12	145	142	8.0	239	1135	1140	317	1158	1171	525	2900	2650	620	346	8.00V,8.5	DG09C
11.00R22	14	149	146	8.0	239	1135	1140	317	1158	1171	525	3250	3000	720	346	8.00V,8.5	DG09C
11.00R22	16	152	149	8.0	239	1135	1140	317	1158	1171	525	3550	3250	830	346	8.00V,8.5	DG09C

轮胎规格	层级	负荷指数		测量轮辋	新胎设计尺寸（mm）			轮胎最大使用尺寸（mm）			静负荷半径（mm）	负荷能力（kg）		充气压力（kPa）	最小双胎间距（mm）	允许使用轮辋	气门嘴型号
		单胎	双胎		断面宽度	外直径		总宽度	外直径			单胎	双胎				
						公路型	牵引型		公路型	牵引型							
11.00R22	18	154	151	8.0	239	1135	1140	317	1158	1171	525	3750	3450	930	346	8.00V，8.5	DG09C
12.00R20	14	149	146	8.5	315	1125	1140	340	1149	1162	516	3250	3000	660	372	8.5V，9.0	DG09C
12.00R20	16	152	153	8.5	315	1125	1140	340	1149	1162	516	3550	3250	760	372	8.5V，9.0	DG09C
12.00R20	18	154	150	8.5	315	1125	1140	340	1149	1162	516	3750	3450	830	372	8.5V，9.0	DG09C
12.00R20	20	156	153	8.5	315	1125	1140	340	1149	1162	516	4000	3650	900	372	8.5V，9.0	DG09C
12.00R24	14	153	150	8.5	315	1226	1238	340	1251	1263	572	3650	3350	660	372	8.5V，9.0	DG09C
12.00R24	16	156	153	8.5	315	1226	1238	340	1251	1263	572	4000	3650	760	372	8.5V，9.0	DG09C
12.00R24	18	158	155	8.5	315	1226	1238	340	1251	1263	572	4250	3875	830	372	8.5V，9.0	DG09C
12.00R24	20	160	157	8.5	315	1226	1238	340	1251	1263	572	4500	4125	900	372	8.50V，9.0	DG09C
13.00R20	16	155	152	9.0	340	1177	1189	368	1204	1216	538	3875	3550	690	401	—	DG09C
13.00R20	18	158	155	9.0	340	1177	1189	368	1204	1216	538	4250	3875	790	401	—	DG09C
13.00R20	20	160	157	9.0	340	1177	1189	368	1204	1216	538	4500	4125	900	401	—	DG09C
14.00R20	14	152	149	10.0	375	1240	1253	405	1271	1283	565	3550	3250	480	443	—	DG09C
14.00R20	16	157	154	10.0	375	1240	1253	405	1271	1283	565	4125	3750	590	443	—	DG09C
14.00R20	18	161	158	10.0	375	1240	1253	405	1271	1283	565	4625	4250	690	443	—	DG09C
14.00R20	20	164	161	10.0	375	1240	1253	405	1271	1283	565	5000	4625	790	443	—	DG09C

轮胎规格	层级	负荷指数		测量轮辋	新胎设计尺寸(mm)			轮胎最大使用尺寸(mm)			静负荷半径(mm)	负荷能力(kg)		充气压力(kPa)	最小双胎间距(mm)	允许使用轮辋	气门嘴型号
		单胎	双胎		断面宽度	外直径		总宽度	外直径			单胎	双胎				
						公路型	牵引型		公路型	牵引型							
14.00R24	18	165	162	10.0	375	1343	1354	405	1271	1283	616	5150	4750	690	450	—	DC09C
14.00R24	20	168	165	10.0	375	1343	1354	405	1372	1384	616	5600	5150	790	450	—	DC09C
14.00R25	18	165	162	10.0	375	1343	1354	405	1372	1384	618	5150	4750	690	450	—	DC09C
14.00R25	20	168	165	10.0	375	1343	1354	405	1372	1384	618	5600	5150	790	450	—	DC09C
16.00R20	20	172	169	11.25	438	1309	1320	405	1372	1384	594	6300	5800	690	521	—	DC09C
16.00R20	22	174	171	11.25	438	1309	1320	473	1341	1353	594	6700	6150	760	521	—	DC09C

新胎最大总宽度 = 新胎设计断面宽度 × 1.04;

新胎最小总宽度 = 新胎设计断面宽度 × 0.96;

新胎最大外直径 = 2 × 新胎设计断面高度 × 1.03 + 轮辋名义直径;

新胎最小外直径 = 2 × 新胎设计断面高度 × 0.96 + 轮辋名义直径;

新胎最大最小外缘尺寸计算及修约应符合 GB/T 2977—2016 附录 D 的要求。

注:静负荷半径和轮胎最大使用尺寸均为使用参考数据。本表中的静负荷半径为公路型花纹单胎负荷下的静负荷半径,双胎静负荷半径,双胎负荷下静负荷半径为表中数值 + 1mm。

若需要采用其他型号气门嘴,使用方应与制造商协商。

表中所列新胎最大设计外直径和轮胎最大使用外直径是普通轮胎外直径,雪泥花纹轮胎、雪地花纹轮胎最大外直径和轮胎最大使用外直径可增加 1%。

表中未包括的新开发生产的轮胎规格参加《中国轮胎规格气门嘴标准车鉴》。

多用途载重汽车子午线胎（70～80系列，5°轮辋）

表 11-11

轮胎规格	负荷指数 单胎	负荷指数 双胎	新胎设计尺寸(mm) 测量轮辋	断面宽度	外直径 公路型	外直径 —	轮胎最大使用尺寸(mm) 总宽度	外直径 公路型	外直径 —	静负荷半径(mm)	负荷能力(kg) 单胎	负荷能力(kg) 双胎	充气压力(kPa)	最小双胎间距(mm)	允许使用轮辋	气门嘴型号
375/70R20MPT	136	—	12.00	377	1034	—	392	1066	—	478	2240	—	350	—	11.00	—
375/70R20MPT	141	—	12.00	377	1034	—	392	1066	—	478	2575	—	475	—	11.00	—
375/70R20MPT	146	—	12.00	377	1034	—	392	1066	—	478	3000	—	600	—	11.00	—
450/70R20MPT	136	—	13.00	407	1076	—	423	1110	—	495	2240	—	350	—	12.00	—
450/70R20MPT	144	—	13.00	407	1076	—	423	1110	—	495	2800	—	475	—	12.00	—
450/70R20MPT	152	—	13.00	407	1076	—	423	1110	—	495	3550	—	600	—	12.00	—
375/70R20MPT	136	—	12.00	377	1070	—	392	1104	—	493	2240	—	350	—	11.00	—
375/70R20MPT	144	—	12.00	377	1070	—	392	1104	—	493	2800	—	475	—	11.00	—
375/70R20MPT	152	—	12.00	377	1070	—	392	1104	—	493	3550	—	600	—	11.00	—
275/80R18MPT	123	—	9.00	278	897	—	289	923	—	416	1550	—	350	—	—	—
275/80R18MPT	127	—	9.00	278	897	—	289	923	—	416	1750	—	450	—	—	—
275/80R18MPT	131	—	9.00	278	897	—	289	923	—	416	1950	—	550	—	—	—
275/80R20MPT	125	—	9.00	278	948	—	289	974	—	441	1650	—	350	—	—	—
275/80R20MPT	128	—	9.00	278	948	—	289	974	—	441	1800	—	425	—	—	—
275/80R20MPT	134	—	9.00	278	948	—	289	974	—	441	2120	—	525	—	—	—
335/80R18MPT	132	—	11.00	340	993	—	354	1025	—	456	2000	—	350	—	—	—
335/80R18MPT	137	—	11.00	340	993	—	354	1025	—	456	2300	—	450	—	12.00	—
335/80R18MPT	142	—	11.00	340	993	—	354	1025	—	456	2650	—	550	—	12.00	—

轮胎规格	负荷指数 单胎	负荷指数 双胎	测量轮辋	新胎设计尺寸(mm) 断面宽度	新胎设计尺寸(mm) 外直径 公路型	新胎设计尺寸(mm) 外直径 —	轮胎最大使用尺寸(mm) 总宽度	轮胎最大使用尺寸(mm) 外直径 公路型	轮胎最大使用尺寸(mm) 外直径 —	静负荷半径(mm)	负荷能力(kg) 单胎	负荷能力(kg) 双胎	充气压力(kPa)	最小双胎间距(mm)	允许使用轮辋	气门嘴型号
335/80R20MPT	134	—	11.00	340	1044	—	354	1076	—	482	2120	—	350		12.00	—
335/80R20MPT	139	—	11.00	340	1044	—	354	1076	—	482	2430	—	450		12.00	—
335/80R20MPT	141	—	11.00	340	1044	—	354	1076	—	482	2575	—	500		12.00	—
335/80R20MPT	145	—	11.00	340	1044	—	354	1076	—	482	2900	—	550		12.00	—
335/80R20MPT	149	—	11.00	340	1044	—	354	1076	—	482	3250	—	650		12.00	—
365/80R20MPT	132	—	11.00	360	1092	—	374	1128	—	502	2000	—	350		12.00	—
365/80R20MPT	143	—	11.00	360	1092	—	374	1128	—	502	2725	—	450		12.00	—
365/80R20MPT	149	—	11.00	360	1092	—	374	1128	—	502	3250	—	575		12.00	—
365/80R20MPT	152	—	11.00	360	1092	—	374	1128	—	502	3550	—	625		12.00	—
365/80R20MPT	154	—	11.00	360	1092	—	374	1128	—	502	3750	—	650		12.00	—
365/80R24MPT	144	—	11.00	360	1194	—	374	1230	—	553	2800	—	400		12.00	—

新胎最大总宽度 = 新胎设计断面宽度×1.04;
新胎最小总宽度 = 新胎设计断面宽度×0.96;
新胎最大设计外直径 = 2×新胎设计断面高度×1.03 + 轮辋名义直径;
新胎最小设计外直径 = 2×新胎设计断面高度×0.97 + 轮辋名义直径;
新胎最大最小外缘尺寸计算及修约应符合 GB/T 2977—2016 附录 D 的要求。

注:静负荷半径和轮胎最大使用尺寸为使用参考数据。
若需采用其他型号气门嘴,使用时应与制造商协商。
表中所列新胎最大设计外径和最大使用外径是普通轮胎外径,雪泥花纹轮胎、雪地花纹轮胎最大外直径和轮胎最大使用外直径可增加 1%。
表中未包括的新开发生产的轮胎规格参加《中国轮胎规格气门嘴标准年鉴》。
适用于公路、越野和农业作业的多用途宽基轮胎。

第四节　汽车轮胎的合理使用

在汽车运输成本中,轮胎费用占 5% ~ 10% 。由于轮胎的使用水平不同,轮胎的使用寿命相差很大,轮胎的状况还直接影响汽车的安全性和燃料经济性。为加强汽车轮胎的合理使用,国家和交通运输部部发布了有关的技术标准和行业规范,规定了轮胎的运输、储存、使用和维修的基本原则和具体技术要求。

一、轮胎的损坏

普通轮胎的使用性能是以利用压缩空气的性质和内外胎的弹性为基础的。汽车轮胎承受和传递汽车与路面的全部作用力,在各种外力作用下,产生复杂的变形。变形使橡胶分子间产生摩擦、发热,导致轮胎温度升高,强度降低。轮胎的损坏,基本上就是力和热作用的结果。因此,研究轮胎工作情况,掌握轮胎变形规律,对延长轮胎使用寿命有重要意义。汽车轮胎损坏的主要形式有胎面磨损、帘线松散、折断、帘布脱层、胎面与胎体脱胶以及由上述结果引起的胎体破裂。

胎面磨损的原因是轮胎与路面间的相对滑移和摩擦。汽车行驶时,胎面除了承受来自地面的垂直反力外,还承受轮胎变形及车辆行驶时产生的切向力和横向反作用力,使得轮胎与地面的接触面间存在不同程度的整体或局部的相对滑移。接触面间摩擦力越大、胎面相对于路面的滑移量越大,胎面磨损就越严重。

帘线折断的原因是轮胎变形产生胎体内部拉伸、压缩应力,当应力超过帘线强度时,帘线就会折断。轮胎变形还使帘布层间产生剪应力,当此剪应力超过帘布与橡胶之间的吸附力时,就会出现帘线松散或局部帘布层脱层。

胎温对轮胎损坏有着重要影响。夏季炎热路面的烘烤,轮胎与路面间的摩擦,轮胎反复变形,材料内部因摩擦生热,内外胎间、轮胎与轮辋间的摩擦生热等,使轮胎的热量积聚,轮胎温度升高,将使轮胎材料的力学性能下降,从而加速了胎面磨损,并容易造成帘线松散、折断和帘布脱层,甚至引起胎体爆破等。

二、轮胎的使用与维护

轮胎合理使用的目的是降低轮胎的磨损速度,防止不正常的损坏,从而延长轮胎的使用寿命。

1. 轮胎的运输

运输轮胎时要根据轮胎的不同要求,科学合理码放,以不影响轮胎使用性能为宜。轮胎不应与油类、易燃物、化学腐蚀品等混装,避免阳光照射和雨淋。

内胎、垫带不单独包装时,需放在内胎内并充以适量的空气,使其与外胎内腔相接触,垫带覆盖在内胎与外胎胎圈内壁之间,用绳捆绑 2 处以上,或加以外包装,绳索不得损坏外胎胎圈。

搬运轮胎时必应使用绳索、吊钩或吊叉直接提吊轮胎,应使用宽度不小于 150mm 非金属宽幅带,以免损坏胎圈,如图 11-7 所示。

使用叉车搬运轮胎时,宜使用抱胎方式的专用叉车,或从轮胎侧面托起,不应用货叉叉入轮胎中心提升,以免损伤轮胎,如图 11-8 所示。

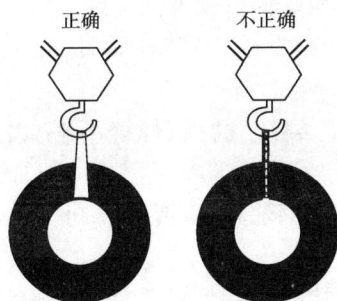

图 11-7　轮胎的搬运

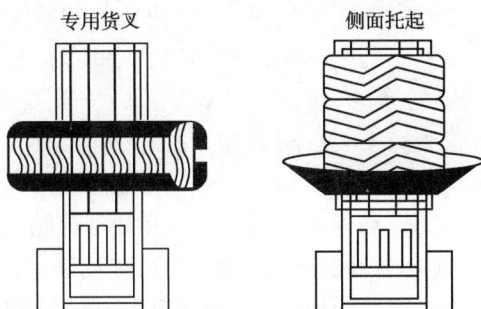

图 11-8　用叉车搬运轮胎

2. 轮胎的储存

轮胎应在通风、清洁的库房内存放。室温 – 10 ~ 30℃、相对湿度 50% ~ 80% 为宜。库房内避免阳光直接照射。

库房内不应使用可产生臭氧的设备装置。

不应将轮胎与油类、酸类、易燃品及化学腐蚀品存放在一起，或与这些物品接触。

轮胎应远离热源，避免烘烤轮胎。

轮胎在储存中，应有库存卡片，记录轮胎类型、规格、结构、层级、厂牌、生产日期和入库时间，并按生产时间和入库时间分批分类储存，按先进先出顺序使用。

1）外胎储存要求

为减少轮胎变形，存放轮胎的方法应离地 10cm 垂直放在成排托架上，不允许挤压轮胎。

短期 30 天内存放，轮胎也可以平放在地上，叠放高度以不影响轮胎使用性能为宜，如图 11-9 所示。

2）内胎、垫带储存要求

内胎垫带放在外胎内存放时，内胎表面应涂抹适量的滑石粉。放在外胎内并充适量的空气，将垫带覆盖在内胎与外胎胎圈内壁之间，用包装袋或绳捆绑包装，与外胎一起存放。

内胎短期单独存放时，在表面涂抹滑石粉，不允许折叠堆置，应展平放置于架子或地面上，且叠放高度不宜超过

图 11-9　轮胎叠放

50cm，避免刺伤、划伤和气门嘴压坏内胎表面，也可挂在半圆形的托架上。每两个月转动一次支点。

垫带单独存放应水平放在架子上或套在圆木架上储存，且要防止灰尘、油脂和湿气侵蚀。

3. 轮胎的选择、装配和拆卸

1）一般要求

（1）车辆使用的轮胎在替换时，替换的规格宜与车辆出厂时的原配胎规格相同或符合 GB/T 26278 的规定要求。

（2）车辆使用轮胎的花纹类型根据车辆使用条件、前轴、后轴使用要求，可以选择不同的花纹类型，包括普通花纹、牵引花纹、加深花纹等。

（3）同轴应选择同一品牌、规格、结构、使用类型轮胎，且要求轮胎磨耗程度接近相同，以保证外直径相同。

（4）装配定向花纹轮胎时，应使轮胎的旋转方向标志与车辆行驶方向一致。

（5）装配有外侧标识的轮胎时，应将有标识的一侧装在外侧。换装新胎时，应尽量做到整车或同轴同换。

（6）轮胎应安装在符合规定的轮辋上，不应使用变形、裂纹、磨损、焊缝不平、尺寸超差的轮辋。

（7）斜交轮胎与子午线轮胎、无内胎轮胎与有内胎轮胎不得同车混装。同车不同尺寸备用轮胎只能作为临时应急使用，且宜及早更换。

（8）轮胎安装前应对外胎、垫带、内胎、轮辋进行全面检查。保证各部件表面清洁，无杂物。并使用中性皂液或专用润滑剂涂抹胎圈底部和轮辋圈座等接触部位，如图 11-10 所示。但不应使用如润滑脂类等能影响轮胎质量的润滑剂。

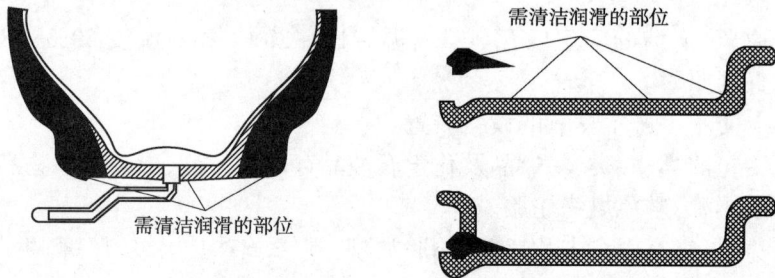

图 11-10　轮胎安装前清洁润滑部位

（9）轮胎的装配和拆卸应由经过培训的专门人员进行。

（10）轮胎充气时，应采用慢速充气，缓慢逐渐提高气压，避免气压突然升高，损坏轮胎及轮辋，以致造成人身事故。轮胎装配和拆卸充气时，应采取一定的安全防护措施。

（11）拆卸前，轮胎内的空气要排净，以保证拆卸人员的安全。

2）有内胎轮胎的装卸

（1）有内胎轮胎的拆装应使用专用工具或器械。

（2）当装用有内胎轮胎时，应使用新的内胎和垫带。

（3）内胎装入外胎时，应检查外胎内腔无异物，在外胎的内壁和内胎表面涂抹滑石粉，以便于内胎的伸展。垫带应平滑的覆盖在内胎与外胎止口内壁之间，内胎气门嘴应放置在轮辋气门嘴孔内并放正，不得折弯或反方向拧气门嘴。

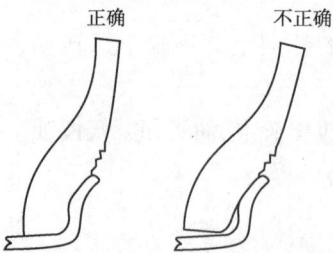

图 11-11　轮胎在轮辋上的安装

（4）将轮胎安装在轮辋上，并将挡圈、锁圈安装到位后，用橡皮锤周向轻敲轮辋、挡圈、锁圈，使轮胎胎圈正确落在轮辋内，如图 11-11 所示。

（5）轮胎胎圈、轮辋、挡圈、锁圈正确就位后，慢速向内胎充气，并轻敲以上部位。严禁快速充气，避免锁圈弹出伤人。

（6）轮胎装卸应有专门工具在安装处施压，使轮胎胎圈脱离轮辋，再取下锁圈和挡圈，卸下轮胎。

3）无内胎轮胎的装卸

（1）无内胎轮胎的装卸应使用胎圈脱卸器或轮胎拆装机，不应硬撬、硬砸以免损坏胎里及胎圈的密封层。

（2）装胎时将轮胎与轮辋结合面及轮胎胎圈座和 O 形圈沟槽部分的铁锈和其他杂质除掉。

（3）凡拆装有 O 形圈轮辋的轮胎，则需换上新的 O 形圈。安装轮胎前要检查 O 形圈是否有缺陷,并涂上润滑剂。润滑剂类型选用中性皂液或专用润滑剂,但不应使用如润滑剂脂类等能影响轮胎质量的润滑剂。

(4)无内胎轮胎更换时,应使用新的无内胎气门嘴。

(5)无内胎轮胎与轮辋为过盈配合,装配充气时应保证胎圈与轮辋紧密正确就位。

(6)轮胎充气后应检查气门嘴、气门芯、轮辋与轮胎接触部及 O 形圈处是否漏气。如图 11-12 所示。

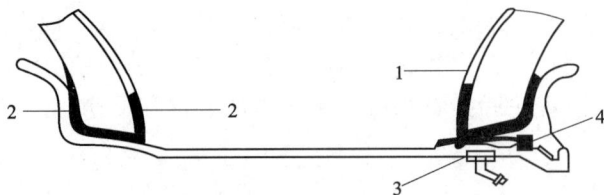

图 11-12　轮胎充气后各部位与轮胎关系
1-胎里密封层;2-胎圈密封胶;3-气门嘴;4-O 形圈

4)压配式实心轮胎、充气轮胎轮辋、实心轮胎的装卸

(1)压配式实心轮胎、充气轮胎轮辋、实心轮胎的装卸只能由具备必要装备和技能的专业人员进行,非专业人员装卸可能导致人员伤害及对轮胎和车轮隐蔽的损伤。

(2)为避免轮胎胎圈底座损伤,应将轮胎同心地安装在轮辋上并与轴平行。

(3)允许使用的轮辋应与轮胎制造商协商。

4.轮胎的使用

1)轮胎使用的基本要求

(1)保持气压正常。轮胎充气压力是决定轮胎使用寿命和工作好坏的主要因素。气压过低时,胎体变形较大,造成内应力增加;胎面与地面接触面积增大,摩擦作用是胎体温度升高,磨损加剧,特别是胎肩的磨损加剧;滚动阻力增大,燃料消耗增加;双胎中一胎气压过低还会使另一胎超载损坏。气压过高时,使胎冠部分磨损加剧,动荷载增大,易产生胎冠爆破。

适宜气压与轮胎的使用条件有关,应根据轮胎所受的负荷、轮胎的安装位置和轮胎的类型选择和保持适宜气压。

各种汽车轮胎都有规定的气压(表 11-6 ~ 表 11-9),在使用中应严格按照规定的轮胎气压充气。在使用中一周内轮胎气压下降 10 ~ 30kPa,如气门嘴有故障,轮胎气压降低更多。因此,必须经常检查。

(2)防止轮胎超载。轮胎负荷对寿命有重大影响。超载行驶时,轮胎变形增大,帘布和帘线应力增大,容易造成帘线折断、松散和帘布脱层,同时因为接地面积增大,增加胎肩的磨损,尤其在遇到障碍物时,由于受到冲击,会引起爆破。注意货物装载平衡,防止车辆行驶时发生货物移动及倾斜。

(3)掌握车速,控制胎温。坚持中速行驶,胎体温度不得超过 100℃。夏季行驶应增加停歇次数,如轮胎发热或内压增高,应停车休息散热。严禁放气降低轮胎气压,也不要泼冷水。

(4)合理搭配轮胎。轮胎必须装在规定规格的轮辋上;同一车轴应装配相同规格、花纹和层级的轮胎;普通斜交轮胎与子午线轮胎在同车上不能混用;轮胎花纹应根据道路条件选择,装配有向花纹轮胎时,花纹"人"字尖端的指向要与汽车前进时轮胎旋转方向一致;换装轮胎时,应尽量做到整车同轴同换;为确保行车安全,翻新轮胎不能装在转向轮上;汽车所使用的轮胎应与最大设计车速相适应。

（5）精心驾驶车辆。轮胎的使用寿命与汽车驾驶方法密切相关。例如起步过猛、紧急制动、转弯过急和碰撞障碍物等,会加速轮胎的损坏。因此,汽车驾驶人在车辆运行过程中,应注意正确合理操纵车辆,尽量避免突然加速和减速,避免持续高速行驶等,降低轮胎的磨损,提高轮胎的使用寿命。正确的驾驶操作要领是:起步平稳、加速均匀、中速行驶,减低轮胎磨损;选择路面,减少对胎体的冲击;减速转向避免侧向滑移;少用制动等。

（6）做好维护工作。对轮胎的维护应与整车维护一样,贯彻预防为主,强制维护的原则。轮胎维护分日常维护、一级维护和二级维护,维护周期按汽车规定的维护周期执行。

日常维护包括出车前、行车中和收车后的检视。主要是检视轮胎气压是否符合规定;检查轮胎螺母有无松动;清理轮胎夹石和有无不正常的磨损和损伤,并及时消除造成不正常磨损和损伤的因素。

2）轮胎负荷

（1）轮胎负荷应符合 GB/T 2977—2016 和 GB/T 2978—2014 的规定要求。

（2）车辆上轮胎实际负荷,不应超过轮胎的负荷能力,否则将严重影响轮胎使用寿命及车辆和人身安全。

（3）车辆装载货物应分布均匀,避免某一轮胎负荷过重,货车上的物品分布如图 11-13 所示,自卸车装载分布如图 11-14 所示。

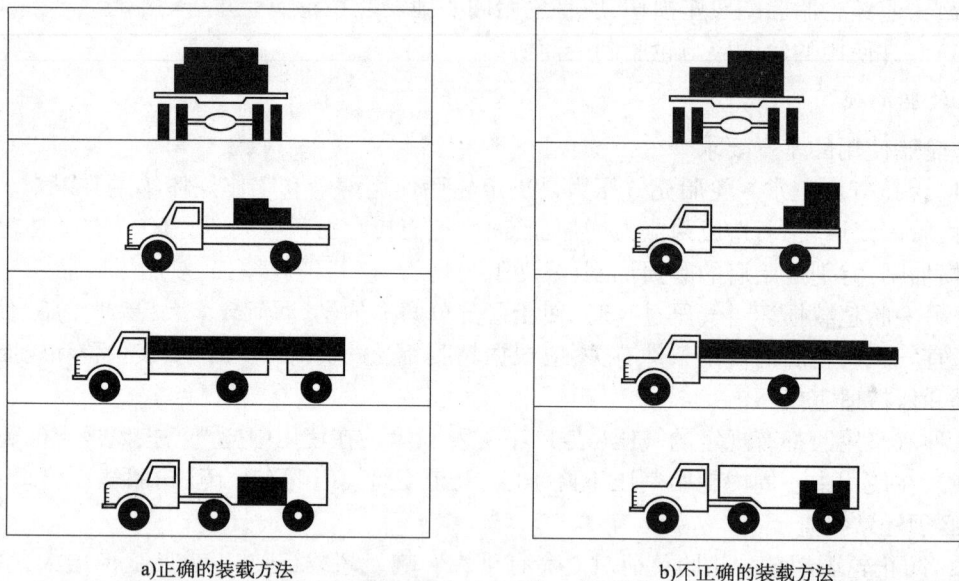

a)正确的装载方法　　　　　　　　b)不正确的装载方法

图 11-13　货车装载分布图

图 11-14　自卸车装载分布图

3）轮胎气压

轮胎气压是指处于常温时所采用的气压,不包括由于车辆行驶增高的气压。

（1）轮胎使用气压的公差范围应符合表 11-12 的规定。

轮胎使用气压的公差范围　　　　　表 11-12

轮　胎　类　型	公差（kPa）
轿车轮胎、摩托车轮胎	±10
载重汽车轮胎	±20
工程机械轮胎、农业轮胎、工业车辆充气轮胎	±30

（2）工程机械子午线轮胎的使用气压应按表 11-13 进行校正。

工程机械子午线轮胎的使用气压校正表　　　表 11-13

环境温度（℃）	内压增加（%）	环境温度（℃）	内压增加（%）
25	0	35～39	8
25～29	4	40～45	10
30～34	6		

（3）测量轮胎充气气压，应在车轮充分冷却后进行。

（4）工程、工地、矿区、长途车辆用轮胎气压每周检查一次；市区、短途车辆用轮胎气压每周检查一次，最长不应超过 15 天。

（5）车辆长途高速行驶及夏季行车时，应经常检查气压，若需要补充气压时应等轮胎降温后再予以补齐。车辆行驶时气压增加是正常的，同时也是轮胎设计时允许的，不应放气降压，也不应用冷水浇泼。

（6）低胎压情况下行驶的轮胎在没有经过专业人员对轮胎仔细检查前不应充满气压，且充气前须仔细检查轮胎。

子午线轮胎在使用中应严格保持标准气压。由于结构原因，其下沉量和接地面积较大，与斜交轮胎相比往往误认为充气不足，应用气压表加以检定。

4）轮胎速度

（1）轮胎速度符合不应低于装配车辆的最高行驶速度要求（T 型临时使用备用轮胎除外）。

（2）车辆行驶速度不应超过轮胎速度符合对应的速度，否则会引起轮胎过度生热而爆破。

5）轮胎换位

（1）轿车轮胎换位。轿车轮胎每行驶 8000～10000km 进行一次换位并检测平衡。换位方法如图 11-15 所示。

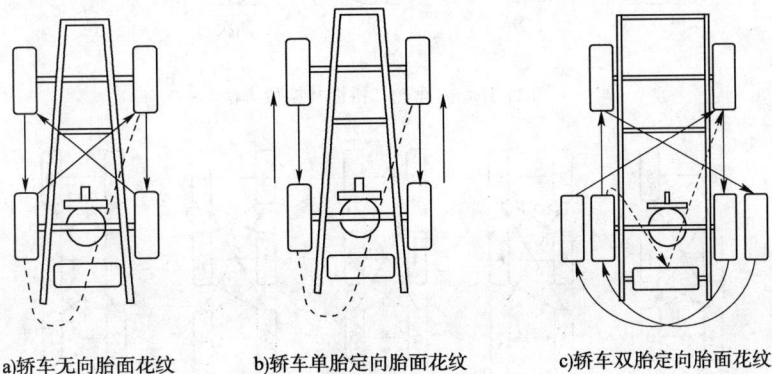

a)轿车无向胎面花纹　　　b)轿车单胎定向胎面花纹　　　c)轿车双胎定向胎面花纹

图 11-15　轿车轮胎换位

（2）载重汽车轮胎换位。载重汽车子午线轮胎按每行驶 12000～15000km 进行一次换位并检测平衡。

载重汽车斜交轮胎按每行驶 8000 ~ 10000km 进行一次换位并检测平衡。普通载重汽车轮胎换位方法如图 11-16 所示。

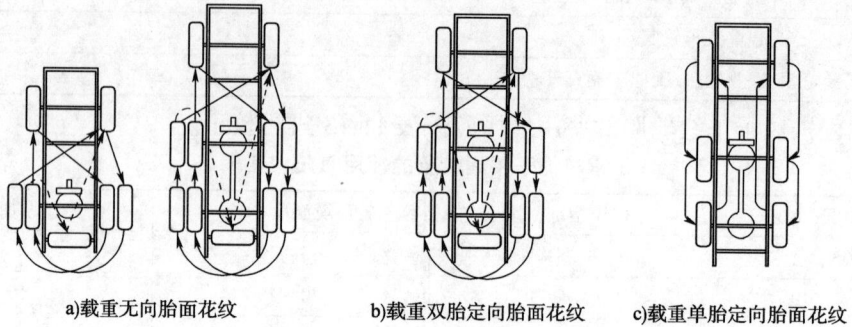

a)载重无向胎面花纹　　　　b)载重双胎定向胎面花纹　　　　c)载重单胎定向胎面花纹

图 11-16　载重轮胎换位

各种载重汽车轮胎换位方法如图 11-17 ~ 图 11-25 所示。

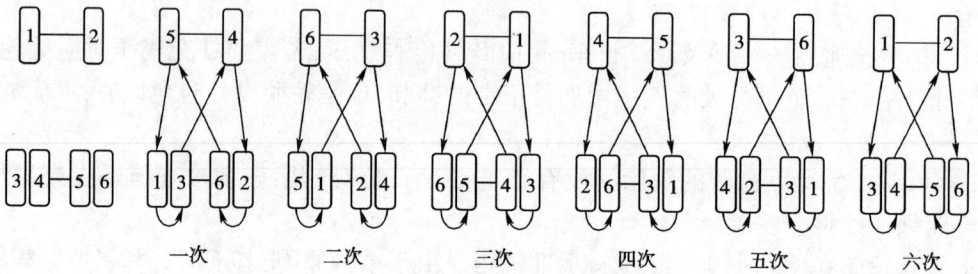

图 11-17　六车轮二桥混合换位方法

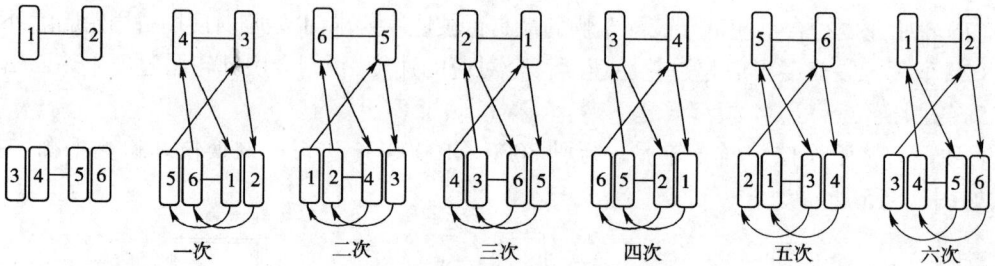

图 11-18　六车轮二桥循环换位方法

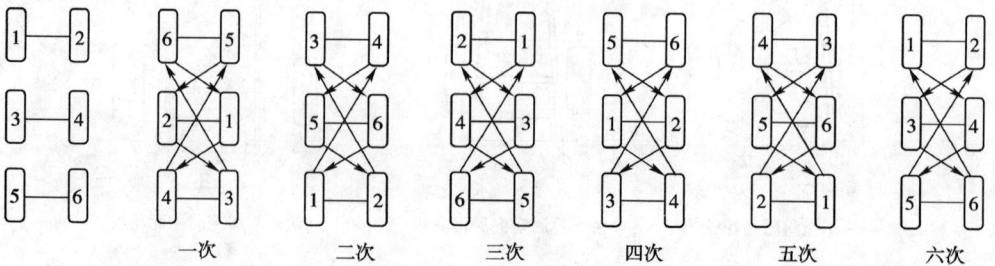

图 11-19　六车轮三桥交叉换位方法

汽车运行材料（第 3 版）

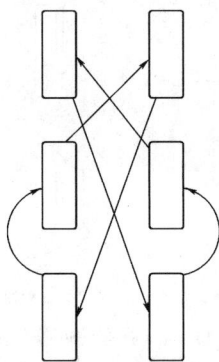

图 11-20　六车轮三桥混合换位方法

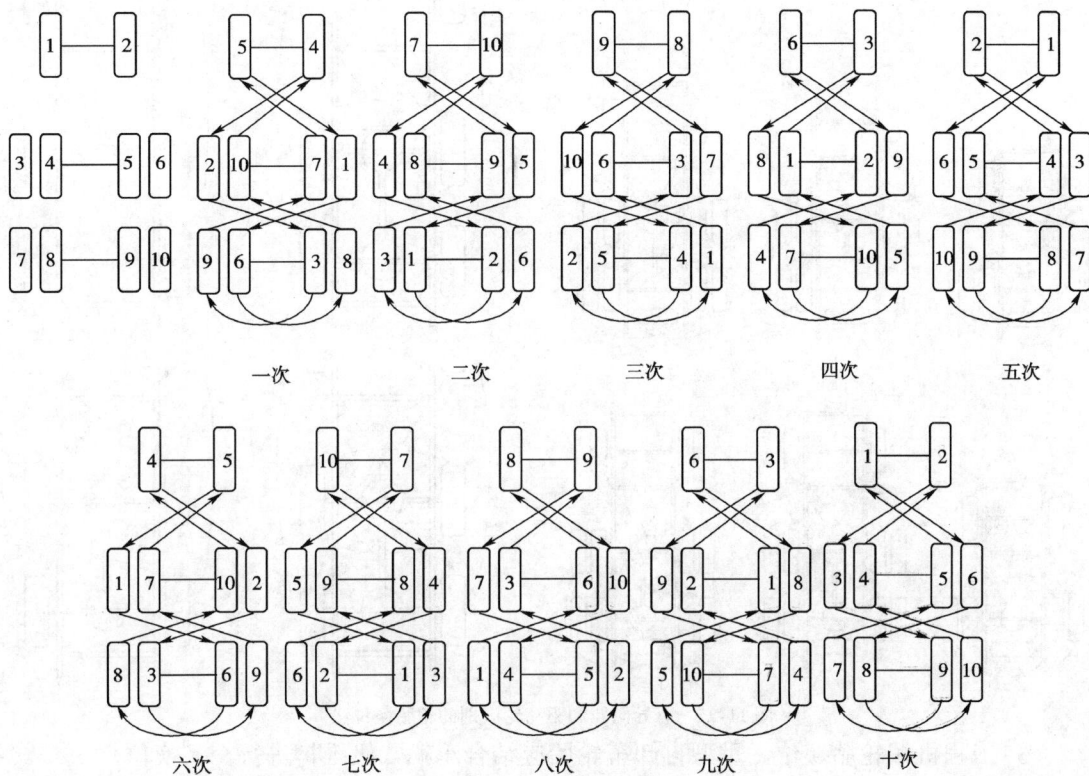

一次　　　　　二次　　　　　三次　　　　　四次　　　　　五次

六次　　　　　七次　　　　　八次　　　　　九次　　　　　十次

图 11-21　十轮三桥交叉换位法

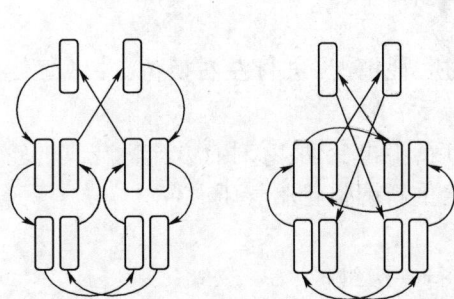

图 11-22　十轮三桥混合换位法

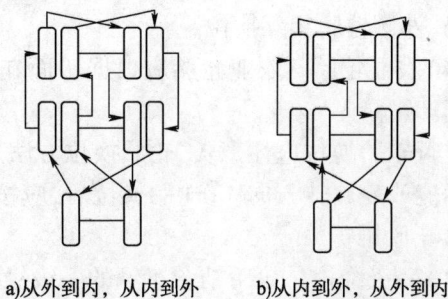

a)从外到内，从内到外　　　b)从内到外，从外到内

图 11-23　十轮三桥循环换位法

第十一章　汽车轮胎

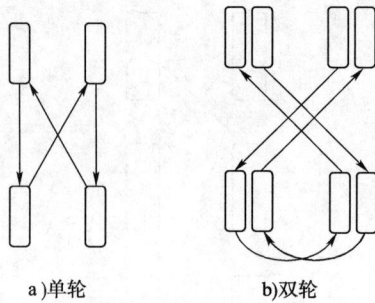

a) 单轮   b) 双轮

图 11-24　挂车轮胎换位法

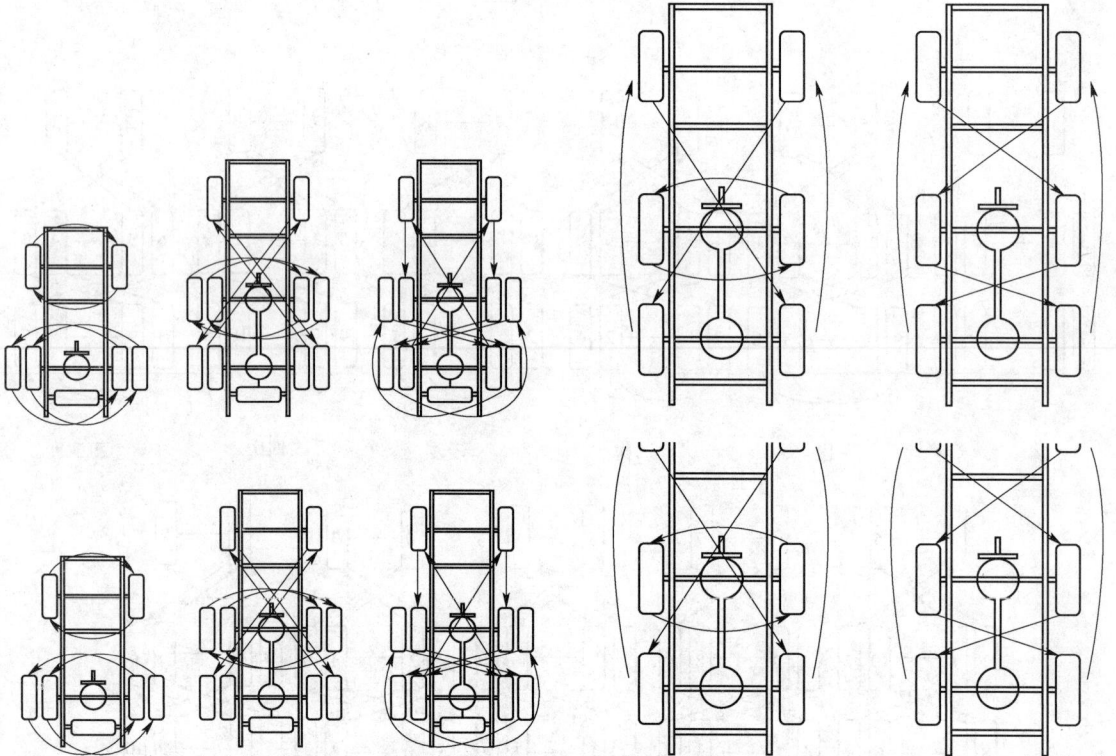

图 11-25　有导向轮和驱动轮区别的轮胎换位法

（3）工程机械轮胎换位。重型自卸车轮胎应结合车辆二级维护进行交叉换位。

名义断面宽度为 18.00～36.00in（457.2～914.4mm）的工程机械轮胎，当前轮轮胎花纹深度磨去 1/3 时，应换到后轮；当后轮同轴双胎并装轮胎外直径差值在 10～18mm 时，应将双胎里、外侧轮胎相互换位。

（4）农业轮胎。农业轮胎应根据胎面花纹的磨耗情况，进行左右换位，并做好使用、装卸及损坏记录。

进行轮胎换位应注意：①轮胎换位方法选定后，不再变动；②对有方向性花纹的轮胎，换位后不能改变旋转方向；③轮胎换位后，应按规定重新调整轮胎气压。

6）轮胎维护

（1）一级维护。轮胎结合车辆的一级维护进行一级维护。

①检查轮胎外表面及气压情况，按标准充足气压并配齐气门嘴帽。

②检查轮胎有无刺伤、畸形磨损，清除并装轮胎之间、花纹沟槽内夹石和杂物，以免刺伤轮胎。

③检查轮胎装配有无不当,轮辋、挡圈、锁圈是否正常。

④检查轮胎与钢板弹簧、车厢、挡泥板或其他部分有无摩擦碰挂现象。

(2)二级维护。轮胎结合车辆的二级维护进行二级维护。

①检查轮胎磨耗情况,清除胎纹里的石子等夹杂物,检查外胎有无划痕、鼓泡、脱层、变形、老化等。

②拆卸轮胎,检查轮辋有无变形、裂损并对轮辋进行除锈。检查内胎和垫带有无损伤或折褶现象,按规定气压充气,并按 GB/T 521 测量胎面花纹磨损及周长、断面宽度的变化,进行轮胎换位。

③检查轮胎与翼板、车厢地板、钢板弹簧、挡泥板等有无摩擦碰挂现象。

7)其他注意事项

(1)如果车辆停用时间超过半年应将车辆顶起,消除负荷。并对轮胎进行遮盖,避免日光照射和油类、化学腐蚀品等接触,同时应适当降低轮胎内气压。停放超过 2 周的,宜将车辆适当移动,避免轮胎同一部位长时间接触地面受力变形。

(2)应根据车辆、配备轮胎的种类调整车轮前轮的前束量,必要时要向车辆制造商进行咨询。并在使用过程中根据轮胎磨耗情况及时进行调整。

(3)车辆长途高速行驶及夏季行车时,应适当增加停车次数,避免过长距离高速行驶,造成轮胎温度过高。

(4)车辆行驶时尽量避免猛烈加速和紧急制动,避免损伤轮胎。

(5)装有防滑链的轮胎,应对称装用,不用时应立即卸掉。

(6)轮胎在使用中,一旦被刺伤应及时卸下予以更换或修补,避免气压不足引起结构损伤或因水侵入损伤胎体帘线,而导致轮胎脱层损坏。

(7)轮胎使用中与路边石严重碰撞,出现剧烈振动、左右跑偏或在恶劣路面长距离行驶后,应及时由专业人员检查,不应延误。

(8)轿车轮胎、载重汽车轮胎、摩托车轮胎胎面磨耗标志是轮胎的安全使用标志,当轮胎磨损达到磨耗标志时,应停止使用。农业轮胎、工程机械轮胎、工业车辆充气轮胎允许的胎面磨耗程度,应向生产厂家咨询。

(9)鼓励使用翻新轮胎,为确保行车安全,翻新轮胎不应作转向轮使用。轮胎翻新是将胎面花纹磨耗超限,而胎体尚好的轮胎进行翻新。翻新轮胎质量应符合《载重汽车翻新轮胎》(GB 7037—2007)和《轿车翻新轮胎》(GB 14646—2007)标准规定要求。

(10)导电轮胎和抗静电实心轮胎,为保持其性能,使用时应经常保持轮胎清洁。

(11)雪地轮胎宜在低于7℃环境下使用。当环境温度大于15℃时则应将雪地轮胎换下。

(12)缺气使用轿车轮胎需要有胎压检测系统或低压预警系统,且在零压条件下行驶速度及距离应符合 GB/T 30196 规定。

(13)保持汽车技术状况良好

从延长轮胎的使用寿命的角度出发,汽车维护中要特别注意下列作业:

①前轮前束和外倾角应符合标准。

②行车制动器调整良好,不拖滞。

③轮毂轴承的间隙调整适当。

④轮胎螺母紧固,车轮应平衡。

⑤钢板弹簧的挠度应尽量一致,前后轴平行。

⑥轮毂油封和液压制动轮缸无漏油现象。

⑦车轮总成的横向摆动量和径向跳动量应符合《机动车运行安全技术条件》（GB 7258—2017）的要求。

复习思考题

1. 汽车轮胎有哪些作用？轮胎的承载能力与哪些因素有关？

2. 汽车轮胎的使用性能有哪些？主要影响因素是什么？

3. 汽车轮胎是如何分类的？

4. 轮胎的主要尺寸有哪些？什么是轮胎的静力半径和滚动半径？

5. 何谓轮胎的高宽比、轮胎的层级和轮胎的速度级别？轮胎的速度级别如何表示？

6. 什么是轮胎负荷指数和轮胎负荷能力？

7. 解释下列轮胎的规格代号：载货汽车 215×75 R 14 LT 104/101Q；载货汽车 8.25-15TR14PR 129/127L 和轿车轮胎 195/40 R 14 86 H 代表的含义。

8. 常见轮胎的损坏形式有哪几种？胎面磨损的原因是什么？

9. 运输轮胎时应注意哪些事项？

10. 轮胎储存时应注意哪些事项？

11. 轮胎选择的一般要求是什么？装配轮胎时应注意哪些事项？

12. 轮胎使用时有哪些基本要求？

13. 轿车轮胎如何换位？

14. 载重汽车轮胎如何换位？

15. 轮胎需要如何维护？使用轮胎时还应注意哪些事项？

参 考 文 献

[1] 孙凤英,强添纲.汽车运行材料[M].北京:人民交通出版社,2012.

[2] 徐春明,杨朝合.石油炼制工程[M].4 版.北京:石油工业出版社,2009.

[3] 程丽华.石油炼制工艺学[M].北京:中国石化出版社,2010.

[4] 史文库,姚为民.汽车构造[M].6 版.北京:人民交通出版社,2013.

[5] 孙凤英,阎春利.汽车性能[M].哈尔滨:东北林业大学出版社,2008.

[6] 张康征.汽车用防冻液[M].北京:人民交通出版社,2003.

人民交通出版社汽车类本科教材部分书目

书　号	书　名	作　者	定价（元）	出版时间	课件
一、"十三五"普通高等教育规划教材					
1. 车辆工程专业					
978-7-114-10437-4	● 汽车构造（第六版）上册	史文库、姚为民	48.00	2017.07	配光盘
978-7-114-10435-0	● 汽车构造（第六版）下册	史文库、姚为民	58.00	2017.07	配光盘
978-7-114-13444-9	●汽车发动机原理（第四版）	张志沛	38.00	2017.04	有
978-7-114-09527-6	★汽车排放与控制技术（第二版）	龚金科	28.00	2018.02	有
978-7-114-09749-2	★汽车检测技术与设备（第三版）	方锡邦	25.00	2017.08	有
978-7-114-14828-6	★汽车电子控制技术（第3版）	鲁植雄、冯崇毅	46.00	2018.09	有
978-7-114-09675-4	车身CAD技术（第二版）	陈鑫	18.00	2012.04	有
978-7-114-14797-5	汽车有限元法（第3版）	谭继锦	36.00	2018.08	有
978-7-114-09493-4	电动汽车（第三版）	胡骅、宋慧	40.00	2012.01	有
978-7-114-09554-2	汽车液压控制系统	王增才	22.00	2012.02	有
978-7-114-09636-5	汽车构造实验教程	阎岩、孙纲	29.00	2012.04	有
978-7-114-09555-9	汽车内饰设计概论（第二版）	泛亚内饰教材编写组	29.00	2018.05	
978-7-114-11612-4	●汽车理论（第二版）	吴光强	46.00	2018.06	有
978-7-114-10652-1	★汽车设计（第二版）	过学迅、黄妙华、邓亚东	38.00	2013.09	有
978-7-114-09994-6	★汽车制造工艺学（第三版）	韩英淳	38.00	2017.06	有
978-7-114-11157-0	★汽车振动与噪声控制（第二版）	陈南	28.00	2015.07	有
978-7-114-05467-9	★汽车节能技术	陈礼璠、杜爱民、陈明	19.00	2013.08	
978-7-114-10085-7	汽车车身制造工艺学	钟诗清	27.00	2016.02	有
978-7-114-10056-7	汽车试验技术	何耀华	28.00	2012.11	有
978-7-114-10295-0	汽车专业英语（第二版）	黄韶炯	25.00	2017.06	有
978-7-114-12515-7	汽车安全与法规（第二版）	刘晶郁	35.00	2018.08	有
978-7-114-10547-0	汽车造型	兰巍	36.00	2013.07	有
978-7-114-11136-5	汽车空气动力学	胡兴军	22.00	2018.04	有
978-7-114-09884-0	●专用汽车设计（第二版）	冯晋祥	42.00	2018.06	有
978-7-114-09975-5	汽车车身结构与设计	曹立波	24.00	2017.02	有
978-7-114-11070-2	汽车电器与电子控制技术	周云山	40.00	2016.12	有
978-7-114-10944-7	大客车车身制造工艺	张德鹏	25.00	2014.04	有
978-7-114-11730-5	汽车内饰模具结构及工艺概论	周强、成薇	48.00	2016.08	
978-7-114-12863-9	新能源汽车原理技术与未来	陈丁跃	36.00	2016.05	有
978-7-114-12649-9	汽车油泥模型设计与制作	黄国林	69.00	2016.03	
978-7-114-12261-3	汽车试验学（第二版）	郭应时	32.00	2018.02	有
978-7-114-13454-8	汽车新技术（第二版）	史文库	39.00	2016.12	
.汽车服务工程专业					
978-7-114-10437-4	● 汽车构造（第六版）上册	史文库、姚为民	48.00	2017.07	配光盘
978-7-114-10435-0	● 汽车构造（第六版）下册	史文库、姚为民	58.00	2017.07	配光盘
978-7-114-13643-6	★汽车电子控制技术（第四版）	舒华	48.00	2017.03	有
978-7-114-09573-3	交通运输系统工程（第三版）	刘舒燕	30.00	2017.06	有
978-7-114-14820-0	汽车文化（第3版）	宋景芬	38.00	2018.09	有
978-7-114-09821-5	汽车金融（第二版）	强添纲	29.00	2017.07	有
978-7-114-14970-2	汽车运行材料（第3版）	孙凤英	25.00	2018.10	有
978-7-114-11616-2	●汽车运用工程（第五版）	许洪国	39.00	2018.08	有
978-7-114-13855-3	★汽车营销学（第二版）	张国方	45.00	2017.06	有
978-7-114-11522-6	★汽车发动机原理（第二版）	颜伏伍	42.00	2016.12	有
978-7-114-11672-8	★汽车事故工程（第三版）	许洪国	36.00	2018.03	有
978-7-114-10630-9	★汽车再生工程（第二版）	储江伟	35.00	2017.06	有
978-7-114-14350-2	汽车维修工程（第三版）	储江伟	38.00	2018.01	有
978-7-114-12636-9	汽车新能源与节能技术（第二版）	邵毅明	36.00	2016.03	有

书号	书名	作者	定价(元)	出版时间	课件
978-7-114-12173-9	汽车检测与诊断技术（第二版）	陈焕江	45.00	2016.11	有
978-7-114-12543-0	汽车服务工程（第二版）	刘仲国、何效平	45.00	2016.03	有
978-7-114-13739-6	汽车服务工程专业英语（第二版）	于明进	28.00	2017.06	有
978-7-114-10849-5	工程热力学与传热学（第二版）	李岳林	32.00	2017.04	有
978-7-114-10789-4	汽车检测诊断与维修	王志洪	45.00	2018.06	有
978-7-114-10887-7	旧机动车鉴定评估（第二版）	鲁植雄	33.00	2018.04	有
978-7-114-10367-4	现代汽车概论（第三版）	方遒、周水庭	28.00	2017.06	有
978-7-114-11319-2	交通运输专业英语	杨志发、刘艳莉	25.00	2014.06	有
978-7-114-10848-8	道路交通安全工程	刘浩学	35.00	2016.12	有
978-7-114-11668-1	道路交通事故处理	王洪明	36.00	2015.02	
978-7-114-14022-8	汽车维修企业设计与管理（第二版）	胡立伟、冉广仁	31.00	2017.09	
978-7-114-13389-3	汽车保险与理赔（第二版）	隗海林	32.00	2016.12	有
978-7-114-13402-9	汽车试验学（第二版）	杜丹丰	35.00	2016.12	
978-7-114-14214-7	汽车电器与电子技术（第二版）	蹇小平、麻友良	48.00	2018.01	
978-7-114-14873-6	汽车评估（第2版）	闫晟煜	22.00	2018.10	有
978-7-114-13723-5	汽车美容（第三版）	鲁植雄	36.00	2017.05	有
二、应用技术型高校汽车类专业规划教材					
978-7-114-13075-5	汽车构造·上册（第二版）	陈德阳、王林超	33.00	2016.08	有
978-7-114-13314-5	汽车构造·下册（第二版）	王林超、陈德阳	45.00	2018.05	有
978-7-114-11412-0	汽车液压与气压传动	柳波	38.00	2014.07	
978-7-114-11411-3	汽车营销	谢金法、赵伟	35.00	2014.07	有
978-7-114-12846-2	汽车电器设备	吴刚	39.00	2016.04	有
978-7-114-11281-2	汽车电气设备	王慧君、于明进	32.00	2015.07	有
978-7-114-11280-5	发动机原理	訾琨、邓宝清	40.00	2014.07	有
978-7-114-11279-9	汽车维修工程	徐立友	43.00	2017.08	有
978-7-114-11508-0	汽车电子控制技术	吴刚	45.00	2014.08	有
978-7-114-13147-9	汽车试验技术	门玉琢	33.00	2016.08	有
978-7-114-11446-5	汽车试验学	付百学、慈勤蓬	35.00	2014.07	
978-7-114-11710-7	汽车评估	李耀平	29.00	2014.10	有
978-7-114-11874-6	汽车专业英语	周靖	22.00	2015.03	有
978-7-114-11904-0	新能源汽车	徐斌	29.00	2015.03	有
978-7-114-11677-3	汽车制造工艺学	石美玉	39.00	2014.10	有
978-7-114-11707-7	汽车CAD/CAM	王良模、杨敏	45.00	2014.10	有
978-7-114-11693-3	汽车服务工程导论	王林超	25.00	2017.06	
978-7-114-11897-5	汽车保险与理赔	谭金会	29.00	2015.01	有
978-7-114-14030-3	汽车零部件有限元技术	胡顺安	23.00	2017.09	
978-7-114-11905-7	汽车诊断与检测技术（第四版）	张建俊	45.00	2017.05	有
三、成人教育汽车类专业规划教材					
978-7-114-13934-5	汽车概论	李昕光	25.00	2017.08	
978-7-114-13475-3	汽车运用基础	韩锐	32.00	2017.01	有
978-7-114-12562-1	汽车电控新技术	杜丹丰、郭秀荣	32.00	2017.04	有
978-7-114-14388-5	现代汽车营销基础	都雪静	26.00	2018.01	
978-7-114-13787-7	汽车鉴定与评估	马晓春	30.00	2017.06	有
978-7-114-13670-2	物流技术基础	邓红星	28.00	2017.04	有
978-7-114-13634-4	汽车保险与理赔	马振江	26.00	2017.03	有
978-7-114-13445-6	汽车维修技术	王红梅	27.00	2017.01	有
978-7-114-13808-9	汽车服务信息系统	杜丹丰	32.00	2017.07	
978-7-114-14263-5	汽车检测与诊断	崔淑华	36.00	2018.01	
978-7-114-13886-7	汽车运行材料	吴怡	28.00	2017.05	有

● 为"十二五"普通高等教育本科国家级规划教材、★ 为普通高等教育"十一五"国家级规划教材。咨询电话：010-85285253、85285977；咨询QQ:64612535、99735898。